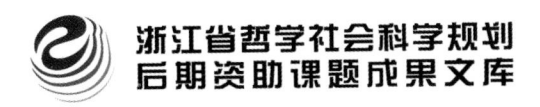

浙江省哲学社会科学规划
后期资助课题成果文库

北约介入亚洲与联盟内外追随的限度

Beiyue Jieru Yazhou Yu
Lianmeng Neiwai Zhuisui De Xiandu

朱耿华 著

中国社会科学出版社

图书在版编目(CIP)数据

北约介入亚洲与联盟内外追随的限度 / 朱耿华著 . —北京：中国社会科学出版社，2015.5
ISBN 978-7-5161-6270-5

Ⅰ.①北… Ⅱ.①朱… Ⅲ.①国际合作-研究-北大西洋公约组织、亚洲 Ⅳ.①D8

中国版本图书馆 CIP 数据核字（2015）第 113368 号

出 版 人	赵剑英
责任编辑	宫京蕾
责任校对	王善翔
责任印制	何 艳

出 版	中国社会科学出版社
社 址	北京鼓楼西大街甲 158 号
邮 编	100720
网 址	http://www.csspw.cn
发 行 部	010-84083685
门 市 部	010-84029450
经 销	新华书店及其他书店
印刷装订	北京市兴怀印刷厂
版 次	2015 年 5 月第 1 版
印 次	2015 年 5 月第 1 次印刷
开 本	710×1000 1/16
印 张	16.5
插 页	2
字 数	292 千字
定 价	57.00 元

凡购买中国社会科学出版社图书，如有质量问题请与本社营销中心联系调换
电话：010-84083683
版权所有 侵权必究

目 录

导论 ……………………………………………………………… (1)
  一 研究问题与研究意义 ………………………………………… (1)
  二 国内外研究现状 ……………………………………………… (6)
  三 研究设想与研究方法 ………………………………………… (17)
  四 结构安排 ……………………………………………………… (19)

第一章 联盟理论与北约联盟行为分析 …………………………… (21)
  第一节 单极世界联盟理论与北约联盟行为分析 ……………… (21)
    一 单极世界联盟理论的基本观点 …………………………… (22)
    二 单极世界联盟理论的理论特征 …………………………… (25)
    三 单极世界联盟理论对北约联盟行为分析的适用性缺陷 … (29)
  第二节 联盟内部关系理论的流派及其启示 …………………… (33)
    一 公共产品论 ………………………………………………… (33)
    二 联盟困境论 ………………………………………………… (36)
    三 讨价还价论 ………………………………………………… (38)
    四 联盟团结论 ………………………………………………… (40)
    五 相互制约论 ………………………………………………… (42)
  第三节 主导型多边联盟相关行为模式的建构 ………………… (44)
    一 主要概念的提出与主变量的引入 ………………………… (44)
    二 核心机制 …………………………………………………… (47)
    三 行为模式的分析方法 ……………………………………… (51)
  小结 ………………………………………………………………… (55)

第二章 北约介入亚洲的背景：一致的收益估算 ………………… (56)
  第一节 冷战后初期北约的转型：收益估算与联盟维系 ……… (56)
    一 重塑欧洲安全结构 ………………………………………… (58)
    二 应对新安全威胁 …………………………………………… (62)
    三 执行域外行动 ……………………………………………… (64)

四　建立北约与欧盟防务伙伴关系 …………………………………（65）
　第二节　北约介入亚洲的动能：联盟内外的一致收益估算 ………（70）
　　一　美国的动能 ……………………………………………………（70）
　　二　欧洲的动能 ……………………………………………………（73）
　　三　亚洲的伙伴 ……………………………………………………（77）
　第三节　北约的转型与北约介入亚洲：总体追随与具体软
　　　　　制衡 …………………………………………………………（80）
　　一　北约战略思想转型与北约介入亚洲：总体战略思想追随 …（80）
　　二　北约的战略行动转型与北约介入亚洲：总体战略行动
　　　　追随 …………………………………………………………（84）
　　三　北约转型中的挫折：伊拉克战争引发的软制衡 …………（88）
　小结 ……………………………………………………………………（94）

第三章　北约的阿富汗战略：总体性追随 ………………………（95）
　第一节　北约阿富汗战略的进程：追随的逐渐弱化 ………………（95）
　　一　阿富汗战略的起源 ……………………………………………（96）
　　二　阿富汗战略的演进 ……………………………………………（98）
　　三　阿富汗战略的延续 ……………………………………………（102）
　第二节　北约阿富汗战略的问题与挑战：域外干预成本的
　　　　　上升 …………………………………………………………（106）
　　一　北约阿富汗战略的问题 ………………………………………（107）
　　二　北约阿富汗战略的主要挑战 …………………………………（111）
　第三节　联盟内部对阿富汗战略的分歧：控制成本 ………………（119）
　　一　任务的分歧 ……………………………………………………（120）
　　二　增兵的分歧 ……………………………………………………（123）
　　三　其他的分歧 ……………………………………………………（128）
　小结 ……………………………………………………………………（133）

第四章　北约的亚洲伙伴关系：追随与地区制衡 ………………（134）
　第一节　欧洲—大西洋伙伴关系理事会机制下的亚洲伙伴 ………（134）
　　一　北约与俄罗斯的关系 …………………………………………（135）
　　二　北约与外高加索三国的关系 …………………………………（142）
　　三　北约与中亚五国的关系 ………………………………………（148）
　第二节　地中海对话机制下的亚洲伙伴 ……………………………（154）

一　地中海对话机制的第一阶段 …………………………… (155)
　　二　地中海对话机制的第二阶段 …………………………… (156)
　　三　北约与以色列、约旦的关系 …………………………… (159)
　第三节　伊斯坦布尔合作倡议机制下的亚洲伙伴 …………… (161)
　　一　合作的动因 …………………………………………… (161)
　　二　合作的内容 …………………………………………… (163)
　　三　合作的障碍 …………………………………………… (165)
　第四节　全球伙伴机制下的亚洲伙伴 ………………………… (166)
　　一　北约与伊拉克的关系 …………………………………… (168)
　　二　北约与巴基斯坦的关系 ………………………………… (169)
　　三　北约与东亚三国的关系 ………………………………… (171)
　小结 ……………………………………………………………… (177)

第五章　北约介入亚洲的评估与展望：有限追随及其延续 …… (178)
　第一节　北约介入亚洲的评估：有限追随 …………………… (178)
　　一　北约阿富汗战略的评估：联盟内的有限追随 ………… (178)
　　二　北约亚洲伙伴关系的评估：联盟外部伙伴的有限追随 … (185)
　第二节　北约介入亚洲与中国：面对一个谨慎的中立者？ … (191)
　　一　双方的互动 …………………………………………… (192)
　　二　对中国的机遇 ………………………………………… (193)
　　三　对中国的挑战 ………………………………………… (198)
　第三节　北约介入亚洲的展望：有限追随的延续 …………… (201)
　　一　北约阿富汗战略的未来：联盟内有限追随的延续 …… (201)
　　二　北约亚洲伙伴关系展望：联盟外伙伴有限追随的延续 … (208)
　小结 ……………………………………………………………… (214)

结论 ……………………………………………………………… (215)
　　一　内容综述和研究结论 ………………………………… (216)
　　二　北约全球化的未来 …………………………………… (219)
　　三　思考中国的对策 ……………………………………… (224)
　　四　进一步的研究 ………………………………………… (228)

参考文献 ………………………………………………………… (231)
后记 ……………………………………………………………… (256)

导　　论

20世纪80年代末90年代初，东欧剧变，两德统一，苏联解体，冷战结束。世界进入了一个安全的新时代，人们开始质疑作为冷战时期最为重要的军事联盟北约的存在意义。然而，北约并没有像很多人预期的那样走向衰亡，而是适应安全环境的不断变化逐步对自己的功能和定位做出了调整，在21世纪的今天依然维持了相当的活力。

一　研究问题与研究意义

（一）研究问题的提出

冷战结束以后，随着北约主要防御对象苏联的消失，欧洲的地缘安全环境发生了巨大变化，北约不得不面临两种前途：增添新的功能和扩大地理防御范围以维持北约的存在，或者逐渐走向解体。美国出于维持全球霸权战略的需要，自然不希望后一种情况发生，一方面，俄罗斯具有东山再起的潜力，维系大西洋联盟有助于遏制俄罗斯和巩固冷战成果；另一方面，美国也担忧摆脱安全同盟束缚的欧洲最终可能会实现防务一体化，形成一支与美国构成竞争关系的战略力量。同时，欧洲国家短期内在独立防务问题上很难达成共识，维持北约也是它们当时保障安全最为现实的选择。然而，北约继续明确地把俄罗斯作为假想敌很有可能会成为"自我实现的预言"。所以，北约必须扩充新的防御功能和扩大地理防御范围来消除传统威胁（苏联或俄罗斯）下降带来的合法性危机。

北约在冷战后出台的三份战略概念文件中充分地反映了以上逻辑。1991年发布的北约战略概念文件认为，联盟安全所面临的风险不大可能来自对盟国的蓄意入侵，而是来自不稳定所造成的恶果。1999年北约战略概念文件认为，欧洲—大西洋地区及其周边某些国家的种族和宗教对立、领土争端、改革不力或失败、侵犯人权、国家瓦解都可能危及地区稳定。2010 年的北约战略报告认为，来自常规袭击威胁非常小，真正危及欧洲—大西洋和平的主要威胁来自大规模杀伤性武器及其运载工具的扩散、恐怖主义、北约边界之外的不稳定和冲突、网络攻击、能源供应与运输、尖端武器的开发、环境与资源问题等。北约战略概念同时也反映在北约现实的行动之中，从介入波黑内战、空袭南联盟、进驻阿富汗到近来的利比亚战事，北约一步步跨出传统的防区，其活动范围不断延伸，组织功能也日趋多样化。与此同时，北约意识到单靠自身的力量很难应付后冷战时代的全方位安全威胁，在积极吸纳中东欧国家加入联盟的同时，北约还在世界范围内编织起了一张几乎覆盖整个北半球的伙伴关系网。

正是在这样的背景下，北约开始逐渐介入到亚洲事务当中。同时，亚洲地区存在的复杂种族、宗教、领土矛盾与冲突；猖獗的恐怖主义、毒品犯罪、非法武器交易等不稳定因素；能源安全和人口爆炸导致的贫困与移民，都为北约卷入亚洲事务提供了充分的安全理由。早在 1999 年在华盛顿举行的北约峰会上，美国就正式提出北约行动应走出北约传统防区的概念，得到与会成员国的普遍认同，所谓北约"全球化"概念由此正式出炉。其内涵主要包括以下两层含义：一是北约成员国或伙伴关系国的来源应逐渐超出欧洲范围而向周边的非欧洲国家延展；二是北约域外行动要从欧洲"本土防御"向"处理全球危机"转变。

当前，北约介入亚洲事务主要体现在两大方面：一是北约在联合国授权下在阿富汗参加维和、反恐和重建任务；二是北约通过欧洲—大西洋伙伴关系理事会机制、地中海对话机制、伊斯坦布尔合作倡议机制、全球伙伴机制与其亚洲伙伴建立与加强安全合作。依据具体的地理划分来看，北约介入亚洲事务可以细分为北约的中东战略、北约的阿富汗战略、北约的外高加索—中亚战略以及北约的亚太战略。在北约介入亚洲事务的谋划与实施过程中，北约内部成员间既有利益一致的一面但也存在着诸多分歧，美国希望北约成为其全球战略的有力工具，而欧洲国家虽然有希望借助北约扩展全球影响力的一面，但更多的是希望北约成为维持欧洲及周边安全与稳定的防务工具。这种成员国间内部巨大的张力，直接影响到北约介入亚洲的决策、实施和效果评估。本书试图以北约介入亚洲为切入点，通过对北约各成员国实施亚洲战略的宏观意图的分析与对北约阿富汗战略和北约亚洲伙伴关系的评估，深刻理解北约介入亚洲的动因、进程及其影响。由于亚洲目前是北约在欧洲—大西洋地区以外最为重要的活动区域，本书将在分析北约介入亚洲的基础上进一步探讨其对于北约全球化走向的影响。

综上所述,通过对北约介入亚洲的分析和评估,本书要研究的问题可以具体分解为以下几个方面:第一,北约介入亚洲的主要动因是什么?第二,北约阿富汗战略中联盟内部国家间的共同利益和主要分歧何在?第三,北约成员国对北约亚洲伙伴关系的共同立场和主要分歧是什么?第四,亚洲地区的国家(伙伴国和相关非伙伴国)如何看待北约系统性介入亚洲事务?第五,北约介入亚洲的效果如何以及对北约的转型进程和亚洲战略安全格局带来何种影响?最后在此基础上,回答本书要解决的一个最核心的问题:北约介入亚洲对北约的转型带来什么样的影响,北约是否会从一个地区性的军事政治组织彻底转型为全球性的军事政治组织,它是否会成为一个西方在全球捍卫共同利益的"武装臂膀"抑或由于成员国对其工具性的不同认知最终走向衰亡?

(二) 研究意义

首先,为了更深入全面地剖析北约介入亚洲的进程,本书将在前人的理论基础之上构建一个主导型多边联盟相关行为模式的分析框架,希望以此拓展对新时代联盟理论的认知。一直以来,居于联盟研究主导地位的是现实主义联盟理论,汉斯·摩根索(Hans J. Morgenthau)等传统现实主义代表人物认为,历史上权力均衡最重要的表现,并不是两个单个国家之间的平衡,而是一个国家或一个联盟与另一个联盟之间的关系。假如一国相信自己的力量强大到不需要外援就足以自保时,它会避免结盟;当在联盟内承担义务而带来的负担超过预期的利益时,它也不会采取联盟政策。[①]经过多年的发展,联盟理论由传统现实主义阶段进入了新现实主义阶段。新现实主义联盟理论将关注焦点转向了威胁、安全困境和利益等。斯蒂芬·沃尔特(Stephen M. Walt)首创的威胁平衡理论认为,权力并不是国家结成联盟的原因,以综合实力等要素组成的威胁是国家结盟的原因。联盟困境理论从国家安全的安全困境视角出发,探讨了联盟内部的安全困境

---

① [美]汉斯·摩根索:《国家间政治—权力斗争与和平》,徐昕等译,北京大学出版社2006年版,第219页。

以及与联盟外两组安全困境的互动。[1] 兰德尔·施韦勒（Randall L. Schweller）的利益平衡理论指出，国家间结盟并不一定是应对威胁的反应，它同时可能是对获利的期许。[2] 尽管以上理论的研究重点和研究视角各有侧重，但它们对于后冷战时代的联盟现象和行为的解释存在着诸多局限。

2009年，斯蒂芬·沃尔特提出了分析后冷战时代联盟行为的单极世界联盟理论，该理论与以上理论最大的不同之处在于，它充分观照了后冷战时代的结构特性，将研究的切入点定位于单极结构视角。不过，单极世界联盟理论并非是一个唯结构理论，该理论认为国家联盟行为主要不是以结构力量来驱动，而主要以单极国的国内制度、历史经验、文化传统等因素来规范的。换言之，沃尔特认为，单极国的国家特性决定了它是否被视为威胁，以及它的何种行为会被视为威胁，并因此引发相关国家的行为反应。

然而，作为一个综合性的联盟行为分析框架，沃尔特的理论有三点缺憾：第一，冷战后的时代并不都是单极时代。事实上，在美国深陷伊拉克泥潭以及遭受金融危机重创后，世界已正从单极结构转向多极结构，而且多极结构中的主要大国之间并不是前冷战时代或冷战时代的零和关系，而是一种趋向合作的伙伴关系。所以，冷战后的时代可以分为两个阶段：单极时代和新多极伙伴时代。第二，该理论没有认识到当今世界的防御性现实主义世界属性。在当今世界中，由于各国都生活在防御性现实主义世界里，它们在采取各种与联盟相关的行为前，对彼此间行为意图的度算都是以防御性现实主义世界的属性为基本前提，即任何别国的行为至少不会以征服他国为目的。第三，单极世界联盟理论最大的缺陷在于缺乏对联盟内部关系的讨论。事实上，西方和中国国际关系理论界已经发展出了流派众多的联盟内部关系理论，如公共产品论、联盟困境论、讨价还价论、联盟团结论和相互制约论等，这些理论的思想和方法都是单极世界联盟理论的有益补充。

---

[1] Glenn H. Snyder, "The Security Dilemma in Alliance Politics", *World Politic*, Vol. 34, No. 3, July 1984, pp. 465—495.

[2] Randall L. Schweller, "Bandwagoning for Profit: Bring the Revisionist State Back In", *International Security*, Vol. 19, No. 1, Summer 1994, pp. 179—181.

本书以单极世界联盟理论为基础性理论分析框架，通过对其进行改造和细化，融合各派联盟内部关系理论的思想与方法，发展出了一个解释和预测北约联盟行为的理论分析框架，希望借此框架对北约的亚洲存在做出精确的解读与准确的预测。本书所称的北约联盟行为是一个广义概念，它包含了联盟内外的国家行为体围绕北约这一制度化存在及其战略所采取的各种行为或战略。从更广泛的意义而言，北约作为世界上最主要的军事政治组织，其内部成员国的互动以及联盟与其他行为体的互动对于国际安全将产生重大影响，发展出一个对其与联盟相关行为的理论分析框架，将使我们更加深刻地理解北约战略的动因、进程与影响，为研究当代多边联盟的内部运作和外部互动提供一个更为客观和理性的观察视角。

其次，研究北约介入亚洲对于评估亚洲地区乃至全球的安全态势具有重要意义。北约凭借其无可匹敌的军事实力和潜力，其一举一动都牵动着各国政府和首脑的战略神经。北约广泛介入亚洲安全事务在很大程度上是后冷战时代全球战略安全形势的变化使然，尤其是受到亚洲政治与安全形势的影响。同样，北约在亚洲各个地区的政策及其实践也对亚洲的战略态势和地缘政治产生了一定的影响。这种影响既有积极的一面，也有消极的一面：北约介入亚洲事务既有输入安全之益，也有使原本亚洲地区复杂的安全局势更为混乱之嫌。北约在亚洲地区的活动既对亚洲以及全球的战略态势产生了影响，其在亚洲的遭遇又深刻地塑造着北约的转型进程，进而关系到北约未来全球化的走向。

并且，需要强调的是，由于亚洲地区人口众多、幅员辽阔、文化多元，各个区域的政治、经济、社会和安全状况大相径庭，北约目前无法在短期内制定统一和系统的亚洲战略，而只能针对具体区域的不同情况制定相应的方针战略，因而导致其对亚洲不同区域和国家的政策形成巨大的差异，各个区域或国家间的政策缺乏有机的联系。尽管如此，北约在亚洲地区各个区域的政策和行动差异对于我们理解北约转型的侧重点具有重要意义，理解北约转型的侧重点有助于我们更好地预测北约未来在全球安全格局中所扮演的角色。此外，北约介入亚洲事务不可避免地会造成亚洲地区的伙伴国或非伙伴国行为体与北约形成一定的互动，在它们的互动进程中我们可以观察伙伴国与非伙伴国对于北约介入亚洲的态度与行动，进而印证分析框架中所提出的各项假设。总之，研究北约介入亚洲事务对于我们了解北约未来的走向和其对亚洲地区安全局势的影响具有重要意义，对于我们理解大西洋两岸的各国安全政策与亚洲国家对区外联盟的态度具有重要参考价值。

最后，对于北约介入亚洲的研究能够更好地理解其对中国国家安全的影响。阿富汗战争后，北约通过驻阿富汗国际安全援助部队在中国西北边陲驻扎重兵，北约还利用各类伙伴关系机制与中国东、北、西三个方向的邻国建立起了不同程度的军事联系。从负面的角度看，北约对中国国家安全造成了四方面的影响。（1）北约进驻阿富汗加大了中国西北方向的战略压力，北约与日本、韩国、蒙古的联系可能加大中国东部与北部的战略压力，在双方发生冲突的情况下，中国面临腹背受敌的处境。（2）中国在中亚的影响力会受到削弱，北约通过与中亚国家的各类伙伴关系合作项目与国际安全援助部队北方补给线，加强了与中亚各国的联系，这在一定程度上削弱了中国和上海合作组织的影响力。（3）威胁中国的能源安全，使中国西部边境的输油管道面临风险。中亚地区通入新疆的油气管道目前是中国能源输入的四大窗口（还有东北的中俄管道、东南沿海海运通道、西南中缅管道）之一，无论是北约向中亚国家施压或是直接切断管道，中国都面临着巨大的能源供给的压力。（4）北约在阿富汗行动长期僵持或失败将使阿富汗境内的安全威胁外溢，影响我国西部省份的安全与稳定。从正面的角度来看，北约介入亚洲事务也带来了稳定地区安全局势和预防处理危机的影响。一方面，中国的中亚邻国和阿富汗一直以来饱受三股势力的困扰，北约进入这一地区有利于遏制该地区的恐怖主义、分裂主义和极端主义势力，防止这些势力在中国新疆和邻国间的相互渗透，有利于稳定中国西部的安全环境。另一方面，随着北约从军事政治组织向政治军事组织和安全合作论坛方向发展，它将在应对其他各种非传统安全威胁方面发挥越来越大的作用，在打击贩毒、偷渡以及海上救援等方面与中国有很大的合作空间。[①] 正确评价北约介入亚洲对中国国家安全的影响，有利于为我国的外交和国防决策提供有益的参考。

二 国内外研究现状

现有英文文献对北约介入亚洲事务的研究集中于美国或整个西方对于

[①] 中国现代国际关系研究院美欧研究中心：《北约的命运》，时事出版社2004年版，第269页。

亚洲（特别是西亚）的政策，换言之，很多西方学者将北约视作美国或整个西方亚洲政策的工具。英文文献将北约在亚洲的存在作为一个整体来进行全面性研究的情况还不多见。

有一些学者认为北约必须积极介入亚洲事务，但他们对于北约应介入的程度和侧重的地区有不同看法。科恩（Cohen）强调北约扩大在亚洲影响的必要性，他警告说："高加索和中亚的动荡和失败国家，以及地中海南部与东部乃至整个大中东地区的穆斯林国家，是另一个长期的系统性威胁，会对欧洲和北美造成危险。"[1] 他建议北约应该基于共同的威胁评估发展具可操作性的战略，以应对亚洲地区的主要威胁。他同时还敦促北约支持亚洲的民主进程，并为巴以冲突双方提供沟通场所以增进互信。[2] 伊沃（Ivo）甚至认为北约吸纳亚太国家进入联盟将构成北约扩展为"全球民主联盟"的核心。[3] 戈登（Gordon）呼吁北约抓住"9·11"后出现的机遇，加大对亚洲事务的参与力度。[4] 他认为北约在"9·11"后对亚洲事务的参与还存在着很多局限，联盟卷入地区的趋势已经非常明显，北约很可能进一步扩大在大中东地区的存在。[5] 纳赛尔（Nasser）也认为恐怖主义既给北约带来了威胁，同时也给北约带来了机遇。中东地区是北约重塑未来战略和身份的重要地区。[6] 卢格（Lugar）认为北约可以通过帮助亚洲国家提供军事领域的培训和教育，来遏制冲突的爆发。他建议北约的培训应该包括维和、反恐、边境管理、防务改革和文官控制军队等领域。[7]

阿尔滕伯格（Altenburg）断言，当今中东的局势要求北约发挥更

---

[1] Cohen A., "NATO's Frontiers: Eurasia, the Mediterranean, and the Greater Middle East", http://www.heritage.org/research/Europe/hl919.cfm.

[2] Ibid.

[3] Ivo Daalder and James Goldgeier, "Global NATO", *Foreign Affairs*, Vol. 85, No. 5, September/October 2006, pp. 105—113.

[4] Gordon P., *NATO's Growing Role in the Greater Middle East*, Abu Dhabi: The Emirates Center for Strategic Studies and Research, 2004, p. 2.

[5] Ibid., p. 3.

[6] Nasser Eskandari, "The strategic importance of the Middle East in future approach", *Life Science Journal*, Vol. 10, No. 3, 2013, p. 396.

[7] Lugar R., "A New Partnership for the Greater Middle East: Combating Terrorism, Building Peace", http://www.brook.edu/comm/events/20040329lugar.htm.

为积极的作用,"北约为中东安全作出真正贡献的时代已经到来"。①鲁普(Rupp)具体指出,"地中海对话"机制在20世纪90年代的表现差强人意,而在"9·11"后,许多联盟支持者呼吁北约在地中海周边地区扩展其存在。②科内尔(Cornell)认为,外高加索地区的安全局势使北约有必要成为一个安全供给者,北约是唯一能够为外高加索国家带来安全的国际机制,北约介入外高加索事务也有利于俄罗斯的安全。③本杰明(Benjamin)预见到北约内部各国的财政困难使其发展与亚太伙伴的关系变得非常关键,因为富裕的日韩等国可以帮助它们分摊防务开支。④亚历山大(Alexander)认为,阿富汗连接中亚的北方补给线是北约除"和平伙伴关系"计划外与中亚的重要联系纽带,应该利用北方补给线加强北约在中亚的存在。⑤杰里米(Jeremy)等人认为,伊拉克战争造成的联盟分裂就像联盟历史长河中的多次分裂一样,只是又一个历史上的小插曲,不会总体上阻碍北约参与亚洲事务的进程。⑥穆罕默德(Muhammad)声称俄罗斯和中国已经认可了北约在阿富汗的作用。⑦莱普生(Laipson)强调北约在亚洲地区的角色应该与其他的国际倡议相一致,寻求使地区产生必要的变化。"新的行动主义能为地区稳定作出贡献,能将安全部门的改革加入地区改

---

① Altenburg G,"The Mediterranean Region Between Dreams and Conflict: Cross Cultural Perceptions of Security in the Mediterranean Region", *NATO Defense College Seminar report series*, No. 18, 2005, p. 2.

② Rupp R.,"Israel in NATO? A Second Look", *National Interest*, No. 86, Nov/Dec 2006, p. 50.

③ Svante E. Cornell, "NATO's role in South Caucasus regional security", *Turkish Policy Quarterly*, Vol. 3, No. 2, 2004, p. 123.

④ Benjamin Schreer, "Beyond Afghanistan: NATO's Global Partnerships", *Research Paper*, Rome: NATO Defence College, 2012, p. 2.

⑤ Alexander Cooley, "NATO and Central Asia", *EU-Central Asia Monitoring Watch*, No. 11, February 2012, pp. 1—5.

⑥ Philip H. Gordon and Jeremy Shapiro, *Allies at War*, New York: McGraw-Hill, 2004, pp. 185—223.

⑦ Muhammad Saleem Mazhar, "Post 2014-Afghanistan", *A Research Journal of South Asian Studies*, Vol. 28, No. 1, January-June 2013, pp. 77—80.

革的日程"。① 辛巴尔（Simbal）确信北约在阿富汗和中亚的存在，为上海合作组织与北约的合作提供了契机。② 哈伯格（Heibourg）坚称，北约能够在维和与安全部门改革方面扮演有用的支持性角色。③ 朱迪（Judy）甚至惊呼，如果不让北约参加阿富汗战争，北约将面临衰亡的危险。④ 鲁尔（Ruhle）认为，北约对亚洲事务的参与是大势所趋，而且会将范围进一步扩大至非洲，但提醒北约应该考虑地区差异及各地对北约的普遍认知。⑤ 诺兰（Nolan）与霍奇（Hodge）坚信亚洲地区的现实促使北约进行干预，以缓解地区的紧张局势或防止种族冲突和大规模违反人权情况的外溢。⑥ 另外，有一些学者对北约在亚洲的作用赋予了很高的期望，例如，法克斯（Fücks）提出北约给予以色列成员国资格，以帮助这个犹太国家与巴勒斯坦达成最终的解决方案，他认为北约给予成员国身份的许诺将鼓励以色列和一些阿拉伯国家朝着和平与民主的方向前进。⑦ 马特（Mattelaer）声称，北约阿富汗战略会带来欧洲国家的军事变革，并增强北约内部的团结。⑧

同时，很多学者认为北约是跨大西洋联盟或美国处理"9·11"后亚洲地区局势的重要工具。斯韦策（Schweitzer）坚称美国在北约政策中具有决定性的影响，"北约本身服务于美国的安全目标，当众多成员国参与

---

① Laipson, E., "NATO's Evolving Role in the Middle East: The Gulf Dimension", http://www.stimson.org/swa/pdf/NATOTranscriptIntroEdited.pdf.

② Simbal Khan, "Stabilization of Afghanistan: U.S.-NATO Regional Strategy and the Role of the SCO", *China and Eurasia Forum Quarterly*, Vol. 7, No. 3, 2009, p. 14.

③ Heibourg F., "Mideast Democracy is a Long-Term, Global Project", *International Herald Tribune*, 24 March 2004.

④ Judy Dempsey, "If Bush Does Not Make Clear that NATO Can Be Involved in Critical Issues, the Alliance Will Atrophy", *Financial Times*, November 20, 2002.

⑤ Ruhle M., "Different Speeds, Same Direction: NATO and the New Transatlantic Security Agenda", *International Politics*, vol. 7, no. 3, Summer 2006, pp. 77—82.

⑥ Nolan C. and Hodge C., "The North Atlantic Alliance and the Humanitarian Principle", in Hodge C., *NATO for the New Century: Atlanticism and European Security*, London: Praeger, 2002, p. 16.

⑦ Ralf Fücks, "Israel Should Join NATO: The Alliance Could be a Custodian for Peace inthe Middle East", *International Politics*, vol. 7, no. 3, autumn 2006, pp. 78—80.

⑧ Alexander Mattelaer, "How Afghanistan has Strengthened NATO", *Survival*, Vol. 53, No. 6, December 2011, pp. 127—130.

北约决策时,美国具有最大的话语权,事实上,美国主导了北约的行动"。① 达尔德(Daalder)等人认为早在20世纪90年代末,美国就迫使其北约盟友将视野从欧洲扩展至世界其他地区。② 穆斯塔法(Moustafa)认为,"9·11"事件改变了北约在中东的角色,北约在中东已经沦为美国外交政策的工具。③ 肯尼斯(Kenneth)认为,北约阿富汗行动已经演变成一项美国化的行动,未来美国将不得不承担起重建阿富汗的主要责任。④ 鲁尔进一步认为,非常显著的是,为了应对"9·11"之后的新安全环境,北约的议程表明新的跨大西洋安全伙伴关系已经建立。⑤ 伯恩斯(Burns)确信,北约防护欧洲与北美的使命没有改变,但是要实现这一目标必须将注意力投向亚洲,"我们必须向东和向南投射理念关注与军事力量,我相信北约的未来在东部和南部,那里属于大中东。"⑥ 国际战略研究所的评估认为,北约是美欧向中东尤其是海湾地区投射力量的适合工具。欧洲成员国可能未做好向中东投射力量的准备,但鉴于这一地区的重要性以及欧洲各国有限的防务资源,使用北约介入地区事务不失为一种正确的做法。⑦ 戈登指出,尽管美国与欧洲对北约在亚洲的角色存在着分歧,但这不妨碍他们利用北约在整合政策和行动方面可靠的机制,来实现它们在亚洲各自的利益。⑧

然而,很多学者对北约在亚洲的作用持怀疑态度。由于长久以来人们对北约在冷战时代的印象以及西方对亚洲长期的殖民统治,很多学者认为北约参与亚洲事务是在一种不信任的氛围下进行的。尼普(Neep)认为

---

① Schweitzer G., *America on Notice: Stemming the Tide of Anti-Americanism*, New York: Prometheus, 2006, p. 260.

② Daalder I., Gnesotto N. and Gordon, P., *Crescent of Crisis: US-European Strategy for the Greater Middle East*, Washington, D. C.: Brookings Institution Press, 2006, p. 239.

③ Mohammed Moustafa Orfy, *NATO and the Middle East*, New York: Routledge, 2011, p. 2.

④ Kenneth Katzman, "Afghanistan: Post-Taliban Governance, Security, and U. S. Policy", *CRS Report for Congress*, Washington, DC: Congressional Research Service, June 25, 2013, pp. 1—84.

⑤ Ruhle M., "Different Speeds, Same Direction: NATO and the New Transatlantic Security Agenda", *International Politics*, Vol. 7, No. 3, Summer 2006, p. 97.

⑥ Burns N., "NATO's Future", http://www.acronym.org.uk.

⑦ IISS, "The Geopolitics of the Middle East", *Adelphi Papers*, London: Routledge, 2006, p. 403.

⑧ Gordon P., "NATO's Growing Role in the Greater Middle East", http://www.csis.org

美国在中东地区的负面形象为北约在该地区发挥作用投下了阴影,尤其是在"地中海对话"当中。① 她指出如果与美国保持密切关系的阿拉伯国家不希望被民众推翻的话,它们的领导人必然不会忽视国内普遍存在的反美民意,阿拉伯国家的政府还没做好在这一问题上违背民意的准备。② 同样,布兰福德(Blanford)坚持认为海湾地区的情况与地中海地区没有大的差别,强调对于美国的巨大不满在富裕的海湾国家不断蔓延,各国对北约宣布的计划心生疑惧,即使在多数海湾国家已经批准与北约的合作倡议的情况下也是如此。③ 这些观点都认为北约的亚洲存在是美国外交政策的支柱,在某种程度上来讲,北约与美国只不过是一枚硬币的两面。美国在地区的负面形象将使北约发挥更大作用变得非常困难。

不仅是美国的影响,亚洲地区各国对北约介入亚洲事务的意图缺乏信任。什亚布(Shiyyab)认为阻碍北约与亚洲国家合作的主要因素是殖民历史留下的不信任感。他注意到很多亚洲人士惧怕北约强力介入亚洲事务,因为他们认为北约与亚洲国家建立伙伴关系机制是为下一步武力干预亚洲事务做准备。什亚布得出结论认为,为了确保化解双方的不信任感,必须进行成功的对话,而对话的主要目的必须服务于双方的需求。④ 斯蒂芬(Stephen)认为俄罗斯对北约在其南翼"软腹部"的存在非常敏感,决不允许北约侵犯自己的势力范围。⑤ 伊丽莎白(Elizabeth)认为中国对于北约在阿富汗的存在态度消极。⑥ 以上观点认为亚洲国家尤其是中东国家对于北约介入亚洲事务存在着恐惧,害怕北约目前的努力是未来干涉主义政策的先导,将危及本地区国家的主权和利益。但有一种截然相反的观点认为,北约对亚洲地区怀有敌意,西方坚信控制临近欧洲的亚洲地区可

---

① Neep D., "Anticipating Istanbul", *The Royal United Service Institute Report*, Vol. 24, No. 6, June 2004, pp. 4—7.

② Ibid., p. 6.

③ Blanford N., "NATO Floats Mideast Plan", *Christian Science Monitor*, July 29, 2004.

④ Shiyyab M., "The NATO-Med Dialogue: An Initiative that Must Succeed, Bitterlemons International", *Middle East Round Table*, February 17, 2005.

⑤ Stephen Blank, "Beyond Manas: Russia's Game in Afghanistan", *Central Asia-Caucasus Analyst*, Vol. 11, No. 3, February 2009, pp. 3—5.

⑥ Elizabeth Wishnick, "There Goes the Neighborhood: Afghanistan's Challenges to China's Regional Security Goals", *Brown Journal of World Affairs*, Vol. 19, No. 1, 2012, pp. 83—96.

以控制和防止该地区危机的外溢。本克（Behnke）指出"地中海对话"机制正是在这一敌意的驱使下做出的决定，以便为北约未来干涉地区事务做好准备。① 丽贝卡（Rebecca）则认为驱动北约介入亚洲事务的动力不是敌意而是价值观，她认为北约自诞生之初就一直是个价值观联盟，北约的任何重大战略行为都是价值观驱动的结果。②

很多学者认为北约在亚洲的角色存在很多不确定性，尤其在是否能提升地区安全方面。考德斯曼（Cordesman）指出，美国单独组织志愿者联盟不符合欧洲国家的利益，欧洲必须使北约在亚洲扮演角色以束缚美国。他同时认为，北约在击败塔利班和基地组织等方面所暴露的缺陷，表明了北约在亚洲将长久面临极端主义与不时发生的战争。③ 科赫（Koch）相信北约在亚洲只能起到辅助性的作用，北约在海湾地区的存在的确会让欧洲在地区安全安排中扮演一定的角色，但这不能取代美国在这一重要地区作为首要安全供给者的地位。④ 马尔姆维奇（Malmvig）对"地中海对话"的前景表示悲观，她认为地区国家对北约并不是都抱有积极的看法，而且北约缺少说服地中海国家与其进行合作和改革的"胡萝卜"。⑤ 肯尼斯（Kenneth）认为，美国和北约在阿富汗面临族群分裂和内政腐败等巨大挑战，未来前景非常暗淡。⑥ 斯特恩（Sten）指出，北约与阿富汗发展"一个实质性和雄心勃勃的长期伙伴关系几乎已经不可能"。⑦ 杜福科（Dufourcq）认为北约的好邻居政策无助于临近中东国家的内生性问题，与这

---

① Behnke A., "Inscription of Imperial Order: NATO's Mediterranean Initiative", *The International Journal of Peace Studies*, Vol. 5, No. 1, 2000. p. 6.

② Rebecca R. Moore, *NATO's New Mission: Projecting Stability in a Post-Cold War World*, London: Praeger Security International, 2007, pp. 142—149.

③ Cordesman A. "Western Security Efforts and the Greater Middle East", http://csis.org/images/stories/burke/cordesman_ publications.pdf.

④ Koch C., "A role for NATO in the Gulf?", http://usa.mediamonitors.net/content/view/full/13368.

⑤ Malmvig H., "A New Role for NATO in the Middle East: Assessing Possibilities and Barriers for an Enhanced Mediterranean Dialogue", http://www.diis.dk.

⑥ Kenneth Katzman, "Afghanistan: Politics, Elections, and Government Performance", *CRS Report for Congress*, Washington, DC: Congressional Research Service, July 8, 2013, pp. 2—50.

⑦ Sten Rynning, "After Combat, the Perils of Partnership: NATO and Afghanistan beyond 2014", *Research Paper*, Rome: NATO Defence College, 2012, p. 1.

些问题的解决相关度不高。① 事实上，北约对于复杂安全环境的干预能力很弱。温罗（Winrow）对夸大北约卷入亚洲的效果提出了警告，他预测北约既不能解决地区内长期以来积累的问题也不能消除参与者之间的分歧。② 对于"地中海对话"机制，他明确表示其职能将起到建立信心与预防外交的作用，但不会带来地中海国家间关系的突破。③ 安德鲁（Andrew）和萨拉（Sarah）认为，北约在阿富汗暴露了很多问题，北约的能力不足以解决阿富汗的复杂问题，未来北约的域外行动将谨慎从事。④ 斯皮尔哥特（Spieget）相信北约在亚洲的存在无助于当地安全政体的建立，他认为没有国内的支持和地区国家领导人的可信承诺，这种政体的建立进程举步维艰。⑤

另一些学者更坦率地指出，由于中东地区目前的局势，以及伊斯兰世界与西方的矛盾关系等因素，北约在亚洲的努力不可避免地会遭受失败。奥拉利（Ahrari）警告说，西方介入地区事务将引发广泛的冲突，西方决定遏制或征服伊斯兰世界助长了极端主义和原教旨主义，"像沙特等国已经准备抗争，即使是相对较小的规模"。⑥ 坦纳（Tanner）认为，北约不仅面临地区的挑战，而且也面临内部的分歧。他注意到北约在其发展伙伴关系时存在着内部的某种敌对情绪，联盟各国对亚洲地区事务存在着不同看法，而且这些看法很难调和。⑦ 类似的，索威拉姆（Soweilam）对北约在中东地区的作用表示怀疑，美欧在几乎各个领域都存在着分歧，而且北

---

① Dufourcq J., "L'intelligence de la Mediterranee", *Research paper*, Rome: NATO Defence College, April 2004, p. 1.

② Winrow G., *Dialogue with the Mediterranean: The role of NATO's Mediterranean Initiative*, New York and London: Garland Publishing, 2000, p. 196.

③ Ibid., p. 231.

④ Andrew R. Hoehn and Sarah Harting, *Risking NATO: testing the limits of the alliance in Afghanistan*, Santa Monica: Rand Corporation, 2010, pp. 67—77.

⑤ Spieget S., "Regional Security and the Levels of Analysis Problem", in Cohen A., *The North Atlantic Alliance for the 21st Century*, Berlin: Peter Lang, 2001, p. 83.

⑥ Ahrari E., "NATO and the Middle East", Asian Times, 2003, http://www.atimes.com/atimes/MiddleEast.

⑦ Tanner, F., *NATO's Role in Defence Cooperation and Democratization in the Middle East*, Rome: Istituto Affari Internationali, 2004, p. 112.

约还面临着外高加索、里海和中亚的战略挑战,① 北约是否能够同时兼顾这么多地区似乎很成问题。文森特(Vincent)与保罗(Paul)坦言,北约内部对于阿富汗战略存在着巨大分歧,一定程度上造成了他们所谓的战略僵局,如果北约不能有效地弥合这些分析,北约在阿富汗将面临失败的命运。② 里佐(Rizzo)强调阿富汗需要重建的是失落的价值、认同感、统一在同一面旗帜下的传统、现代化的等级结构以及相关领域的培训,而这些需求是北约所难以满足的。③ 摩尔根(Morgan)提出北约在冷战后用一种新瓶装旧酒的方法对待不同地区的安全体系,这对中东的安全不会起到作用。④ 主张北约介入亚洲事务的鲁普也意识到新北约确立了一些其自身很难实现的目标,即使是其成员国也不相信北约能成为实现它们的外交政策。他甚至预言北约的衰弱不可避免,北约在未来只能自求多福,根本无心他顾。⑤

从中文的研究成果来看,国内对北约的学术性研究还处于起步阶段,其中又以北约发展的历史性叙述为多,使用国际关系理论框架分析北约发展的尝试还较为罕见。对北约介入亚洲的系统性研究成果尚未出现,专门论及北约介入亚洲事务的学术性文献仅见于许海云发表的《北约"亚洲政策"的表现及其影响》一文,该文从历史学家的角度整体上考察了北约亚洲政策的原因、进程和影响。⑥

另有数量近百的著作和论文直接或间接地涉及北约介入亚洲的研究,但这些文献有的研究重点不是北约、有的只侧重北约介入亚洲很小的一个

---

① Soweilam H., *NATO Differences Regarding The Middle East*, Cairo: Al-Ahram Centre for Political and Strategic Studies, 2006, p. 12.

② Vincent Morelli and Paul Belkin, "NATO in Afghanistan: A Test of the Transatlantic Alliance", *CRS Report for Congress*, Washington, DC: Congressional Research Service, December 3, 2009, pp. 9—37.

③ Alessandro Minuto-Rizzo, "The Crisis in Central Asia, NATO, and the International Community", *Mediterranean Quarterly*, Vol. 21, No. 4, Fall 2010, p. 23.

④ Morgan P., "NATO and European Security: The Creative Use of an International Organization", in Maoz, Z. and Landau, M. eds., *Building Regional Security in the Middle East: International, Regional and Domestic Influences*, Jaffee Center for Strategic Studies, London: Frank Cass, 2005, p. 50.

⑤ Rupp, R., *NATO After 9/11: An Alliance in Continuing Decline*, New York and Hampshire: Palgrave Macmillan, 2006, p. 233.

⑥ 许海云:《北约"亚洲政策"的表现及其影响》,《现代国际关系》2007年第2期。

方面，或者研究深度十分有限，以下仅对相关程度相对较高的学术性著作进行梳理。①《北约扩大研究 1948—1999》对北约建立后至 1999 年的历次扩大进行了翔实的历史考察，认为北约虽然是一个区域性组织，但其全球性的影响力在随着扩大而不断地增强。②《透视新北约：从军事联盟走向安全政治联盟》认为冷战后北约通过改革促进转型，实现了成员、使命与地域的多重扩大，从一个区域性的军事联盟向美国主导下的全球安全政治联盟转变。③《北约东扩与俄罗斯的战略选择》认为莫斯科对北约全球化和北约介入高加索地区存在担心，未来俄罗斯会在继续反对北约扩大的基础上参与北约事务并从中寻求俄罗斯的利益。④《北狼动地来？北约战略调整与欧盟共同防务及其对中国安全环境的影响》认为北约借反恐之名东扩至中亚地区，必将影响欧亚大陆的安全与稳定，中国应该顺势而为，注重海向和陆向的战略协调，加强欧俄中关系的结构性联系，以更灵活的姿态处理与美国及北约的关系。⑤《挑战与应战：新世纪的北约》涉及了格鲁吉亚战争对北约—俄罗斯关系影响的分析和北约伙伴关系走向全球化的讨论，认为俄北关系"很有可能仍会处于定期遭受痛苦的状态中"，⑥ 北约内部对北约伙伴关系的形式与功能缺乏共识，从而形成了内部紧张关系，而且这一紧张关系必定会延续下去。⑦《联盟战车：北约军事战略发展与现状》一书从军事学的角度对北约冷战后的转型与战略进行了剖析，指出北约地域和功能的扩大有其总体规划，但在具体的实践层面是很具有可塑性的，观察北约不仅要"听其言，更要观其行"。⑧《风云变幻看北约》从史实的角度描述了北约从冷战后初期到 2008 年间经历的重大事件，

---

① 与北约亚洲战略研究相关程度较高的中文文献详见本书参考文献的中文部分。
② 李海东：《北约扩大研究 1948—1999》，世界知识出版社 2010 年版，第 189 页。
③ 高华：《透视新北约：从军事联盟走向安全政治联盟》，世界知识出版社 2012 年版，第 1—28 页。
④ 刘军、李海东：《北约东扩与俄罗斯的战略选择》，华东师范大学出版社 2010 年版，第 3—4 页。
⑤ 赵俊杰、高华：《北狼动地来？北约战略调整与欧盟共同防务及其对中国安全环境的影响》，中国社会科学出版社 2011 年版，第 341—352 页。
⑥ 许海云编著：《挑战与应战：新世纪的北约》，世界知识出版社 2013 年版，第 154 页。
⑦ 同上书，第 265 页。
⑧ 侯小河、刘友春、张晖：《联盟战车：北约军事战略发展与现状》，解放军出版社 2002 年版，第 22 页。

该书的核心观点认为北约是美国对外政策的工具，在涉及亚洲的部分，该书认为美国很难打造出一个对其有效的"全球北约"，即使有了形式，也很难发挥实质性的作用。①《北约简史》虽然是一本教科书，但它同时也是一本严格意义上的学术专著，该书系统叙述了北约自建立以来到21世纪的发展历史，认为后冷战时期的国际危机与地区冲突，既是对北约政治意志的重大考验，也是北约在新的历史条件下进一步发展的历史机遇。②《新世纪北约的走向》从北约的发展轨迹出发，深入浅出地论述了北约经历的变革及其对世界安全格局带来的重要影响，该书还大胆预测北约在包括亚洲地区的全球范围内影响将不断增加，中国对北约采取接触政策将产生重大战略意义。③《北约的命运》对冷战后北约的战略调整、北约东扩以及与美、欧、俄、中等主要战略力量的关系等均作了深刻剖析，④有助于我们理解北约新世纪的转型。《合法性与大战略：北约体系内美国的霸权护持》运用国际关系理论的层次研究法，对霸权衰弱的国际性根源进行了分析，指出霸权权力出现合法性危机是导致霸权衰弱的主要原因，该书以冷战后美国的北约战略为个案检验了有关假设，⑤该书是目前作者所掌握的国内唯一用国际关系理论方法研究北约转型的学术著作。

综上所述，无论是在国外还是在国内，已有的研究或是专注于北约介入亚洲的某一个方面，或是关注北约在亚洲某一地区的具体活动和政策，或是将北约介入亚洲事务放入北约整体转型进程之中进行研究，而将北约在亚洲地区的存在和政策作为一个单独整体来进行研究还较为罕见，更缺乏使用国际关系理论工具对北约介入亚洲进行全面、深入、系统性的研究。

---

① 陈宣圣：《风云变幻看北约》，世界知识出版社2009年版，第268页。
② 许海云：《北约简史》，中国人民大学出版社2005年版，第312页。
③ 邢骅、苏惠民、王毅主编：《新世纪北约的走向》，时事出版社2004年版，第264—273页。
④ 中国现代国际关系研究院美欧研究中心：《北约的命运》，时事出版社2004年版，第1—3页。
⑤ 周丕启：《合法性与大战略：北约体系内美国的霸权护持》，北京大学出版社2005年版，第1—273页。

三 研究设想与研究方法

（一）主变量与核心机制

本书将选取一个主自变量，即国家行为体为了获取安全而对成本与收益进行的比较——收益估算，因变量则是与北约相关的联盟行为。本书的自变量分别考虑了来自国际和国内两个层次的影响，一国在计算成本和收益时会受到经济状况、政治体制、历史集体记忆等单元层次因素的影响，同时也会受到体系中权力分布和权力斗争等安全环境的影响。本书假设，作为理性行为体的国家，能够在成本和收益之间做出大致的比较，能够在采取某项安全战略或行动时得出以下两种结论中的一种：收益＞成本；收益＜成本。收益＝成本的情况虽然存在理论上的可能性，但由于计算成本和收益时的模糊性，这种极端情况事实上不会发生，因此本书不将这种情况纳入考虑范围。为了研究的需要，我们需要对相关概念进行较为精细地界定。

本书的分析框架依据单极世界联盟理论发展而来，单极世界联盟理论认为单极国的特性、偏好与行为将决定其他行为体是否将其视为威胁，并进而引发相关的联盟行为。事实上，国家并不一定要处于新现实主义语境中的威胁的情况下，才会产生与联盟有关的各类行为。因此，必须扩大原来新现实主义语境中威胁的内涵，才能更好地解释当今北约联盟的存续及其相关行为。对此，本书认为国家间之所以产生与联盟有关的各类行为是为了获取安全。这里所指的安全涵盖了一个国家行为体对另一个国家行为体构成的威胁和其他无明确指向性的威胁国家安全的状况。概言之，本书认为，一国想获取的安全既包含了传统安全又包含了非传统安全。由此推知，与联盟行为密切相关的是围绕获取安全而界定的成本和收益这两个概念。成本是一国为采取某项安全战略或行动时所必须付出的代价，包括要付出的人力、物力和财力的总和。收益是指一国采取某项与联盟相关的安全战略或行动时可预期所获得的各项利益之和。

本书将构建一个关于北约联盟行为分析的主导型多边联盟相关行为模式理论，以补充和丰富既有的研究。本书认为，北约介入亚洲时存在两种行为体间的收益估算相互作用。其中一个是联盟内部美国与众成员国间的收益估算相互作用，另一个是联盟与外界国家间的收益估算相互作用。从相互作用的进程来看，收益估算呈现出一种动态的变化过程，联盟内部行为体和外部行为体分别自内而外和自外而内地对北约的行为产生影响。从相互作用的结果来看，在联盟内部，当美国和其他成员国的收益估算都为收益＞成本时，北约会采取一致的战略行动，并产生对美国的追随行为或产生彼此间的协作，当收益估算为其他情况时联盟内的合作将受到阻碍，进而引发软制衡等各种战略行为；在联盟外部，当北约和亚洲国家的收益估算都为收益＞成本时，北约会与亚洲国家进行合作，造成亚洲国家对北约的追随和对地区国家的地区制衡，当双方的合作损害第三者利益时，会引发对联盟的软制衡和硬制衡等行为。综上来看，这类行为体间收益估算的相互作用是一种系统性的互动机制。

（二）研究方法

本书主要采取理论推演和实证检验相结合的方法。一方面，借用已有的联盟理论的主体分析模型加入一定的分析变量，经过严密的逻辑推演，建立相关机制，构建出本书的分析框架；另一方面则通过分析框架解释和预测北约介入亚洲的进程，来检验该框架的有效性与合理性。其中，具体的分析还会涉及案例研究和文本解读等方法。本书的目标是对北约介入亚洲进行解释并对北约介入亚洲及北约未来走向进行预测，在理论上仅限于建立新的北约联盟行为解释模式，因此本书属于实证性研究的范畴。

本书的具体研究方法主要是案例研究法，即通过分析框架解释北约阿富汗战略和北约在亚洲地区的伙伴关系两个案例，来验证本书理论分析框架的假设和推论。有些学者认为，基于一个国家（或组织）单一特征的解释，在统计学意义上，只提供了一个样本。[①]这一观点成为案例研究最致命的批评。然而，案例研究有一些其他研究方法无法具备的优点，其优点为：一是通过案例进行的检验通常是强检验，具有针对性，可以通过案例研究来推断或检验自变量如何引起因变量，比量化的方法更为容易有效。[②]二是案例研究可以通过对历史事件的详细分析，从历史纵深的维度

[①] ［美］曼瑟·奥尔森:《国家的兴衰：经济增长、滞涨和社会僵化》，李增刚译，上海人民出版社 2007 年版，第 10 页。

[②] 案例研究中的强检验，主要体现在关键案例的选择上，参见［美］斯蒂芬·范埃弗拉《政治学研究方法指南》，陈琪译，北京大学出版社 2006 年版，第 51—52 页；Gary King, Robert O. Keohane and Sidney Verba, *Designing Social Inquiry: Scientific Inference in Qualitative Research*, Princeton, N. J.: Princeton University Press, 1994, pp. 209—212.

对文章的假设和推论进行逐一验证，这一点是统计和建模无法胜任的。①

本书另一种主要的具体研究方法是文本解读法。通过对北约冷战后历次峰会宣言和三份战略概念文件等官方文件的解读，推断北约介入亚洲的意图，确定北约转型与其介入亚洲事务的关系，评估北约介入亚洲的效果，进而预测北约介入亚洲和北约走向全球之路的未来。以此为宏观背景，理解北约阿富汗战略等案例研究内容与北约整体走向的内在逻辑联系，做到北约实际行动与北约文件意图的相互印证，找出其中存在的思想与现实的差距，为我们更准确地理解北约介入亚洲事务提供依据。

本书的文献和研究资料主要包含以下三个部分：一是国内外现有学术成果，包括联盟理论的研究成果和北约研究的理论成果。二是北约档案和文献，包括北约官方文件、档案和统计数据等。北约网站丰富透明的档案和精细化的统计数据，为本书写作提供了充实的材料和数据。三是国内外一些国际组织、非政府组织和新闻媒体的资源，例如一些智库的报告和国际组织发布的数据，都是本书重要的参考文献。

四　结构安排

本书将分为七个部分，其中本部分是导论，介绍本书研究的基本背景。第一章是本书的理论部分，笔者在借鉴前人丰硕研究成果的基础上，通过大胆改造和细化，提出一个新的联盟相关行为分析框架，来解释北约介入亚洲的动因、变迁和影响。作为文章的理论部分，第一章将详细探讨本书的自变量和因变量之间的关系，并建构一个相应的理论解释机制。第二章到第五章是本书的理论验证章节，用北约介入亚洲的现实来检验第一章分析框架的可靠性。

其中，第二章讨论冷战后初期北约的转型进程，然后对欧美国家在亚洲面临的威胁和共同应对威胁的伙伴进行探讨，在此基础上找寻北约转型与北约介入亚洲的内在联系，希望为本书后几章的案例分析与评估预测提供一个全局性的宏观历史背景。

第三章探讨北约介入亚洲的第一个案例北约的阿富汗战略。该章将回顾北约阿富汗战略的基本进程；分析北约阿富汗战略的问题与挑战；探讨

---

① 这也就是所谓的"过程追踪"（process tracing）方法，具体介绍，参见 John Gerring, *Case Study Research: Principle and Practice*, Cambridge: Cambridge University Press, 2007, chapter 7.

北约内部由阿富汗战略引发的各类分歧。希望以此来了解北约实施阿富汗战略的动因与战略演变的轨迹、北约阿富汗战略是否能够有效稳定阿富汗局势、北约各国成员在阿富汗战略上产生分歧的原因。

第四章则探讨北约介入亚洲的第二个案例北约的亚洲伙伴关系。该章将对涉及亚洲国家的四个北约伙伴关系机制进行逐一考察，探究每个机制下亚洲国家与北约安全合作的深度与广度，确定各个机制内各方的地位与角色，并最终解释亚洲国家与北约合作中的联盟行为模式。

第五章将评估北约介入亚洲的两大组成要件（也是本书的两个主要案例）：北约阿富汗战略与北约的亚洲伙伴关系，希望以此探究北约介入亚洲对北约的功能与域外行动产生了何种影响，以及北约介入亚洲为联盟内部关系形态与北约和亚洲国家关系带来何种变化。在评估的基础上，本章将对北约的阿富汗战略与北约亚洲伙伴关系网络的未来作出预测，具体分析北约未来介入亚洲事务的可能深度与规模，为结论部分讨论北约全球化的前景奠定实证基础。同时，本章还将研究北约介入亚洲对中国带来的影响，确定中国面临的机遇和挑战，为结论部分相关对策的提出提供可靠的事实依据。

最后是结论部分，该部分将首先回顾本书研究的主要内容，得出本书研究的基本结论。在此基础上，本书将以北约介入亚洲的研究为依据，探讨北约全球化的未来。此外，作为一项关涉中国国家安全的国际安全问题研究，本书结论中将提出中国应对北约介入亚洲的粗浅愚见，以求为中国的安全政策提供些许参考。当然，由于研究者的能力与学识有限，本书的研究肯定存在很多缺陷与不足，在本书的末尾还将罗列目前研究者所意识到的需要进一步研究的问题。

第一章

联盟理论与北约联盟行为分析

联盟理论作为国际关系理论中研究联盟现象的中层理论，被广泛应用于北约联盟的研究之中。冷战结束以后，国际关系中的联盟发生了巨大变化，原有的联盟理论已经不足以解释全球化时代的联盟现象。西方学者和中国学者根据这些新变化，承前启后地发展出了多种视角独特、变量各异的新联盟理论。本章将对主流新现实主义联盟理论最新成果单极世界联盟理论进行详细的评价与探讨，并且对其他研究联盟内部关系的理论进行梳理和评价。希望以此为理论准备，在创造性地吸收前人的优秀理论成果的基础上，搭建起一个能够解释和预测北约联盟行为的初步性理论分析框架。需要指出的是，本书所称的北约联盟行为是指联盟内外的国家行为体围绕北约这一制度化存在及其战略所采取的各种行为或战略。

第一节 单极世界联盟理论与北约联盟行为分析

联盟不仅是国际政治现实中的一个非常普遍的现象，同时也是国际关系理论界研究的一个重要课题。国际关系理论语境中的联盟包括正式和非正式安全安排，是共同防御协定基础上形成的排他性安全合作。[①] 传统现实主义联盟理论将权力作为主要分析变量，其理论基点是"权力平衡论"，认为"联盟是权力增强器"，是权力平衡的工具；新现实主义则在对传统现实主义联盟理论进行优化升级的基础上，分别以"威胁"和"利益"作为主变量，先后提出了"威胁平衡论"和"利益平衡论"，并

---

① Stephen M. Walt, "Why Alliances Endure or Collapse", *Survival*, Vol. 39, No. 1, Spring 1997, pp. 157—158.

使联盟理论更具有系统性和实证性。① 冷战结束以后，占据主流地位的现实主义联盟理论受到了新自由制度主义和建构主义不同程度的挑战，同时后冷战时代的新形势也需要理论界提出新的分析框架来予以解释。正是在这样的背景下，2009 年，联盟理论大师斯蒂芬·沃尔特（Stephen M. Walt）依靠自己多年研究联盟问题的深厚学术积累，提出了联盟理论研究的最新成果—单极世界联盟理论，为我们研究联盟问题和理解北约的战略行为提供了一个全新视角。

一 单极世界联盟理论的基本观点

单极世界联盟理论认为，冷战后单极体系的出现对当代联盟产生了深远的影响。单个国家的绝对力量优势（现实当中美国在冷战后的优势地位）在现代历史上绝无仅有。这种国际体系当中的总体力量分配对于确认威胁的潜在来源和选择可能的盟友以应对这些威胁将起到作用。② 单极体系的条件不可避免地塑造着各国的联盟行为，同时影响已有联盟内部的讨价还价。至于什么是单极体系，沃尔特认为，单极体系是指单个国家掌控了体系当中政治相关资源的优势份额，其意味着单个超级大国没有在地位或影响上与之匹敌的意识形态对手。③ 除承认结构性压力对单极世界联盟行为的塑造以外，沃尔特还秉承了其一贯的学术观点，强调以综合实力、地缘的毗邻性、进攻实力和侵略意图为基础的威胁是联盟形成的重要因素。④ 同时引入以上两个变量，有助于解释当今国际政治现实中，哪些联盟行为是由结构力量驱动的，哪些行为是由单极国（现实当中的美国）的国家特性所驱动的。

沃尔特认为单极结构对联盟行为产生以下几个方面的影响。第一，单极国具有更大的行动自由。在单极或两极体系当中，大国或超级大国普遍担心自己的行为引发与自己实力相当的大国的反对，但在单极结构中这样的担心显然多余。单极国超群的实力一般可以使它不那么在意来自盟友的

---

① 汪伟民：《联盟理论与美国的联盟战略》，世界知识出版社 2007 年版，第 46 页。
② Stephen M. Walt, "Alliances in a Unipolar World", *World Politics*, Vol. 61, No. 1, January 2009, p. 86.
③ Ibid., p. 92.
④ ［美］斯蒂芬·沃尔特：《联盟的起源》，周丕启译，北京大学出版社 2007 年版，第 21 页。

支持而选择一意孤行地投入战争,然而盟国并非没有任何价值,比如在增加行动的合法性和使用重要海外战略设施时,盟国的支持依然重要。第二,对单极国权力日益增长的担忧。此种担忧与单极国更大的行动自由伴随而来,单极国出于自己的利益偏好而进行的活动不可避免地对其他国家的利益产生影响,即使单极国的活动不直接针对其他国家,也有可能通过第三国进行传导。例如,美国入侵伊拉克引起了土耳其对库尔德民族主义的担忧和以色列对伊斯兰圣战的担忧。第三,更大的反霸权制衡障碍。虽然各国普遍担忧单极国的主导地位,但组织对单极国的联合制衡将面临更大的障碍。单极国超群的实力使组织与之相当的制衡力量联盟交易成本相当巨大,在单极国对各国威胁不均衡的情况下搭便车和推卸责任的行为在所难免,而且,单极国也可以采取威逼利诱等手段对企图结盟的各国分而治之。第四,信誉和影响。由于单极结构下单极国对盟友的需求大大降低,盟国有理由担心单极国对他们所作的承诺。以此类推,原来在多极或两极体系下中小国家对盟主的影响力将大大降低,相反盟主对中小国家的影响力上升。单极国将很大程度上摆脱了"被抛弃"(abandonment)和"被牵连"(entrapment)的联盟安全困境,而它的盟友们特别是弱小国家很容易被单极国家的战争所牵连。第五,分散注意力或超脱。单极体系对单极国的结构性束缚大大削弱。单极国家可以依照自己的意愿对国际事务采取干预或超脱政策。单极国如果采取塑造国际体系的战略,很容易被广泛的国际议题分散注意力,因此单极世界联盟理论认为采取超脱政策是较为合理的选择。①

关于在单极世界中国家的联盟战略行为,单极世界联盟理论认为国家主要有六种战略选择:(1)硬制衡;(2)软制衡;(3)摆脱控制(Leash Slipping);(4)中立;(5)追随强者(Bandwagoning);(6)地区制衡。即使国家缺乏制衡单极国家的必要能力,但仍然寻求通过合作与协调来提升自己的安全,这种情况可被视为单极世界的硬制衡战略。②硬制衡战略一般不是由结构原因所驱动,更多的是由于国内因素的结果。在单极世界里,硬制衡行为相对稀缺,一方面是因为制衡单极国家

---

① Stephen M. Walt, "Alliances in a Unipolar World", *World Politics*, Vol. 61, No. 1, January 2009, pp. 94—100.

② Ibid., p. 102.

代价高昂，另一方面是因为联盟的组成是应对威胁而非实力。软制衡战略更多的是针对单极国的具体政策而非结构的整体实力分布本身。与硬制衡所关注的均势所不同，软制衡在承认单极国家力量优势的前提下，采取限制单极国按照自己偏好行事的能力的战略。软制衡的优势在于它的隐蔽性，既能一定程度制约单极国的行动能力，又不至于和单极国家形成直接冲撞而招致报复。① 在单极世界中，各国也有可能组成一个摆脱对单极国依赖的联盟，而且这样的联盟不是以制衡单极国为目的的。这种联盟行为可被视为一种摆脱控制战略，当各盟国过度依赖单极国时，对摆脱束缚的愿望便会明显表达出来。② 追随强者通常是指一个国家与最强大或最具威胁性的国家结盟，它本质上是一种绥靖政策：通过追随，被威胁的国家寻求单极国对它手下留情。③ 追随行为在多极和两极体系当中并不普遍，同样在单极体系当中也是一种稀缺行为。因为一个国家要将自己的命运交由对它具有威胁性的国家将冒很大风险。另外一种容易被误认为追随战略的行为其实是一种地区制衡行为，由于各国都普遍关心地缘相近的国家的威胁，往往会借助非本地区之内的单极国家对地区威胁进行制衡，以求得自我保护。④

关于如何使用单极世界的联盟工具，沃尔特认为相对于中小国家希望用高度制度化的联盟来束缚单极国的行为，单极国更愿意使用临时性的联盟来执行自己的意图。单极国强大的实力可以使其在国际环境中更加自由地挑选自己所需的联盟工具，但这并不代表其他国家对单极国无所作为。一方面，各国领导人可以和单极国的精英建立紧密的私人关系以影响单极国的行为；另一方面，其他国家可以采取与单极国一致的战略来讨好单极国，而这种战略往往是表面上的一致，就像"9·11"后各国普遍推行的反恐战略。此外，如果单极国的政治体系足够开放，各国还可以通过游说集团等手段影响单极国的决策，这一点对于以美关系在"9·11"之后的强化特别具有说服力。

冷战后的历史证明，结构性因素对于联盟行为的解释存在局限。虽然

---

① Stephen M. Walt, "Alliances in a Unipolar World"., *World Politics*, Vol. 61, No. 1, January 2009, pp. 103—106.

② Ibid., pp. 107—108.

③ Ibid., p. 108.

④ Ibid., pp. 111—114.

单极结构不可避免地会关注单极国的偏好和行为，但力量的分配不能完全解释其他国家将如何做出反应。在单极结构中更重要的是谁是单极国，它所处的地理位置如何，以及它如何使用它的权力。如果单极国是一个一样地理位置遥远，对自己的行为和野心有合理的自制，而且更为重要的是没有征服他国的欲望，人们可以预期各国将普遍采取软制衡、追随强者和地区制衡的战略。

二 单极世界联盟理论的理论特征

（一）联盟研究的单极视角

现实主义联盟理论一直以来居于联盟研究的主导地位，按照研究阶段可大致分为两个阶段：即传统现实主义阶段和新现实主义阶段。[①] 以摩根索为代表的传统现实主义联盟理论认为，联盟是权力均衡的最重要表现。在多国体系内，联盟必然具有平衡权力的功能。互相竞争的 A 国和 B 国为确保或增进它们相对的权力地位，可作出三种选择。其一，它们可以增加自己的权力。其二，它们可以把其他国家的权力添加在自己的权力上。其三，它们可以阻止其他国家的权力添加到对手的权力上。当它们作出第一种选择时，它们进行军备竞赛。当它们进行第二和第三种选择时，便执行联盟政策。[②] 与传统现实主义联盟理论的权力视角所不同，新现实主义联盟理论的视角转向了威胁、安全困境和利益。沃尔特的威胁平衡理论认为，国家参加联盟是为了应对威胁，但并不是所有的威胁都是以敌对国家的权力为基础的。[③] 联盟困境理论从国家安全的安全困境视角出发，探讨了联盟内部的安全困境以及与联盟外两组安全困境的互动。[④] 由于盟友可能会采取解除盟约或与敌国结盟的可能，所以国家对受到"被抛弃"的担心总是存在的；"被牵连"则意味着因盟国的利益而被拖入一场与自己利益相悖的冲突。每个国家都必须在"被

[①] 于铁军：《国际政治中的同盟理论：进展与争论》，《欧洲》1999 年第 2 期。

[②] ［美］汉斯·摩根索：《国家间政治—权力斗争与和平》，徐昕等译，北京大学出版社 2006 年版，第 219 页。

[③] ［美］詹姆斯·多尔蒂等：《争论中的国际关系理论》，阎学通等译，世界知识出版社 2003 年版，第 578 页。

[④] Glenn H. Snyder, "The Security Dilemma in Alliance Politics", *World Politics*, Vol. 34, No. 3, July 1984, pp. 465—495.

抛弃"和"被牵连"之间进行权衡。① 兰德尔·施韦勒（Randall L. Schweller）的利益平衡理论指出，国家间结盟并不一定是应对威胁的反应，它同时可能是对获利的期许。②

尽管以上理论的研究重点和研究视角各有侧重，但是它们存在着一个共同特征：它们反映了前冷战或冷战时代多极和两极结构的政策关注和历史背景。单极世界理论与以上理论最大的不同之处在于，它不仅继承了主流现实主义联盟理论的思想，并且将研究的切入点进一步细化为后冷战时代单极结构视角。单极世界联盟理论以单极结构勾勒出单极世界联盟行为的宏观背景，明确提出相对于两极和多极结构而言，单极结构的结构压力大大减弱，国家联盟行为主要不是以结构力量来驱动，而主要以单极国的国内制度、历史经验、文化传统等因素来规范的。换言之，从很大程度上来讲，在单极体系世界里，单极国国家特性的作用代替了原来在两极或单极世界中结构的作用。

（二）浓厚的新古典现实主义色彩

单极世界联盟理论巧妙地吸收了结构现实主义关于力量的分布是国际政治和各国对外政策的首要决定因素的观点，将国家在国际体系中的位置，具体来说是国家的相对力量作为自己理论的出发点，但对于大多数结构现实主义者关于国家对外政策的目标和国内因素在塑造对外目标的过程中所起的作用的一些论述，该理论则持否定态度。特别是，单极世界联盟理论不同意结构现实主义视结构为解释联盟行为的唯一变量的观点，认为这里面存在着重大理论缺陷，因为这种做法既没有对不同国家的目标加以区别对待，也没有考虑国家对外政策目标发生变化的情况。

重视单元层次的分析是新古典现实主义的一个重要特色。新古典现实主义将国内因素作为干扰变量纳入自己的分析框架，同时它也不像古典现实主义者那样假定国家行为可以通过个人权欲来加以解释。在新古典派学者看来，体系因素固然是国际政治和对外政策最重要的决定因素，但如果一种理论仅仅局限于体系层次，那么在大多数情况下这种理论将无法对现

---

① 孙德刚：《国际安全之联盟理论探析》，《欧洲研究》2004 年第 4 期。
② Randall L. Schweller, "Bandwagoning for Profit: Bring the Revisionist State Back In", *International Security*, Vol. 19, No. 1, Summer 1994, pp. 179 —181.

实作出正确的解释。新古典派认为，虽然国家的相对力量是一种客观现实，但国家领导人如何认识这种现实以及政府能在多大程度上动员自身资源以实现本国的目标，这里面存在着种种不确定性。要理解国家是如何对外部环境进行解读和作出反应的，人们必须分析体系的压力是如何通过单元层次这一干扰变量，比如说决策者的观念、一国政府机构的能力及国家与社会的关系等，来得到传递，并最终决定一国的对外政策的。这样，新古典派便为解决长期困扰现实主义理论的体系分析和单元分析相分离的问题找到了一条途径。①

单极世界联盟理论以结构为理论展开切入点，但该理论并不是一个唯结构理论，事实上结构分析的提出很大程度上为之后的单位层次分析铺路。正如前面所提到的，单极国在单极体系下受到来自单极结构的压力大大减弱，其自身的单元属性某种程度上决定了结构的属性。其他国家在选择联盟战略时并不是对结构压力的反应，而是对单极国国家利益偏好的反应。具体而言，单极国如何认知单极世界的外部环境和其做出的反应将深刻影响其他国家的联盟行为。影响单极国对外部世界的认知的因素包括了国内政治精英的态度、政治制度的开放性、历史经验和文化传统等。单极世界联盟理论还认为，单极国对其他国家的联盟战略的影响并不是单向的，其他国家可以通过政治精英和利用单极国家政治制度的开放性进行渗透，以获得自己所期望的单极国行为。

（三）对"追随强者"与"制衡"行为模式的细化

国际关系理论大师肯尼斯·沃尔兹（Kenneth Waltz）在《国际政治理论》中从理论的高度率先提出了"追随强者"和"制衡"这对相互对立的联盟行为模式。沃尔兹把"追随强者"定义为国家行为体与强者结盟，而"制衡"是指与其他国家结盟对抗强者。沃尔兹认为，由于各国追求的目标是安全和维护本国在国际体系中的地位而不是最大限度地扩大自己的权力，所以相互制衡而不是追随强者是国际体系中更常见的行为。"如果可以自由选择的话，国家将涌向较弱的一方，因为威胁它们安全的是较强的一方。如果它们加入的联盟有足够的防御和威慑能力以吓阻敌对联盟

---

① 于铁军：《进攻性现实主义、防御性现实主义和新古典现实主义》，《世界经济与政治》2000年第5期。

的进攻,它们将得到更多的尊重和安全"。①斯蒂芬·沃尔特在他的威胁平衡理论中对沃尔兹的"追随强者"和"制衡"概念作出了修正,他认为国家在面临外部威胁的挑战时,或者采取制衡行为,或者追随强者。制衡是指与其他国家结盟以反对最具优势的威胁。追随强者是指与引发危险者结盟。② 沃尔兹和沃尔特将联盟行为进行两分法的方法引来了诸多批评。保罗·施罗德(Paul Schroeder)提出,国家在面临威胁时会具有躲避、超越、追随和制衡四种战略选择。与威胁平衡论所认为的制衡更为普遍的结论不同,施罗德认为在这四种战略选择中,制衡是最不常见的选择,而追随或躲避要更常见。③ 作为对施罗德观点的呼应,罗伯特·鲍威尔(Robert Powell)指出国家在面临冲突的环境下,往往有几种行为选择。国家可以选择制衡,也可以选择追随或等待观望。一国到底选择何种行为,取决于多种因素,如作战的成本、与对方结盟后两国军事力量的效能、潜在结盟对象的侵略性等。④ 鲍威尔还强调制衡行为虽然有时会出现,但由于它的成本最高,因而是最少见的一种行为,而追随和观望则是最常见的联盟行为。

单极世界联盟理论对以上的批评作出了积极回应,沃尔特首先对自己在威胁平衡论中提出的"追随强者"和"制衡"的两分法做了重大修正,他认为"追随强者"和"制衡"过于简化了单极时代复杂的联盟行为,对于理解国际政治中的具体问题并无助益,因此他将"追随强者"和"制衡"进一步细化为硬制衡、软制衡、摆脱控制、中立、追随强者、地区制衡六种行为模式或战略。并且,与他先前得出的"制衡"比"追随强者"更普遍的结论所不同的是,沃尔特认为在单极体系下软制衡、地区制衡和追随强者都是比较普遍的联盟行为。尤其值得重视的是,单极世界联盟理论特别强调理论假设与现实政治的区别,在现实世界中各国不会单

---

① [美]肯尼斯·沃尔兹:《国际政治理论》,信强译,上海人民出版社2003年版,第168页。

② [美]斯蒂芬·沃尔特:《联盟的起源》,周丕启译,北京大学出版社2007年版,第16页。

③ Paul Schroeder, "Historical Reality vs. Neorealist Theory", *International Security*, Vol. 19, No. 1, Summer 1994, pp. 117—147.

④ Robert Powell, *In the Shade of Power: States and Strategy in International Politics*, New Jersey: Princeton University Press, 1999, pp. 149—188.

纯采取非此即彼的"追随强者"或"制衡"战略,而是交叉并用各种硬制衡、软制衡、摆脱控制、中立、追随强者、地区制衡的战略,以实现国家利益的最大化。

三 单极世界联盟理论对北约联盟行为分析的适用性缺陷

(一) 单极到多极的转换

在冷战结束后,国际体系曾经一度出现过单极体系的特征,或如中国学者广泛认同的"一超多强"格局,或如塞缪尔·亨廷顿所言的"单极—多极体系",其中,美国作为冷战后唯一的超级大国试图以自己的意志来塑造世界新秩序。从冷战结束到21世纪初的一段时间里,单极世界联盟理论的确对美国在全球包括北约在内的广泛联盟体系具有强大的解释力。然而,在美国深陷伊拉克战争,且国家经济不断虚空,之后又深受金融危机重创的情况下,美国的支配地位受到明显削弱,其对外行动方式也日益向多边主义回归。从2005年开始,美国意识到单边主义和黩武政策的限度,转而强调去寻求与传统盟友的协调与合作,从而消解了很多其他国家对美国意图的忧虑,进而降低了它们联合牵制美国的意愿。① 2009年开始,被称为多极伙伴世界的世界体系开始崭露头角,持续的全球金融危机加速了单极化的发展,奥巴马政府将布什政府后期的多边主义策略提升为其基本外交理念之一。从这一理念出发,克林顿国务卿进一步提出了"多伙伴世界"构想,使全球化时代的新多极伙伴世界逐渐成形。

同时,当今世界中的其他各大力量中心正在内外政策方面采取多样化的发展道路,并且都拥有因各自的成功所带来的自信。欧洲的成功起步于内部的民主制度、社会市场经济以及让渡本国主权的同时削弱别国主权的一体化和对外政策选择;中国的成功源于具有本国特色的民主制度和市场经济模式以及严保本国主权也尊重别国主权的对外政策;巴西和印度在国内制度方面更为接近西方,但在对外政策的原则上与中国更为接近。总之,在物质力量分散化的今天,观念力量的多样化也在同步发酵过程中。② 多极世界的到来意味着美国不能像单极时代那样肆意妄为,不能随

---

① 陈志敏:《新多极伙伴世界中的中欧关系》,《复旦国际关系评论》2012年第1期。
② 陈志敏:《多极世界的治理模式》,《世界经济与政治》2013年第10期。

意抛弃北约的伙伴单独行事，同时由于国际关系中的整体合作氛围，制衡行为将相应减少。因此，单极世界联盟理论对于近年来北约联盟内外最新发展动态缺乏解释力。

（二）单极世界的模糊属性

在对沃尔特威胁平衡理论的批评中，施韦勒将国家分为维持现状的国家（狮子型和羊羔型）和改变现状的国家（豺型和狼型）两类。前者一般来说倾向于制衡和寻求安全，而后者则希望增加权力、威望和财富，因此倾向于见风使舵，与强者为伍。沃尔特只注重安全，从而陷入了"维持现状的偏见"。[①] 也就是说，在沃尔特的威胁平衡理论中他所定义的体系属性是一个防御性现实主义的世界，而其在单极世界联盟理论中似乎考虑到了施韦勒的批评，用刻意淡化体系属性的方式来将联盟行为的动因集中在单极国的国家属性上来展开论述。在沃尔特看来，单极国家对外是否具有征服意图，不是体系属性的结果，而是国内政治制度等要素的结果。模糊体系属性的结果是基本否认了体系对单极国国家行为塑造的解释，使单元层次的解释成为单极世界联盟理论的主变量，这其实与沃尔特希望同时从体系和单元两个层面解释单极时代联盟行为模式的初衷相悖。

事实上，单极世界体系的属性可以进行明确的定义。自二战结束以来，国际体系的属性已经从进攻性现实主义的世界进化到了防御性现实主义的世界。一个崇尚进攻性现实主义的国家可能会在过去的进攻性现实主义世界里成功，但是如果他现在仍然继续奉行进攻性现实主义，则将会在现在的防御性现实主义世界里遭到严厉的惩罚。相反，一个崇尚防御性现实主义的国家在过去的进攻性现实主义世界里可能会灭亡，但却极有可能在现代防御性现实主义世界里成功。崇尚新自由主义的国家与防御性现实主义国家有着相似的命运，有可能在将来的世界里比后者更成功。[②] 显然，单极国在单极世界所奉行的战略不仅仅是单元层次在起作用，防御性现实主义的体系属性对单极国行为仍然具有强大的约束力。在现实世界中，由于北约各国都生活在防御性现实主义世界里，它

[①] Randall L. Schweller, "Bandwagoning for Profit: Bring the Revisionist State Back In", *International Security*, Vol. 19, No. 1, Summer 1994, pp. 179—181.

[②] 唐世平：《国际政治的社会进化：从米尔斯海默到杰维斯》，《当代亚太》2009年第4期。

们在结盟和保持联盟延续时,或是其他国家看待结盟国家的行为时,对彼此间行为意图的度算都是以防御性现实主义世界的属性为基本前提,即任何别国的行为至少不会以征服他国为目的。从当代联盟的合法性来看,虽然一个安全或军事安排并非必要前提(联盟可以以一种非正式的意愿国家间法律政治安排的形式存在),但只有为所有成员提供集体安全而以防御为目的建立的联盟才具有合法性。① 单极世界联盟理论对体系属性的模糊化处理不利于设定北约内部和外部各行为体看待彼此行为意图的底线。

(三) 对联盟内部关系讨论不足

作为一个综合性的联盟行为分析框架,单极世界联盟理论最大的缺陷在于沃尔特除了简单提到单极世界中的联盟困境以外,对联盟内部的行为没有给予应有的重视。事实上,受到单极结构与单极国影响的不只是联盟内部的困境,还包括了其他诸多联盟内部问题。首先,关于联盟内部的责任分担问题。由于安全也是一种公共产品,联盟内部的大国通常会承担主要的联盟运行成本,而小国通常会搭便车。② 在北约结构之下,按照单极世界联盟理论的逻辑,美国对联盟的需求要小于其他的盟友,显然从成本收益的理性角度出发,美国会越来越不愿意承担过多的运行成本,而欧洲各国和加拿大为了寻求美国的保护会更多地负担联盟责任。而在现实当中,作为单极国的美国在北约等联盟内并没有明显的推卸责任的趋势,而美国的众盟国仍然像过去一样在搭便车。其次,关于联盟内部的团结和领导权问题。传统联盟理论认为,通常来说一个联盟内部的力量分布越是不均衡,一个联盟的凝聚力就越强,联盟领袖对联盟政策制定的主导力就越强。在冷战后的世界里,北约内部的这种不对称性显然加强了,单极世界联盟理论没有回答为什么美国在已有众多联盟的前提下更愿意使用临时性的联盟。最后,制度和观念对联盟的影响。新自由制度主义者认为,高度制度化的联盟在体系结构改变的情况下仍然可以得到维持。一个高度制度化的联盟可能发展出即使其原有目标已失去意义但仍值得保存的能力,尤

---

① Dingli Shen, "Can Alliances Combat Contemporary Threats?", *The Washington Quarterly*, Vol. 27, No. 2, 2004, p. 165.

② Mancur Olson and Richard Zeckhauser, "An Economic Theory of Alliances", *Review of Economics and Statistics*, Vol. 48, No. 3, August 1966, pp. 266—279.

其在建立新的联盟的成本要高于维持已有联盟时。① 与此同时，高度制度化的联盟往往伴之以以此为生的庞大的精英网络，这些精英集团不仅包括联盟机构内的行政人员、军官、政策分析者，也包括了联盟外的军火商、智库人员、新闻记者等。在联盟有解体之虞的情况下，这些精英为了自身利益必然会在联盟内外相互呼应，鼓吹维持联盟的重要性。众所周知，北约是一个高度制度化的联盟，在沃尔特的分析中没有给出其为何完全忽略制度作用的理由，这必然带给我们制度在联盟内部扮演何种角色的疑惑。另外，关于单极国倡导的共同价值观和与此相关的身份认同对维系联盟团结方面所起的作用，我们无法在单极世界联盟理论中找到答案。北约一直声称自己是一个自由民主价值观的联盟，以自由民主价值观为支柱的安全共同体意识是联盟内部和平相处的重要因素。卡尔·多依奇（Karl W. Deutsch）等人认为安全共同体意识对消除联盟内部的冲突会起到一定作用，② 对于北约的安全共同体意识是否能起到同样的作用的问题，沃尔特也没有给我们正面回答。

单极世界联盟理论是冷战后主流现实主义理论内部流派争论后所产生的最新成果。从流派归属上来看，在提出单极世界联盟理论之前，沃尔特在联盟理论上的观点主要是一位防御性现实主义者；在提出单极世界联盟理论后，沃尔特的流派归属趋向于模糊，这不光体现了沃尔特的理论视野日益开阔，更体现了防御性现实主义、进攻性现实主义和新古典现实主义在多年争论后相互融合的趋势。单极世界联盟理论为我们理解冷战后的国际政治图景提供了一个新的理论工具，对于我们把握世界各国特别是美国的联盟行为具有重要的参考价值。然而，美国人在对西方国际政治学的成长作出了巨大贡献的同时，也给这门科学留下了其特有的局限性和矛盾。③ 单极世界联盟理论的美国中心主义烙印恰好反映了王逸舟教授的这一论断。单极世界联盟理论将视角集中于所谓的单极国，而认为其他的国家的联盟行为主要是对单极国行为的反应，这显然过分忽略和简化了现实中影响国家结盟的诸多变量。单极世界联盟理论对于从宏观角度理解美国

---

① Robert B. McCalla, "NATO's Persistence after the Cold War", *International Organization*, Vol. 50, No. 3, Summer 1996, pp. 446—461.

② Karl W. Deutsch, ed., *Political Community and the North Atlantic Area: International Organization in the Light of Historical Experience*, Princeton NJ: Princeton University Press, 1957, p. 5.

③ 王逸舟：《西方国际政治学：历史与理论》，上海人民出版社2006年版，第432页。

及其盟国的联盟行为具有一定的解释力,但是对于我们更好地理解更为具体的北约联盟行为助益不多,因此,为了对北约的联盟行为及其所引起的反应做出更为细致和精确的解释,必须进一步借鉴其他更为微观的联盟理论成果。

第二节 联盟内部关系理论的流派及其启示

联盟内部成员之间的关系以及一些特殊现象很早就引起了西方学者的注意,他们将公共产品理论、博弈论、安全困境理论等分析工具引入到联盟内部关系的研究之中,逐渐发展出了许多联盟理论的子理论,对于我们更好地理解联盟内部的互动机制和联盟成员的行为具有重要意义。近年来,随着我国对西方国际关系理论的引介工作接近完成,中国学者已经开始在西方学术成果的基础上发展出了开创性的联盟理论成果。总地说来,有关联盟内部关系的理论可谓百花齐放,异彩纷呈,要穷尽所有的理论成果并非本书的主旨,以下就几种具有较大影响力的成果逐一进行梳理和评论,希望借鉴这些前人研究成果,借此为本书分析框架的构建提供有益的思路。

一 公共产品论

20世纪60年代,经济学家奥尔森(Olson)和泽克豪泽(Zeckhauser)将经济学中的公共产品理论应用于联盟内部关系的研究,认为成员国在联盟内所享有的防务好比道路和桥梁这样的公共产品。在一些类似军事联盟的组织机构内,实力最强大的成员国所承担的防务责任,通常远高于其本应承担的比例。[1] 他们认为,由于公共产品的不可分割性和非排他性,联盟中的小国即便没有向联盟贡献防务预算也能享受参加联盟后所获得的防务安全福利。在现实中,通过对北约成员国国内生产总值和军事开支的分析,两位经济学家发现两者之间存在巨大的正相关关系,得出了北约中的大国承担了不成比例的共同防务负担的结论;另一方面,他们也发

---

[1] Mancur Olson and Richard Zeckhauser, "An Economic Theory of Alliances", *Review of Economics and Statistics*, Vol. 48, No. 3, August 1966, pp. 266—279.

现支付了联盟公共产品边际成本的国家,也在同时享受公共产品边际收益。[1] 美国在北约等军事组织中承担更多的责任其实就是在向盟友提供公共产品,美国为了维护自己的安全又无法停止公共产品的供给,这就是小国在美国主导的联盟中经常采取搭便车行为的原因。由于小国搭便车,造成了多边军事联盟在防务开支分担上极不平衡的现象,使联盟内的防御经费的使用不能实现优化和高效。[2]

桑德勒(Sandler)对奥、泽两人的观点持保留意见。在奥、泽两人的研究中,联盟的防御是纯粹的公共产品,因为他们认为联盟防御具有非竞争性和非排他性等公共产品的特征。桑德勒指出奥、泽两人所谓的防御事实上指的是安全,而安全可以通过联盟累加的威慑力量、累加的防御力量或者两者的综合来实现,但威慑和防御都不具备纯粹的公共产品的特征。[3] 在两者之中,更接近公共产品的是威慑,因为一个国家报复能力的增加将同样增加联盟内盟友的报复能力。尽管如此,一国给予盟友的威慑能力仍然不同于其自身具备的威慑能力。为盟友提供的威慑的可信度随着盟友所处的地理位置和对盟友构成威胁的国家的能力和意愿而变化,而这违反了非竞争性的原则。可信度还会因为受威胁的国家被盟友要求自行处理威胁,从而违反了非排他性的原则。[4] 在桑德勒看来,防御更不符合公共产品的标准,在一国防务力量已经在援助一个盟国的情况下已不能再被第二个盟国占用,况且防务力量可以随时被撤回或置留。桑德勒进一步指出,联盟成员的军事支出可能会产生多种产品,一些是公共产品,一些是私有产品,还有一些兼具两类产品的特征,但纯粹意义上的公共产品是非常稀有的,因为现代武器的属性使非竞争性和非排他性两个条件同时得到

---

[1] Wallace J. Thies, "Alliances and Collective Goods", *Journal of Conflict Resolution*, Vol. 31, No. 2, June 1987, p. 302.

[2] Todd Sandler, "The Economic Theory of Alliances: A Survey", *Journal of Conflict Resolution*, Vol. 37, No. 3, September 1993, p. 446.

[3] Todd Sandler, "On the Economic Theory of Alliances", *Journal of Conflict Resolution*, Vol. 19, No. 2, June 1975, pp. 334—342.

[4] Wallace J. Thies, "Alliances and Collective Goods", *Journal of Conflict Resolution*, Vol. 31, No. 2, June 1987, p. 304.

满足的可能性很低。① 所以，桑德尔认为所有联盟内国家都不应该心存侥幸，必须加大对防务资源的投入，而不是寄希望于盟友为自己提供公共产品。

格伦·帕尔默（Glenn Palmer）对奥尔森与泽克豪泽的观点也提出了批评，认为奥尔森与泽克豪泽的分析本质上是静态的，没有回答盟友防务支出在时间进程中是如何相互影响的问题。② 帕尔默首先认为威慑是联盟内的主要公共产品。联盟中的小国不仅会对联盟大国提供的公共产品做出反应，同时必须考虑到联盟的维系本身。换言之，小国不可能肆无忌惮地搭便车，它必须同时考虑联盟大国是否愿意对它的安全做出长久承诺。因此联盟内部会发展出一套规范成员国公共产品供给的规则。这一规则的建立会要求联盟成员国避免采取短期利益最大化的策略，对小国而言，就是避免搭便车的行为。在短期来说，规则的建立可能是代价高昂的，但它有助于实现联盟长期稳定的目标。③ 另外，帕尔默认为评判规则建立是否成功的标准是联盟的防务预算是否会随着时间的推移下降，而且下降的速度要比那些不结盟的国家要大。

公共产品理论利用行为主义方法，假定联盟内部是非等级制的，透析了联盟管理的一般规律，并有力地解释了为什么美国在北约军事联盟中承担了最多的义务。④ 公共产品理论对于我们理解联盟内部的责任分摊和讨价还价行为具有一定的参考价值，但其在分析具体联盟内部行为时也会遇到很多障碍。首先，如何区分公共产品和私有产品的问题。如果一个国家以提供安全保护为名在他国驻扎军队，这样的驻军既能保护所在国家又能对该国进行某种程度的控制，那它是否还是公共产品？其次，安全合作带来的收益并不一定都是公共产品。通常来说，安全合作可以带动单个国家防御能力的提升，但国家的防御能力收益是私有产品，因为国家在防御的使用方面具有明显的排他性特征。第三，公共产品理论往往只能解释二战后的北约等制度联盟的现象，对于二战前的非

---

① James Murdoch and Todd Sandler, "A Theoretical and Empirical Analysis of NATO", *Journal of Conflict Resolution*, Vol. 26, No. 2, June 1982, pp. 240—242.

② Glenn Palmer, "Corralling the Free Rider: Deterrence and the Western Alliance", *International Studies Quarterly*, Vol. 34, No. 2, 1990, p. 150.

③ Ibid., p. 163.

④ 孙德刚：《多元平衡与"准联盟"理论研究》，时事出版社2007年版，第25页。

制度化军事联盟的情况缺乏解释力。① 最后，搭便车过分简化了联盟内部的互动现实。一方面，如帕尔默所称，小国必须要估算大国是否愿意长期愿意为其提供保护伞；另一方面，即使有时大国愿意让小国搭便车，但小国出于自己安全的考虑反而不愿意搭便车，比如冷战时期北约内部美国愿意为欧洲各国提供核保护伞，但英法两国坚信这样的公共产品是不可靠的，决心自己发展核武器。

二 联盟困境论

格伦·斯奈德（Glenn H. Snyder）在借鉴罗伯特·杰维斯（Robert Jervis）安全困境理论的基础上，提出了联盟内部的安全困境理论。杰维斯的安全困境理论阐述了两个相互不明彼此意图的国家或国家集团之间，由于缺乏沟通和信任，安全困境呈现螺旋形上升的过程。斯奈德将这一研究思路改造并应用于分析联盟内部成员之间的互动，同时他借用了迈克尔·曼德尔鲍姆（Michael Mandelbaum）研究核武器对国际政治影响的两个概念："被抛弃"（abandonment）和"被牵连"（entrapment）。② 联盟安全困境论认为，联盟不仅是盟国之间的博弈，同时也是与联盟敌手之间的博弈。首先，联盟内部的盟友之间存在着分歧与隔阂，联盟内每个成员国都存在着被抛弃和被牵连的恐惧。其次，盟国必须使其他盟友相信其对联盟的价值和承担联盟义务的意愿，否则其他盟友会寻求其他方式的安全保证而将其抛弃。最后，联盟成员如果急于向联盟"表忠心"，从而积极承担起联盟的各项义务，最终很可能被卷入一场自己本不希望参加的冲突或战争。③ 因此，加入联盟的国家通常处于被抛弃和被牵连的两难选择之中，这是联盟困境的第一层含义。联盟困境还有第二层含义：当一国惧怕被抛弃而选择强化联盟时，可能加剧紧张局势，导致联盟与外部敌手之间展开军备竞赛；当一国惧怕被牵连而减少对联盟的承诺，则可能引起进攻性国家的扩张野心。同时，格伦·斯奈德认为，各国会在被抛弃和被牵连

---

① 孙德刚：《多元平衡与"准联盟"理论研究》，时事出版社2007年版，第25页。

② See Michael Mandelbaum, *The Nuclear Revolution: International Politics Before and After Hiroshima*, New York: Cambridge University Press, 1981, Chap. 6. 转引自于铁军《国际政治中的同盟理论：进展与争论》，《欧洲》1999年第2期。

③ Glenn H. Snyder, "The Security Dilemma in Alliance Politics", *World Politics*, Vol. 34, No. 3, July 1984, pp. 461—495.

之间进行权衡，以此维持两者之间的最佳平衡。安全上，一国对联盟的依赖越小，它行动的灵活性就越大，与联盟讨价的能力也就越强。①

柯庆生（Thomas Christensen）与杰克·斯奈德（Jack Snyder）提出了另一种形式的联盟困境。他们将这一困境表征为"囚徒捆绑"（chain-ganging）②与"推卸责任"（buck-passing）之间的矛盾。所谓囚徒捆绑指的是类似拴在一条链条上的犯人会同舟共济一样，每一个联盟成员国都惧怕一个盟国的失败会危及自身的安全而不得不走向战争；推卸责任是指一些联盟成员国在战争或冲突中会不履行联盟义务，利用其他国家维持均势的意图而搭便车。柯庆生和杰克·斯奈德认为，通过考察各国对自己易受攻击程度的认识，可以解释一国采取囚徒捆绑战略或者推卸责任战略的原因。由于一国遭受攻击的可能性越大，就越倾向于无条件结盟并保卫遭到攻击的盟友；类似的，一国如果遭受攻击的可能性越小，就越倾向于逃避联盟义务。假如一国认为，它在抵御敌人进攻时是脆弱的，那它就会选择采取囚徒捆绑战略；当一国认为它有足够能力抵挡其他国家的进攻时，那它就会选择逃避责任的战略。只要有选择的余地，各国都会做出这样的选择，即让其他国家承担实现均势的代价，而如果敌方国家的进攻优势使其他盟国更可能遭到攻击并在战争中很快被击败，那么各国选择的战略是囚徒捆绑而不是推卸责任。③

布雷特·阿什利·利兹（Brett Ashley Leeds）等人从承诺的角度对联盟困境理论作了进一步延伸性研究。利兹等人认为，在情势恶化至要求联盟成员采取行动的情况时，联盟成员通常会履行结盟时的承诺。④ 通过对西方国家结盟历史的研究，利兹指出一国领导人并非视联盟为可以随意背信弃义的一纸契约。当国家领导人结盟时，他们会细致地写明本国愿意和能够履行的承诺。通常情况下，领导人只会同意他们认为有望成功的安全

---

① ［美］詹姆斯·多尔蒂等：《争论中的国际关系理论》，阎学通等译，世界知识出版社2003年版，第575页。

② 国内一些学者将 chain-ganging 分别译为"囚徒捆绑"、"同舟共济"或"被拴在一起的囚犯"，为了更准确地体现英文原意，在此采用汪伟民先生的译法。

③ 汪伟民：《联盟理论与美国的联盟战略》，世界知识出版社2007年版，第70页。

④ Brett Ashley Leeds, Andrew G. Long and Sara McLaughlin Mitchell, "Reevaluating Alliance Reliability: Specific Threats, Specific Promises", *Journal of Conflict Resolution*, Vol. 44, No. 5, 2000, p. 688.

协议，他们选择的协议形式倾向于他们将会履行的方式。① 换言之，领导人不会对自己未来可能失信的事情做出承诺。经过统计，利兹等人发现，当战争爆发时，74.5%的联盟是可靠的，大多数盟友愿意在战争爆发后履行结盟时的承诺。② 在没有履行承诺的案例中，很多是由于联盟与其他行为体爆发冲突的环境与当初结盟时已经有很大变化造成的。③

联盟困境理论主要是围绕"被抛弃"和"被牵连"这两个变量来展开的，其后发展的承诺理论虽然在关注焦点有所变化，但本质上可以视为对"被抛弃"与"被牵连"问题研究的变体。联盟困境理论部分反映了联盟内行为体互动的现实，但它不能为我们提供一个研究联盟政治的全景图谱。首先，"被抛弃"和"被牵连"只是联盟运行失败产生的两个负面结果。在一个运行正常的联盟中，盟友们一方面在共同行动中害怕联盟运行失败造成"被抛弃"或"被牵连"的结果，但同时它们也期望联盟运行成功所带来的收益，如果一国被抛弃或被牵连能够带来巨大的安全收益，那么它们甚至乐于接受"被抛弃"或"被牵连"的结果。其次，联盟困境理论直接建构于对"被抛弃"和"被牵连"的恐惧基础之上，但未能区分不同联盟对于"被抛弃"和"被牵连"的惧怕程度。事实上，由于联盟内部的实力分布的不同，各类联盟内成员对"被抛弃"和"被牵连"的恐惧是不同的。最后，联盟困境理论没有指明驱动"被抛弃"或"被牵连"恐惧的根本原因，而是将其视作一个恒定的变量。④ 现实当中的联盟行为极其复杂，如果将恐惧作为主变量只能解释联盟内部的部分互动行为，对于解读联盟与联盟外行为体的互动似乎助益不多。

三 讨价还价论

保罗·帕帕友努（Paul A. Papayoanou）将联盟视为一种合作协议，在

---

① George Downs, David M. Rocke, and Peter N. Barsoom, "Is the good news about compliance good news about cooperation?", *International Organization*, Vol. 50, No. 3, 1996, pp. 379—406.

② Brett Ashley Leeds, Andrew G. Long and Sara McLaughlin Mitchell, "Reevaluating Alliance Reliability: Specific Threats, Specific Promises", *Journal of Conflict Resolution*, Vol. 44, No. 5, 2000, p. 697.

③ Brett Ashley Leeds, "Alliance Reliability in Times of War: Explaining State Decisions to Violate Treaties", *International Organization*, Vol. 57, No. 4, 2003, p. 824.

④ 苏若林、唐世平：《相互制约：联盟管理的核心机制》，《当代亚太》2012年第3期。

发生紧急事态时联盟内部往往就采取何种政策会进行讨价还价。无论讨价还价是否产生合作结果，或者无论合作采取何种形式，都会对联盟的效用产生重要影响。保罗·帕帕友努认为，由于新现实主义和新自由制度主义都误解或忽视了讨价还价过程，因而不能对联盟内部的讨价还价行为作出充分的解释。为了解决这一问题，帕氏将博弈论引入联盟内部讨价还价行为分析，建立了研究联盟内部讨价还价行为的一般模型（以下称"讨价还价论"）。讨价还价论以美国从1991年到1995年间的波黑政策作为例证展开分析，展现了国际和国内因素是如何影响老布什政府与克林顿政府的偏好与信念的。①

讨价还价论认为，联盟内部讨价还价过程对联盟效用具有重要影响。由于盟友间对如何处理特定情势具有不同的想法和对联盟有不同的估价，以及各自具有不同的偏好，因此讨价还价的过程决定了联盟内合作是否能够进行以及合作的具体形式是什么。直到1995年，美国政府没有在讨价还价中努力寻求诸如取消对波黑的武器禁运以及将南联盟炸回到谈判桌等自己偏好的政策，相反，美国在这段时间（1991—1995年）包容了欧洲盟友的政策偏好。对于这一现象，已有的新现实主义理论和新自由制度主义理论不能做出具有说服力的解释。帕氏以讨价还价论的视角对此做出了解释，指出讨价还价过程需要考虑四个因素：（1）行为体的类型（或偏好）。如果一个国家具有单边主义偏好，在盟友不同意它的政策偏好时，它将果断地单独行事。假如一国具有合作偏好，它在联盟内将追求包容战略或对具有单边偏好的盟国采取强硬措施。（2）一国对本国参加依据别国偏好设定的合作的评价与别国根据本国偏好参加合作的评价存在差异，这种差异是第二个因素。（3）联盟分歧的结果对合作偏好的国家产生多坏的影响。（4）关于盟友偏好的信念。② 同时，这四个因素受到国内状况和国际形势的影响。通过晦涩的数理分析，帕帕友努最后得出结论：同是合作偏好的盟友政策差异越小，联盟分歧造成的结果就越坏；对盟友是单边偏好的信念越强，合作

---

① Paul A. Papayoanou, "Intra-Alliance Bargaining and U. S. Bosnia Policy", *Journal of Conflict Resolution*, Vol. 41, No. 1, 1997, p. 91.

② Ibid., pp. 94—109.

偏好的国家更容易采取包容战略，反之亦然。①

讨价还价论具有浓厚的行为主义色彩，其对联盟内部行为研究的贡献更多的是方法论意义上的。该理论只研究了联盟内部互动的一个侧面，对于讨价还价与联盟的扩大、缩小、衰亡等重要命题没有进行论述，对于什么样的讨价还价会导致合作偏好国采取单独行动也没有涉及。另外，选取特殊时段的单一案例对一个自称是一般性模型的理论进行验证，使理论本身的可靠性也难以令人信服。

四 联盟团结论

帕翠莎·惠特曼（Patricia A. Weitsman）赞同沃尔特关于威胁是联盟建立原因的观点，在此基础上她对威胁与联盟团结的关系做了深入研究。她认为威胁水平低时，一国将采取对冲战略，分别与潜在敌国和潜在盟国达成约束力不强的协议，希望通过这种方式巩固与发展实力，同时不过分刺激潜在敌国。约束力不强的协议一方面可以限制潜在敌手，另一方面又可以节省成本。随着威胁的上升，一国会采取与威胁其安全的国家结盟以求在联盟内限制原来的威胁国，帕翠莎·惠特曼将这种情况称之为"约束"。这时，双方结成联盟的内在动力事实上是互相之间的反感。换言之，当一国遭遇威胁时它不会简单地选择制衡战略。通过约束战略，一国至少可以避开与敌国迫在眉睫的武装冲突，并且可以通过提高相互的透明度与信任来促进合作。然而，如果威胁继续上升，一国已无法在联盟内限制其敌手，它将脱离联盟选择制衡战略。如果一国制衡战略不奏效，威胁继续上升，而且国家安危命悬一线，该国将不得不向威胁投降，选择新现实主义联盟理论所称的追随强者战略。一国无论采取对冲战略、约束战略、制衡战略还是追随强者战略，都将影响随之建立联盟的团结。② 假如盟友们对外来威胁采取制衡战略，它们之间在协调目标和达成目标的战略时将比较容易。如果盟友间为了减少冲突而采取约束战略，它们的联盟将缺乏团结，因为它们毕竟是在与敌手结盟。可是，这样的判断在战时情况

---

① Paul A. Papayoanou, "Intra-Alliance Bargaining and U. S. Bosnia Policy", *Journal of Conflict Resolution*, Vol. 41, No. 1, 1997, p. 110.

② Patricia A. Weitsman, "Alliance Cohesion and Coalition Warfare: The Central Powers and Triple Entente", *Security Studies*, Vol. 12, No. 3, 2003, p. 83.

下并不一定正确。战时的情况急剧地改变了国家间互动的环境,这一变化对原来非战时联盟内的动态必将产生影响。

西方学者对于联盟团结的定义有多种看法,但大多数人将联盟团结与联盟目标联系起来。弗雷德·切尔诺夫(Fred Chernoff)将团结定义为盟友间目标差距(distance)的表征。① 与此类似,路易斯·理查德森(Louise Richardson)将团结视为盟友间目标的差异(differences)。② 詹姆斯·奥里利(James O'Leary)认为团结是指协议与共同目标,而厄尔·拉维纳尔(Earl C. Ravenal)认为团结与承诺有关。③ 斯蒂芬·沃尔特另辟蹊径地提出了团结是联盟延续的反映的观点。④ 通过对联盟团结的全面评估,奥利·霍尔斯蒂(Ole R. Holsti)等人将团结定义为国家间对目标以及实现这些目标的战略达成共识的能力。⑤ 基于以上各位学者的定义,帕翠莎·惠特曼提出战时联盟的团结由三个部分组成:第一,盟友间的战争协调能力;第二,盟友间达成一致战争目标的能力;第三,战时联盟阻止成员背叛的能力。⑥

惠特曼认为,战时联盟在经历失败后,团结性会随之升高,而联盟在经历胜利后,团结性会随之下降。⑦ 同时,惠特曼对联盟对称性对团结的影响做了考察,判定非对称性联盟在战时更易分裂,对称性联盟在战时更易团结。⑧ 她认为在战时联盟中付出更高代价的成员更加渴望责任分摊的

---

① Fred Chernoff, "Stability and Alliance Cohesion", *Journal of Conflict Resolution*, Vol. 34, No. 1, March 1990, pp. 92—101.

② Louise Richardson, *When Allies Differ*, New York: St. Martin's Press, 1996, pp. 1—12.

③ James O'Leary, "Economic Relationships Among the Allies: Sources of Cohesion and Tension", in *Alliances in U. S. Foreign Policy: Issues in the Quest for Collective Defense*, ed. Alan Ned Sabrosky, Boulder: Westview, 1988, pp. 41—56. ; and Earl C. Ravenal, "Extended Deterrence and Alliance Cohesion", in Sabrosky, *Alliances in U. S. Foreign Policy*, pp. 19—40.

④ Stephen M. Walt, "Why Alliances Endure or Collapse", *Survival*, Vol. 39, No. 1, spring 1997, pp. 157—179.

⑤ Ole R. Holsti, P. Terrence Hopmann, and John D. Sullivan, *Unity and Disintegration in International Alliances: Comparative Case Studies*, New York: Wiley, 1973, p. 16.

⑥ Patricia A. Weitsman, "Alliance Cohesion and Coalition Warfare: The Central Powers and Triple Entente", *Security Studies*, Vol. 12, No. 3, 2003, p. 85.

⑦ Ibid. , p. 84.

⑧ Ibid. , p. 85.

公正,这导致非对称联盟比对称联盟更难取得团结。惠特曼划分对称联盟与非对称联盟的依据是联盟内成员掌握权力、受到威胁和进行战争投资的分布,假如权力、威胁、投资都集中于联盟内一国或数国,那么这就是一个非对称联盟,假如权力、威胁、投资在联盟内平均分布,那么这就是一个对称性联盟。基于这样的逻辑,惠特曼认为战时联盟中面临更多威胁和投资更多的国家比较难以使盟友支持它们的目标和战略。此外,惠特曼还考虑到了战时联盟内互动对联盟团结的影响,认为联盟内关于战争目标的讨价还价越是频繁就越不容易对敌手采取绥靖政策。[①] 考虑盟友的需求对于联盟内的合作与最后战争的胜利至关重要,盟友间的错觉与误解常常产生致命的影响。与和平时期相比,战时的利益更加攸关,时间更加紧迫,因而盟友间的沟通显得更为重要。联盟内成员为达成共同战争目标而进行的讨价还价,无疑会加大联盟与敌对联盟的分歧,使战争结束更为困难。这反过来会使威胁进一步上升,从而引起联盟内部凝聚力的再次增强,最终造成战争无法用和平方式解决。

联盟团结论对沃尔特的"威胁平衡论"做了进一步的细化与升级,对于我们理解战时联盟内部行为体之间的互动具有重要意义。但是,它的缺陷也是显而易见的,一方面,它只详细分析了战时联盟的内部团结问题,对和平时期的联盟团结问题没有给予应有的关注;另一方面,联盟团结论对战时联盟团结问题的研究没有涉及国内因素对联盟团结的影响,事实上联盟成员内部发生的变化将对联盟团结会产生重大的独立影响。例如,一战中俄国国内的十月革命直接导致了其退出了联盟,使协约国实力大为削弱。

五 相互制约论

唐世平和苏若林在批评与借鉴前人观点的基础上,提出了联盟管理的核心机制是相互制约的观点(以下称相互制约论)。相互制约论认为在联盟建立以后,联盟管理贯穿了之后的整个过程,盟友围绕联盟管理所进行的互动影响了其与联盟外国家的交往,并进而影响到整个国际政治大环境。联盟管理理论根据联盟内成员国的主导战略意图将联盟划分为进攻性

[①] Patricia A. Weitsman, "Alliance Cohesion and Coalition Warfare: The Central Powers and Triple Entente", *Security Studies*, Vol. 12, No. 3, 2003, p. 87.

联盟和防御性联盟,根据盟友之间实力对比差异划分为对称性联盟与非对称性联盟。

唐世平和苏若林认为,相互制约是联盟管理的核心机制,相互制约既是一个过程,又能引发变化。"具体来说,如果盟友间能够相互制约——这意味着各方行为时都还忌惮于他国,则盟友们能够就所面临的问题进行妥协,那么联盟关系就能继续;若盟友间相互制约失败——即各方均按自己的想法行事,盟友间无法通过和平方式解决问题,那么联盟就难逃破裂的命运"。[1]影响相互制约机制的两个深层因素是实力对比和盟友意图的匹配程度,实力对比决定了联盟内一方是否有能力强制约束另一方,而意图匹配程度则更多地决定了一方是否愿意与盟友进行妥协。实力对比和意图匹配程度这两个变量是通过影响成员国的"被抛弃"或"被牵连"的恐惧来制约其管理联盟意愿的。按照实力对比和意图情况将联盟进行分类,不同类型的联盟存在着不同的恐惧模式,这种恐惧模式与实力对比、意图匹配程度的互动决定了在该类联盟中盟友之间能否成功地进行相互制约。

为此,两位学人分别考察了对称性联盟和非对称性联盟在不同的成员国意图状况下的盟友互动过程,以此来证明什么样的联盟易于管理和什么样的联盟易于解体。通过细致的研究和三个案例的验证,唐世平和苏若林最后得出如下结论:对称性联盟中,若盟友意图一致,则彼此相互制约易于成功,联盟容易管理;反之,则不易管理。非对称性联盟中,只有当强国为防御性国家、弱国为进攻性国家时,相互制约难以实现,联盟才较难管理;其他情况下,联盟管理相对容易。[2]

以往西方联盟内部关系的各种理论倾向于研究联盟内部关系的某个侧面,严重简化了联盟内部关系的复杂性,而相互制约论在联盟内部关系中找到了能够串联各种因素的联盟管理核心机制——相互制约,相较于其他可能的机制,该机制更加全面、更为动态、更为系统,对于传统的双边联盟具有强大的解释力。然而,正如该理论创立者所意识到的,"现实中的联盟管理并非存在于一个独立的、割裂的联盟系统内,其运行也会受到其他联盟或者国家行为的影响",[3] 对于联盟与联盟外行为体互动研究的缺失,

---

[1] 苏若林、唐世平:《相互制约:联盟管理的核心机制》,《当代亚太》2012年第3期。
[2] 同上。
[3] 同上。

将使我们不能更好地理解当今世界极其复杂的联盟现象。此外，为了保证理论的简约性，该理论将多边联盟简化为双边联盟进行研究。事实上，多边联盟的内部管理比双边联盟的内部管理更为复杂，对双边联盟内部管理能够进行完美诠释的联盟内部管理理论在解释多边联盟内部管理时可能会显得力不从心，这或许也是两位学人在案例研究中没有涉及多边联盟的主要原因。

通过对以上联盟内部关系理论的梳理与评析，本书至少得到以下四点启示：（1）联盟内部管理是一个动态的过程。联盟内部各方的互动可谓是瞬息万变，以静态的视角观察联盟内部互动不能掌握联盟行为的本质。（2）联盟内部管理的过程存在着某种机制。有关联盟的各种行为的产生是一些因素在某种机制中相互作用后产生的结果，而不是简单地从原因到结果的线性过程。（3）联盟内部的互动与联盟外部的互动存在着双向影响。联盟内的互动会对联盟与其他行为体的互动产生影响，联盟与其他行为体的互动对联盟内的互动也会产生影响。（4）将国家视为能够计算成本与收益的理性行为体，可以就与联盟有关的各类行为展开简洁的分析。

第三节　主导型多边联盟相关行为模式的建构

本节将在借鉴前述研究成果的基础上，力图构建一个解释和预测北约介入亚洲事务的分析框架—主导型多边联盟相关行为模式。对前述研究成果的借鉴，主要将以结合单极世界联盟理论和众多联盟内部行为研究成果的方式进行。当然，这不意味着简单地将前述主要成果进行机械地合并进而做出解释和预测，而是试图找到能够覆盖前人提出的各项研究成果的主变量，根据这个主变量发展出一套解释和预测北约联盟建立、延续、扩大、缩小和解散的机制。与此相关，这一机制必须同时能够解释当今各个国家行为体与北约联盟相关的各类行为模式。同时，需要强调的是，在此构建的主导型多边联盟相关行为模式是联盟理论的一种应用模式，它只适用于对特定的联盟进行解释与预测，如果要应用于广泛的联盟分析，必须对限定条件做出调整并引入相关的分析变量。

一　主要概念的提出与主变量的引入

联盟根据其成员国的多寡，可分为双边联盟和多边联盟。两类联盟中又可根据其成员国实力的分布状况分为对称性双边联盟、非对称性双边联盟、对称性多边联盟、非对称性多边联盟。如果在一个联盟中成员国的实力比较平均，我们一般把它界定为对称性联盟，如果一个联盟中一个或几个成员国实力远远高于其他成员国，我们一般把它称之为非对称性联盟。因此，非对称性多边联盟中往往会出现两种情况：几个成员国的实力远远高于其他成员国的实力；或者一个成员国的实力远远高于其他成员国的实力，甚至远远高于其他成员国实力之和。前一种情况我们可以称之为寡头型多边联盟；后一种情况我们可称之为王霸型多边联盟。

至此，我们主要是依据联盟内部国家实力的分布来做出各类联盟的细分，而这只是一种客观物质分配现实，王霸型多边联盟中实力超群的成员国如何看待这种力量分布将最终决定联盟的性质和战略行为。假如实力超群的成员国采取一种压制、胁迫、制裁等方式对待其他成员国，那么我们可称这种多边联盟为霸权型多边联盟。而假如实力超群的成员国一般以一种民主、说服、社会化的方式对待其他成员国，同时也不排除必要时采取强制手段对待其他成员国，我们将它定义为主导型多边联盟，实力超群的国家我们称之为主导国，联盟内其他国家我们称之为其他成员国，对联盟外国家我们称之为外界国家。主导型多边联盟有两层含义：一是主导国对联盟的战略和行动具有较其他成员国更大的影响力，但这不意味着其他成员国的意见无关紧要，当联盟内部无法达成一致意见时，主导国或其他成员国会选择联盟外的单边、双边或多边方式来实现其目的；二是联盟与外界国家合作时，联盟对合作具有更大的影响力，联盟主导了合作的内容、方式和进程，联盟通常扮演的是合作内容供给者的角色，但这不意味着外界国家总是处于被动接受的地位，它们在合作过程中享有选择具体合作内容的自由。在现实当中，美国在北约成员国之中具有无可匹敌的实力，美国对北约的战略和行动享有巨大的影响力，但北约内部采取全体一致的决策原则，在北约各成员国无法达成一致意见的情况下，北约无法制定统一战略或进行共同行动，同时北约在对外开展安全合作时，是双方合作的发起者与具体内容的供给者，而北约的伙伴国享有选择北约供给的具体合作内容的权利。显然，北约的特征和行为符合我们对于主导型多边联盟的界定。

主流新现实主义联盟理论认为，联盟之所以组建和维系，是对由综合实力、地缘的毗邻性、进攻实力和侵略意图为基础的威胁的反应。新现实主义语境中的威胁是一种客观存在与主观感知的综合体。综合实力、地缘毗邻性、进攻实力是客观存在，而侵略意图很大程度上来源于主观感知。关于威胁的定义其实隐含了这样一个假设，即对联盟国家构成威胁的行为体也是国家，而且这种威胁已经有了明确的指向性（侵略意图）。事实上，联盟的演变的进程中有两条线索：一是固守传统联盟的基本底线，即以纯粹军事防务安全为己任，预防和消除外在威胁，确保缔约国的安全；二是超越传统联盟，将传统安全与非传统安全统一看作神圣的职责，既要预防和消除外在威胁，妥善管理联盟内部事务，又能通过扩大防御空间和议程，甚至是主动进攻的姿态，确保长久的间接利益与安全。① 北约建立以来，特别是在冷战后的时代里，北约面临的形势是：侵害国家安全的主体不仅是国家，还有恐怖组织、有组织犯罪团伙、海盗、黑客等非国家行为体，甚至有些侵害安全的情况并不是直接由特定的国际关系行为体造成的，如气候变化、地震、海啸等自然灾害。许多损害北约国家安全的事件并没有明确的指向性，而且存在突发性、临时性和非敌对性等特点。换言之，国家并不一定要处于新现实主义语境中的威胁的情况下，才会引发与联盟有关的各类行为。因此，必须扩大原来新现实主义语境中威胁的内涵，才能更好地解释当今北约联盟的存续及其相关行为。在此，本书认为国家间之所以产生与联盟有关的各类行为是为了获取安全。这里所指的安全涵盖了一个国家行为体对另一个国家行为体构成的威胁和其他无明确指向性的危害国家安全的状况。概言之，本书认为，一国想获取的安全既包含了传统安全又包含了非传统安全。

　　一国在采取与联盟有关的各类行为时必须考虑相关的成本和收益。本书所指的成本是一国为采取某项与联盟相关的安全战略或行动时所必须付出的代价，包括要付出的人力、物力和财力的总和。本书所称的收益是指一国采取某项与联盟相关的安全战略或行动时可预期所获得的各项利益之和。毋庸讳言，一国在计算成本和收益时会受到经济状况、政治体制、历史集体记忆等单元层次因素的影响，而且这类成本和收益永远无法做到准确的量化。但本书在此假设，作为理性行为体的国家能够在成本和收益之间做出大致的比较，能够在采取某项与联盟相关的安全战略或行动时得出以下两种结论中的一种：收益＞成本；收益＜成本。收益＝成本的情况虽

---

① 魏光启：《欧美同盟的域外行动剖析》，《欧洲研究》2011 年第 6 期。

然存在理论上的可能性,但由于计算成本和收益时的模糊性,这种极端情况事实上不会发生,因此我们不将这种情况纳入考虑范围。为了论述方便,我们姑且将这两种结论称为收益估算,当一国面临是否参与与联盟有关的各类活动时,如果做出收益>成本的收益估算,那么它将选择参与联盟的活动;如果一国做出了收益<成本的收益估算,它将选择不参与联盟的活动。因此,收益估算是本书理论分析框架的主变量。另外,为了保证分析框架的简约性,本书将不涉及制度与价值观对联盟影响的讨论。一方面,诚如约翰·米尔斯海默(John J. Mearsheimer)所言,在联盟行为中制度的作用并非是一个独立的变量。[1] 另一方面,一国在进行收益估算时必然是经过某种价值观的过滤而得出结论的,因此不必再另行单独考虑价值观的影响。

二 核心机制

本书认为,北约国家间联盟的建立、延续、解散以及各种与联盟有关的行为模式是国家行为体之间收益估算相互作用的结果。国际行为体间的收益估算相互作用是一个动态的过程,主导国和其他成员国在联盟建立时的收益估算并不是一成不变的,而是随着各个行为体间收益估算互动的深入,不断进行调整,这种调整将进一步影响未来的收益估算。同时,各个行为体之间的互动不可避免地会对安全环境和单元层次的各个方面产生影响,整体安全环境和单元层次的因素反过来又会对收益估算起到塑造作用。因此,收益估算主要受两个因素的影响:安全环境和单元层次的因素。在行为上,当主导国在结构中享有无可匹敌的实力,其单独行动的收益估算通常要优于使用联盟的收益估算,其享有巨大的行动自由,但随着主导国相对实力的下降,收益估算也会发生变化,它所享有的行动自由也随之下降。美国在伊拉克战争爆发时所享有的自由度达到了顶峰,但随着其深陷战争泥潭,加之国际金融危机的冲击,使其国力下降,最终导致了其单独行动能力的下降。其他成员国与联盟外其他行为体的行为将受到主导国行为的巨大影响,例如在美国走向单边主义的情况下中欧关系迅速接近,但在美国回归北约多边主义轨道后,中欧随之开始爆发一系列的

---

[1] John J. Mearsheimer, "The False Promise of International Institution", *International Security*, Vol. 19, No. 3, Winter 1994, p. 147.

分歧。

单个国家的结盟或进行安全合作的意愿并不代表联盟一定能够建立或安全合作一定能够实现。只有当多个国家有同样的意愿,而且其中一个必须具有超群的实力,主导型多边联盟才能够结成和运行。为了分析的便利,我们将主导国作为一方,其他成员国作为另一方。同时,决定是否结盟的成本与收益和结盟后是否共同采取域外干预行动的成本与收益有着重大差别。各国决定是否结盟的收益估算是一种总体性的收益估算,各国结盟后是否采取共同域外干预行动的收益估算是一种局部性和临时性的收益估算。换言之,前者是后者的前提条件,无论各方的后一种收益估算如何相互作用,都不会导致联盟的解体。因此,我们把决定是否结盟的成本和收益称为互助成本和互助收益,把是否采取共同域外干预行动的成本和收益称为域外干预成本和域外干预收益,与之相对应,一国在决定是否结盟时的收益估算我们称之为互助收益估算,一国是否决定采取域外干预行动的收益估算我们称之为域外干预收益估算。如表1,当主导国和至少两个其他成员国的互助收益估算都为互助收益 > 互助成本时,主导型多边联盟可以结成或维系;当主导国和其他成员国至少有一方的收益估算为互助收益 < 互助成本,联盟就不可能结成或维系。北约的建立通常被认为是为了抵御苏联的威胁,但人们往往忽视了北约在其内部管控欧洲国家间冲突的功能。正如北约首任秘书长伊斯梅所言,北约建立时的功能和作用在于压住德国人、挡住俄国人(苏联)、留住美国人。因此,对于美欧双方而言联盟的建立并不仅仅是对威胁的反应,而是更广泛意义上的获取安全。对美国而言,建立联盟所需要支付的成本是在欧洲驻军和提供核威慑,在具有足够威慑能力的前提下苏联不可能对欧洲或美国发动袭击,而美国如果放弃欧洲可能再次引发欧洲的大战乱,一方面它在欧洲的经济利益将受损,另一方面战争最终可能会让美国第三次走上欧洲战场,甚至可能造成国家的灭亡。因此,美国对于建立北约的收益估算为互助收益 > 互助成本。同样,西欧国家与美国共同组建北约的收益估算也为互助收益 > 互助成本:建立北约可以使西欧国家享受美国的安全保护伞而不用支出过多的国防开支,相反,如果让美国返回到孤立主义时代,西欧各国必须面对德国法西斯死灰复燃的风险和单独抵御苏联威胁的挑战,这是它们所无法承受的。美欧双方收益估算的相互作用最终造就了北约的诞生。

表1　　　　　　　　　　联盟内部收益估算的相互作用

	其他成员国：互助收益<互助成本	其他成员国：互助收益>互助成本		
主导国：互助收益<互助成本	没有结盟或者联盟解体	没有结盟或联盟解体		
主导国：互助收益>互助成本	没有结盟、联盟缩小或解体	结盟或联盟维系	其他成员国：域外干预收益<域外干预成本	其他成员国：域外干预收益>域外干预成本
		主导国：域外干预收益<域外干预成本	不干预	不干预，但不排除单边行动
		主导国：域外干预收益>域外干预成本	不干预，但不排除单边行动	干预，但不排除单边行动

联盟的建立意味着主导国与其他成员国的收益估算已经完成了一轮互动，对安全环境和单元层面因素都产生了影响，同时又会得到这两个层面的反馈，双方会根据上一轮的互动所产生的影响和反馈，进行新的收益估算。如表1，如果双方在重新估算后都继续得出互助收益>互助成本的结论，联盟将得以继续维系。如果主导国的收益估算是互助收益>互助成本，而所有其他成员国的收益估算是互助收益<互助成本，那么联盟将会解体，但如果至少还有两个或两个以上的其他成员国的收益估算仍为互助收益>互助成本，即使其他所有其他成员国的收益估算为互助收益<互助成本，主导型多边联盟将在联盟缩小后得以维系。考虑到主导国的独特影响力，无论其他成员国的收益估算为何，只要主导国的收益估算为互助收益<互助成本，联盟必然解体。冷战结束后，由于各种因素的综合作用（后文将详细分析），美欧双方保存联盟的互助收益估算仍然都维持了互助收益>互助成本，联盟因而得以继续延续。

在一个得以维系的主导型多边联盟中，主导国与其他成员国同样存在着就域外干预行动的收益估算的相互作用。再如表1，当主导国与其他成员国的域外干预收益估算都为域外干预收益<域外干预成本，联盟将不执行域外干预任务，北约应对叙利亚危机的作为就属于此例。当主导国的域外干预收益估算为域外干预收益>域外干预成本，而其他成员国的域外干预收益估算为域外干预收益<域外干预成本，联盟内无法就集体干预达成共识，主导国将不得不采取单边行动，美国选择自组临时

联盟发动伊拉克战争就属于这类情况。同样,当其他成员国的域外干预收益估算为域外干预收益>域外干预成本,而主导国的域外干预收益估算为域外干预收益<域外干预成本,联盟内也无法就集体干预达成共识,其他成员国将不得不采取单边行动,法国介入马里危机属于这类情况。当然,当主导国和其他成员国的域外干预收益估算都为域外干预收益>域外干预成本时,会出现两种情形:一种可能是联盟一般将会对域外地区进行集体干预,另一种可能是主导国或其他成员国认为其单边行动所获得的收益会更大而采取单边行动。北约干预波黑和科索沃属于前一种情形;而美国甩开北约单独发动阿富汗战争属于后一种情形。

以上的论述只涉及了联盟内各成员国的收益估算互动,为了更好地解释国家行为体的各项与联盟有关的行为,还必须论及联盟与联盟外界国家间的收益估算互动。在主导国与其他成员国的收益估算都为互助收益>互助成本的情况下,联盟处于延续的状态,也就是说,为了进一步获取安全不能排除联盟作为一个整体与外界国家进行安全合作的可能性。双方的安全合作存在着两个层次,第一个层次是局部性和临时性的合作,对于这样的合作双方存在着合作收益与合作成本的比较及其相互作用,即合作收益估算相互作用;第二个层次是整体性和长期性的合作,在这一层次的合作中双方开始估算结盟的可能性,存在着互助收益和互助成本的比较,即互助收益估算的相互作用;两个层次是一种递进的关系,只有当第一层次的合作达到一定强度之后双方才开始进行互助收益估算的互动。如表2,联盟与外界国家的安全合作互动也存在四种情况。如果联盟和外界国家的收益估算都为合作收益>合作成本,将会出现两种可能:外界国家与联盟建立安全合作关系;或者合作达到一定强度后合作收益估算的相互作用转化为互助收益估算的相互作用,联盟有可能吸纳外界国家进入联盟,联盟因此扩大。在其他三种情况下,联盟和外界行为体处于非合作状态。冷战后,东欧国家和亚洲国家纷纷加入北约以及北约建立的庞大伙伴关系网络,都是双方的合作收益估算(合作收益>合作成本)相互作用的结果。

表 2　　　　联盟与外界国家收益估算的相互作用

	外界国家:合作收益<合作成本	外界国家:合作收益>合作成本		
主导型多边联盟:合作收益<合作成本	无合作	无合作		
主导型多边联盟:合作收益>合作成本	无合作	合作	外界国家:互助收益<互助成本	外界国家:互助收益>互助成本
		主导型多边联盟:互助收益<互助成本	联盟无扩大	联盟无扩大
		主导型多边联盟:互助收益>互助成本	联盟无扩大	联盟扩大

三　行为模式的分析方法

根据斯蒂芬·沃尔特的定义，在单极世界联盟理论中行为体的战略选择主要有硬制衡、软制衡、摆脱控制、中立、追随强者、地区制衡六种。这事实上也是国际关系行为体在联盟理论语境下行为体间收益估算相互作用后所进行的六种具体国家行为模式。本书基本认同沃尔特的这一划分，但需要对其具体定义和划分做出适度地调整。首先，本书认为国家有关联盟的总体战略行为倾向是由具体的战略行为构成的，国家的具体战略行为可以采取硬制衡、软制衡、中立、追随、协作、地区制衡里面的一种或多种行为模式（根据同时针对的对象不同，同一种行为可能会具有多种含义），在此基础上我们可以判断国家的总体战略行为倾向及其程度，即国家主体上采取了何种程度的硬制衡、软制衡、中立、追随、协作、地区制衡之中的哪一种或几种行为模式。其次，斯蒂芬·沃尔特关于追随强者的定义与北约的现实相悖，其他国家与美国结盟或与北约合作并非为了将祸水他引或分享战争胜利果实，因此，主导型多边联盟行为模式所称的追随是与可为自己带来安全且较自身实力更为强大的行为体进行安全合作或结盟的行为，并将其名称由原来的追随强者简化为追随。第三，摆脱控制只是行为模式中的一个环节，其目的是实现硬制衡、软制衡、中立、追随、协作或地区制衡，主导型多边联盟理论中不存在这一行为模式。第四，硬制衡是指以公开的强制手段阻止主导国或以其为首的联盟增强实力的努力；软制衡是指采取隐蔽方式限制主导国或以其为首的联盟按照自己偏好行事的能力的战略；地区制衡是指引入主导国或以其为首的联盟对地区内大国进行限制的行为；协作是指主导国暂时出让主导权并配合其他成员国进行干预行动的行为；中立是指除采取硬制衡、软制衡、追随、协作和地区制衡以外的行为。第五，软制衡不是单向的行为模式，其他成员国和外界行为体可以对主导国或联盟进行软制衡，主导国或联盟也可对其他成员国与外界行为体进行反向软制衡。最后，联盟的行为模式受行为体间收益估算互动的驱动，由于收益估算处于不断的动态变化之中，所以行为体的行为模式也受这一变化影响呈现不断变化的动态。

在联盟处于维持状态下，即主导国和其他成员国对于联盟维持的互助收益估算均为互助收益＞互助成本的情况下，对于某项共同安全行动或战略，联盟内部仍可能因具体收益估算的异同产生共识或分歧，进而引发不同的行为模式。如表3，当主导国与其他成员国的域外干预收益估算都为域外干预收益＞域外干预成本，其他成员国会采取追随主导国的政策，与主导国进行集体行动或执行共同战略。同时，主导国有时会因安全环境和国内因素的考虑而不愿意主导某项干预任务，而是将主导权暂时出让给其他成员国，与其他成员国进行协作来完成域外干预使命，北约对利比亚的干预就属于此例。当其他成员国的域外干预收益估算为域外干预收益＜域外干预成本而主导国的域外干预收益估算为域外干预收益＞域外干预成本时，如果主导国的单边行动有可能损害其他成员国的利益时，它们将会采取既能一定限度制约主导国按自己偏好行事又不至于和主导国形成直接冲撞的软制衡战略。例如，伊拉克战争问题上北约内部的分裂很好地证明了欧洲成员国有能力对美国实施软制衡。同样，当主导国的域外干预收益＜域外干预成本而其他成员国的域外干预收益＞域外干预成本时，如果其他成员国的单边行动有可能损害主导国利益，主导国理所当然地会实施反向的软制衡。当然，主导国与其他成员国的域外干预收益估算都为域外干预收益＜域外干预成本时，联盟将不采取任何行动或战略。

表3　　　　联盟内收益估算相互作用引发的不同行为模式

	其他成员国：互助收益<互助成本	其他成员国：互助收益>互助成本		
主导国：互助收益<互助成本	没有结盟或者联盟解体	没有结盟或联盟解体		
主导国：互助收益>互助成本	没有结盟、联盟缩小或解体	结盟或联盟维系	其他成员国：域外干预收益<域外干预成本	其他成员国：域外干预收益>域外干预成本
		主导国：域外干预收益<域外干预成本	不采取任何行动或战略	软制衡
		主导国：域外干预收益>域外干预成本	软制衡	追随、协作

如前所述，主导国由于具有超群的实力，对联盟的依赖要小于其他成员国对联盟的依赖，主导国具有较大的行动自由。当体系处于单极结构之下时，主导国以其他方式获取安全的收益估算通常优于通过联盟方式获取安全的收益估算，主导国将偏好于选择其他方式来获取自身的安全。在2001年阿富汗战争中，北约主动请缨为美国出战，说明美欧双方的域外干预估算都为域外干预收益>域外干预成本，但美国最终抛弃了联盟采取了单独行动，这很好地证明了在单极时代美国以其他方式获取安全的域外干预收益估算优于通过联盟方式获取安全的域外干预收益估算。不过，主导国如果没有足够的自制，很可能抵挡不住进一步获取安全的诱惑，卷入广泛的国家安全议题，最终造成国力损耗，使体系结构重回两极或多极状态。当然，单极时代的临时性联盟（coalition）不能取代传统联盟（alliance），传统联盟具有其自身优势，它们以经过长期政治与军事投资的战略信任与共同安全利益为基础。传统联盟可以便捷地使其成员抵御对于它们领土或其他根本利益的侵犯。从这个意义来看，传统联盟和临时联盟可以相互补充。[1] 在两极或多极状态下，主导国以其他方式获取安全的收益估算通常次于通过联盟方式获取安全的收益估算，主导国将借重联盟来获取安全。北约在冷战后分别经历了单极结构时代与新多极伙伴时代两个时

---

[1] Dingli Shen, "Can Alliances Combat Contemporary Threats?", *The Washington Quarterly*, Vol. 27, No. 2, 2004, pp. 177—178.

期,在单极时代,其他行为体在面对美国的一意孤行时,面临很大的制衡障碍,美国的超级实力地位使组织能与之相抗衡的制约力量成本巨大。美国强大的实力可以使其在国际环境中相对自由地挑选自己所需的获取安全的方式,但这并不代表其他国家不能对美国有所约束,在美国一意孤行时其他国家可以采取软制衡的方式对其进行约束。在结构进入新多极伙伴状态后,美国单独行动的自由度也相应下降,美国更多地依靠北约来消除威胁。例如,在利比亚危机中美国没有单独采取行动,而是依靠联盟来完成了对利比亚的空袭。

此外,联盟与联盟外界国家也会因为双方在安全议题上的收益估算的相互作用产生具体的行为模式。如表4,当联盟和某个外界国家的合作收益估算均为合作收益 > 合作成本,联盟与外界国家的安全合作首先产生追随和地区制衡两种行为模式,一方面外界国家和联盟内部都有通过追随模式获取安全的动力;另一方面,外界国家希望引入区外联盟对地区内的大国进行制衡。假如这时另外一个外界国家发现这样的安全合作之安全所得是建立在自己安全所失基础之上的,且合作收益估算正在向互助收益估算转变,它将采取对联盟的硬制衡行为模式,而在未发生转变的情况下,通常采取软制衡的行为模式,迫使合作双方的合作收益估算发生变化。当联盟的合作收益估算为合作收益 > 合作成本而外界国家的合作收益估算为合作收益 < 合作成本时,或者当联盟合作收益估算为合作收益 < 合作成本而外界国家的合作收益估算为合作收益 > 合作成本时,双方将不采取任何行动或战略。同样,如果双方的合作收益估算都为合作收益 < 合作成本时,双方将不采取任何行动或战略。对于总体上不对主导国或主导型多边联盟采取任何行动或战略的行为,本书统一视作中立行为模式。

表4　　　　联盟与外界国家收益估算相互作用产生的行为模式

	外界国家:合作收益 > 合作成本	外界国家:合作收益 < 合作成本
主导型多边联盟:合作收益 > 合作成本	追随、地区制衡、硬制衡、软制衡	不采取任何行动或战略
主导型多边联盟:安全收益 < 安全成本	不采取任何行动或战略	不采取任何行动或战略

小 结

本章第一部分介绍了单极世界联盟理论的基本观点、理论特征和对分析北约联盟行为的适应性缺陷。单极世界联盟理论是理解后冷战时代联盟现象的有力工具,它既继承了现实主义联盟理论的主要观点,又在新时代的安全条件下对联盟理论作了进一步优化和升级,为本书的理论分析框架的构建提供了一个基础性框架。然而,单极世界联盟理论作为一个宏观的联盟理论框架不足以对北约介入亚洲做出精致和准确的分析,为此,本章第二部分对讨论联盟内部关系的诸多理论流派做了简要梳理和评价,希望以此弥补单极世界联盟理论对联盟内部关系讨论的不足。在借鉴这两部分前人成果的基础上,本章的最后部分对单极世界联盟理论做出了重大修正,提出了本书的分析框架——主导型多边联盟相关行为模式。本书分析框架认为,国家间之所以结成和维系联盟是为了获取安全。在全球化时代,一国想获取的安全既包含了传统安全又包含了非传统安全。基于对成本和收益做出比较的收益估算是本书理论分析框架的主变量。国家间联盟的建立、延续、解散以及各种与联盟有关的行为模式是国家行为体之间收益估算相互作用的结果。收益估算的互动是一个动态的过程,收益估算本身也处于不断地变化之中。与主导型多边联盟相关的国家行为体行为模式包含了硬制衡、软制衡、中立、追随、协作和地区制衡六种类型。

第二章

北约介入亚洲的背景：
一致的收益估算

冷战的结束开启了北约的转型进程。在安全全球化的时代，北约面临的安全挑战已不再限于欧洲一隅，北约面对的安全威胁性质也发生了根本性地变化，由此，北约必须对自身的目标、功能、战略进行全方位的转型和调整。本章将首先讨论冷战后初期北约的转型进程，然后对欧美国家在亚洲面临的威胁和共同应对威胁的伙伴进行探讨，在此基础上找寻北约转型与北约介入亚洲的内在联系，希望为本书后几章的案例分析与评估提供一个全局性的宏观历史背景。

第一节　冷战后初期北约的转型：收益估算与联盟维系

冷战结束以后，北约不再面临冷战时期那样重大的威胁，但欧洲当时的局势并不允许北约就此解散。苏联撤离后的中东欧国家内部面临诸多困难并引发了局势动荡，冷战时期掩盖的各国间民族、宗教、领土纷争如瘟疫一般扩散开来。俄罗斯虽然实力远不如苏联，但其国内局势的动荡和历史上的扩张传统，让西方世界心有余悸。可以说，在冷战结束后相当长的一段时间内，不确定性已成为欧洲安全所面临的一个突出问题，而俄罗斯未来的地位与作用被认为是影响欧洲安全前景的一个重大不确定因素。[①]如果不对这一局势进行有效管控，沉浸在冷战胜利喜悦中的北大西洋联盟各国就有被拖入新灾难的危险。当时，欧盟的安全能力尚处于休眠状态。如果欧盟要发挥世界性作用，法国和英国必须将他们的常规力量和核力量

---

① Martin A. Smith & Graham Timmins, *Uncertain Europe: Building a new European security order?*, London and New York: Routledge, 2001, p.279.

结合起来,并且不担心德国的控制。但这种发展方向是缓慢和不明确的。建立欧洲单一的外交和安全政策以及单一的国防工业,这是欧洲走向拥有主权的核心,从长远来看,这是一个极具挑战性的任务。[1] 欧安组织被欧洲国家认为只不过是一个进行磋商的安全论坛,难以承担管控欧洲安全局势的重任。"比北约更为庞大的成员国群体以及更为多样的利益与观点,使人们对欧安组织有效应对广泛危机的能力提出质疑"。[2]作为冷战后唯一超级大国,美国需要依靠北约维持自己在欧洲的存在,继而利用北约确保它的超级大国地位;欧洲国家需要北约,主要是想依靠美国维护自己的安全,"美国在欧洲的角色虽然不如冷战时期那样具有根本性的意义,但基于其在北约中的领导地位其作用仍然十分关键"。[3]此外,欧美双方都需要一个能应对未来非传统安全挑战的平台,以有效应对大规模杀伤性武器的扩散和恐怖主义等威胁,不断调整自身定位的北约顺理成章地成为其首选目标。[4] 北约的消失会影响各国和非国家行为体的评估和行为,可能会造成极大的不稳定与威胁,从而引发进一步的武器采购。[5] 因此,维护后冷战时代欧洲安全与稳定的重任最终落在了北约身上。

然而,后冷战时代的世界安全局势已经发生了重大变化,北约必须因应新的形势进行重大转型和调整。冷战后的北约转型和调整必须解决四大问题:苏联解体或重回专制政体带来的挑战;中东欧局势的不确定性;冷战后集中爆发的各类新安全威胁;北约边缘地带的危机与冲突。在这种新的安全环境下,旧式北约表现出了几个方面的局限性。第一,北约组织目标的局限性。北大西洋公约虽然确定北约的宗旨与联合国宪章的目标完全一致,但事实上它是以苏联和东欧国家为对手,遏制苏联、反对共产主义的组织。随着苏联解体、东欧剧变,北约失去了对手和目标,它不仅要为自身的存在重新寻找理由,同时也必须重新定位它与俄罗斯及东欧各国的

---

[1] William C. Wohlforth, "The Stability of a Unipolar World", *International Security*, Vol. 24, No. 1, Summer 1999, p. 31.

[2] John S. Duffield, "NATO's Functions after the Cold War", *Political Science Quarterly*, Vol. 109, No. 5, Summer 1994—1995, p. 779.

[3] Martin A. Smith, *Russia and NATO since 1991: From Cold War through cold peace to partnership?*, New York: Routledge, 2006, p. 99.

[4] 余翔:《北约六十周年峰会》,《国际资料信息》2009 年第 5 期。

[5] Karl Kaiser, "Reforming NATO", *Foreign Policy*, No. 103, Summer 1996, p. 129.

关系。第二，北约防御功能和行动范围的局限性。北约在冷战期间主要行使集体防御职能，尤其是针对可能发生的苏联大规模入侵制定了一套完整的军事战略。但它在调解争端、开展预防性外交及谈判、应付突发事件等方面的能力却十分有限，而这些恰恰是冷战后欧洲所面临的主要问题。另外，北约受其宪章规定约束，其管辖范围狭窄，只包括"北大西洋区域回归线以北"。因此，它要想在冷战结束后的整个欧洲充分发挥作用，必须克服其功能和范围上的局限性。第三，北约组织内部关系上的不平等，自20世纪60年代以来就已经严重制约着北约的发展。北约建立之初力量关系上的特殊状况，早已不能反映成员国之间的力量对比。在冷战结束后，北约能否正视欧洲的强大，在联盟内部建立平等的伙伴关系，是关系到北约能否焕发生命力，调动成员国积极性，一致对付新型挑战的关键。① 为此，北约开始了从单一的防御性军事组织到复合型的安全组织的转型。

一 重塑欧洲安全结构

与冷战时期的传统安全威胁相比，冷战后北约面临的传统威胁程度有所降低，但并没有消失。俄罗斯依然是潜在的大国，其军事力量特别是庞大的核武力量对北约国家构成了压力，俄罗斯仍然是当时欧洲唯一的超级核大国，即使乌克兰也保留着大于法国和英国的核工厂，"尽管苏联离开了中欧，但像挪威和土耳其这样的侧翼国家依然要面对驻扎在他们边境的俄罗斯常规力量"。② 其政治与经济制度以及思想意识形态虽然与西方接近，但作为传统大国，与西方仍存在巨大的矛盾。未来俄在与北约国家互动中的角色值得怀疑。美国前助理国防部长艾什顿·卡特和前国防部长威廉姆·佩里就认为俄罗斯发展前景有四种可能：第一种是俄罗斯继续冷战后一直奉行的政策，在国际事务中采取合作的、与国际社会接轨的态度，努力使自己成为一个正常的欧洲主流国家；第二种是俄罗斯对外发泄不满，重整军备，再次与西方对抗，从而引发某种形式的冷战；第三种是俄罗斯不与西方正面交锋，但通过破坏西方安全目标的能力、而不是伙伴关

---

① 高华：《透视新北约：从军事联盟走向安全政治联盟》，世界知识出版社2012年版，第79页。

② Ted Greenwood and Stuart Johnson, "NATO Force Planning Without the Soviet Threat", *Parameters*, No. 22, 1992, pp. 27—37.

系寻求得到国际社会的尊重,增加自己的影响;第四种是俄罗斯崩溃。显然,后三种发展前景对西方的国家利益构成了严重的威胁。① 正是俄罗斯前景的不确定,西欧各国感到需要维持一股平衡力量来抗衡苏联遗留下的军事力量,尤其是俄罗斯的核力量。但是它们自身缺乏手段,只有美国被视为有能力抗衡潜在的核威胁,即便美国很遥远,但能在更广泛意义上保持欧洲的战略平衡,而只有"主要通过北约,美国的军事力量才能与欧洲大陆联系起来"。②

同时,前苏联国家和前南斯拉夫地区不断升级的冲突持续冲击着中东欧前华约国家的安全,这些国家无法应对德国或俄罗斯扩张主义传统复活所带来的威胁。苏联撤军后在中东欧国家形成的地缘安全真空状态极易导致历史上反复出现的大国在这一区域的恶性争斗,最终使中东欧各国成为"缓冲区"或"拉锯地带"的地缘政治态势的重新出现。历史上中东欧地区,尤其是波兰,曾经多次经历了被大国的反复瓜分。惨痛的历史经验告诉这些国家:在缺乏保障自身安全能力的前提下,它们必须寻找一支可以依靠的外部力量。在俄罗斯国内政治摇摆不定、欧盟和欧安组织难以保证它们安全之时,北约是中东欧国家看到的既能解除它们对德国向东扩张的担忧,又能够解除它们对俄罗斯恢复其扩张主义传统的担忧的可靠组织,也是能够为东中欧国家政治稳定和经济恢复提供安全保障的、有效的安全组织。中东欧国家发展与北约联系的迫切要求是美国积极推动扩展北约的重要原因之一。③

中东欧和前苏联地区的内部矛盾或国家之间发生的冲突有可能升级或溢出,从而对周边国家产生影响。罗伯特·杰维斯(Robert Jervis)认为,"联盟的存在确保了与这些地区接壤的成员国不至于独自应对战争升级或外溢,因此降低了单边干预的动机。或者说,北约的存在确保了西方在卷入这些冲突时是以一种集体和协商一致的方式进行的"。④ 罗纳德·阿斯穆

---

① [美]艾什顿·卡特、威廉姆·佩里:《预防性防御:一项美国新安全战略》,胡利平等译,上海人民出版社 2000 年版,第 47—48 页。

② David M. Abshire, Richard R. Burt, and R. James Woolsey, *The Atlantic Alliance Transformed*, Washington, DC: Center for Strategic and International Studies, 1992, p. 16.

③ 李海东:《北约扩大研究 1948—1949》,世界知识出版社 2010 年版,第 97 页。

④ Robert Jervis, "The Future of World Politics: Will It Resemble the Past?", *International Security*, No. 16, 1991/1992, p. 58.

斯（Ronald D. Asmus）等人认为，冲突的范围更为广泛，冷战后欧洲面临的战略挑战沿着两条"危机弧线"分布：一条弧线是德国与俄罗斯之间，从北欧、土耳其到高加索和中亚的东部弧线。第二条是南部的弧线，从北非、地中海到中东和西南亚。这两条弧线之所以对北约国家构成威胁，原因在于这两条弧线地区发生的冲突大部分是由反西方的意识形态引起的，这些冲突难以被有效阻遏，可能引发地区纷争，从而牵涉大国的介入。另外，在这些地区发生的冲突可能引发潜在对手之间的对抗，如德国与俄罗斯、西方与伊斯兰世界等。①

为此，1990年7月6日，北约伦敦首脑会议正式提出要调整北约的战略，并首次提出同原华沙条约组织国家建立合作关系。次年11月北约罗马首脑会议通过了冷战后的新战略概念文件，它对北约新形势下的战略目标、方针、手段和力量作出了新的规定，特别是强调北约的威胁是多层次、综合性的和难以预测的。会议确定了北约发展的新战略，正式将北约与原华约的"合作与对话"写入了北约新战略文件中。② 同年12月，北大西洋合作委员会（简称"北合会"）首次会议在布鲁塞尔召开。与会者除北约16个成员国外，还将前中东欧华约国家纳入其中，会后发表了《关于对话、伙伴关系和合作的声明》，决定加强北约和原华约成员国的联系机制。声明还确定了双方的合作范围，其中包括防务计划、军控、军转民、科技和环保等。③ 北大西洋合作委员会首次会议的召开标志着北约重塑欧洲安全结构的开始。

由于北合会不能满足一些国家加入北约的期望，同时北合会又将芬兰、瑞典和爱尔兰等既非北约国家也非前华约成员国的国家排除在外，不利于北约对欧洲安全格局进行重新整合。因此北约在1994年1月启动了能够照顾到各方关切的"和平伙伴关系计划"，旨在确立北约与原苏东国家的新型合作关系。北约国家普遍认为，"和平伙伴关系计划"可以帮助"处于风雨飘摇中的中东欧与前苏联国家政权重塑其防务政策、结构与规

---

① Ronald D. Asmus, "Building a new NATO", *Foreign Affairs*, Vol. 73, No. 4, 1993, pp. 29—30.

② 阮宗泽：《北约的战略转型及其挑战》，《国际问题研究》2003年第2期。

③ 中国现代国际关系研究院美欧研究中心：《北约的命运》，时事出版社2004年版，第338页。

第二章 北约介入亚洲的背景：一致的收益估算

划进程"，① 维持这些地区的稳定和安全。"特别是，这类安排可以加强武装力量的民主控制，以展现西方军政关系模式的方式，促使中东欧领导人尊重民选政府"。②"和平伙伴关系计划"的主要内容有五个方面：（1）对于想加入北约的伙伴国：它是伙伴国成为北约正式成员国前的过渡阶段。（2）对于仅希望与北约进行合作的伙伴国：所有前苏东成员国和欧安组织成员国均可在自愿基础上与北约建立和平伙伴关系。（3）关于伙伴国的条件：必须承认西方的民主、人权等价值观，尊重现有边界并用和平方式解决争端；在联合国授权下开展行动；伙伴国的军队应由文官政府控制；向北约开放军事设施；提高国防预算透明度；向北约总部的政治和军事机关派出联络人员。③（4）关于合作方式：北约不向伙伴关系国提供安全保障，但伙伴国可及时与北约磋商，寻求解决办法；北约正式邀请前华沙条约组织成员国和欧洲中立国家参加"和平伙伴关系计划"，通过双边谈判，关系亲疏可根据各国意愿和国情区别对待；伙伴国组成联合特遣队，由北约提供必要的后勤和情报保障，并在军事演习、维和、危机控制等方面进行合作和政治磋商。（5）关于合作内容：涉及政治对话、联合防空、边防合作、防务合作、防止核武器和生化武器扩散、打击有组织犯罪（禁毒、非法移民、武器走私等）、反恐、紧急救灾、医疗救助、人道主义援助、维持和平、军事演习与训练、人员培训、提供装备和财政援助等诸多领域。④ 1997年，北约进一步将北合会升级为欧洲—大西洋伙伴关系理事会，强化在此框架内的"和平伙伴关系计划"合作。这实际上构筑了几乎笼罩整个欧洲，并延伸到中亚的以北约为首的安全网络。

北约东扩是欧洲安全架构方面最艰巨的建设工程，是关系到冷战后世界新格局形成的战略问题，也是欧洲秩序新平衡体系的主要框架。⑤ 在美国看来，北约东扩一方面可以维护北大西洋地区的安全，另一方面可以通

---

① Stephen J. Flanagan, "NATO and Central and Eastern Europe: From Liaison to Security Partnership", *Washington Quarterly*, Vol. 15, Spring 1992, pp. 141—151.

② David M. Abshire, Richard R. Burt, and R. James Woolsey, *The Atlantic Alliance Transformed*, Washington, DC: Center for Strategic and International Studies, 1992, pp. 8—20.

③ NATO, "Partnership for Peace: Framework Document", http://www.nato.int/cps/en/SID-EE5A3412-BFCC4CE2/natolive/official_texts_24469.htm?selectedLocale=en.

④ 张宁：《北约与中亚国家的"和平伙伴关系计划"》，《国际信息资料》2009年第3期。

⑤ 肖元恺：《世界的防线：欧洲安全与国际政治》，新华出版社2001年版，第201页。

过吸收新的亲美成员国影响决策程序，达到稀释欧洲大国特别是法德轴心在联盟内部的分量的目的。1997年，北约与俄罗斯签署了《北大西洋公约组织与俄罗斯相互关系、合作与安全基本书件》。制定了冷战后北约和俄罗斯双边关系及安全合作的框架。从此北约得到了东扩的"通行证"，冷战后欧洲安全新格局初步确定。这一文件使俄罗斯对北约事务有了一定发言权，从而换取了俄罗斯对东扩的默认。[①] 此后，北约通过三轮东扩，将成员国从16个扩大至28个，加之其构建的密集伙伴关系网络，北约已经在欧洲安全结构中确立了绝对的主导地位。

二 应对新安全威胁

新安全威胁是冷战后出现的对北约国家构成重要挑战的威胁因素。冷战结束后，北约国家认为虽然俄罗斯依然是潜在的威胁，但并不是直接、现实的威胁。对北约构成直接挑战的是苏联解体、欧洲政治剧变带来的"后遗症"，以及欧洲民族分裂主义引发的局部"热战"、动乱和难民潮。同时，与这些挑战直接相关联的非传统安全威胁已经危及北约成员国的共同利益。

这些威胁归纳起来有以下几种：（1）恐怖主义。欧洲反恐行动是必要的，恐怖主义危害人们的生活，试图破坏社会的和谐与宽容，它滋生于诸多的复杂因素，包括反对现代化、文化、社会与政治的危机等。（2）大规模杀伤性武器的扩散。北约认为这是对欧洲社会最大的潜在威胁，尽管有相关的国际条约和武器输出协定的约束，但先进的生化武器威胁仍是巨大的。最可怕的一幕是，一旦恐怖组织获得这类大规模杀伤性武器，结果将使一小撮恐怖分子具备了以往只有国家和军队才具有的强制破坏力。（3）种族冲突。不论这类冲突的地缘位置何在，都将直接或间接地影响到欧洲的利益，它们对少数民族、基本自由和人权都构成危害，并能导致极端主义、恐怖主义以及国家机器的失灵。（4）国家统治机器失灵。内战冲突以及非良政—腐败、滥用职权、制度虚设和缺乏责任心，从肌体内侵蚀着政府，导致国家机器的崩溃。尤其是原教旨主义势力的抬头，更是扰国害民、输出威胁。（5）有组织犯罪。对于有组织犯罪，欧洲是其首选

---

① 刘军、李海东：《北约东扩与俄罗斯的战略选择》，华东师范大学出版社2010年版，第270—277页。

目标,这类犯罪包括毒品、妇女、儿童和武器的跨境交易,而这类犯罪活动通常与虚弱或失败的政府有关。例如,一些毒品制造国依靠毒品税收,这恰恰腐蚀了政府的肌体。有组织犯罪会与恐怖主义相结合,在极端情况下,它们还能控制国家政权。①

非传统安全威胁的兴起,对北约原有的集体防御功能形成了巨大的挑战,北约意识到必须实现功能转型,才能有效应对后冷战时代的综合安全挑战。北约冷战后第一份战略概念文件对其战略方针做出了重大调整。在1991年新战略概念文件中,北约将原来应付华约大规模军事进攻的"前沿防御战略",转变为"预防冲突与处理危机"的全方位机动战略;防御力量由以前的前沿防御式的梯型重兵集团结构分布,变为多点分散式的"有限前沿存在",并且建立了应付突发事件的快速反应部队;防御重点也由过去的中东欧地区变为包括"从北极到地中海"的所有区域,尤其是北约南线的安全防御。②

非传统安全威胁的跨国性特征使北约不能将防御焦点只集中于北约领土之内,而是必须将目光投向任何可能危及欧洲—大西洋地区安全的地区和国家。因此,在冷战后首份新战略概念文件出台后,北约对新战略概念做了进一步的延伸。1994年和1997年的布鲁塞尔峰会与马德里峰会上,北约全面深化了"危机反应"战略,极大地扩展了北约的安全防御区域。此后,北约不仅强调北约在北约领土以外的域外行动能力特别是地区性快速反应能力,而且也十分重视北约运用其"域外行动能力"的环境与条件。1998年11月,北大西洋理事会正式通过决议,决定北约可以在联合国授权之外,在北约领土以外地区使用武力。1999年4月,北约华盛顿首脑会议通过了冷战后第二份新战略概念文件。华盛顿新战略概念文件的实质就是在坚持"集体安全防御"的方针基础上,突出北约对其安全防务地区以外的集体干预,即在"涉及共同利益的危机与冲突"中,不仅要体现北约应付危机的军事威慑与干预能力,而且还将在政治、经济与社

---

① 赵俊杰、高华:《北狼动地来?北约战略调整与欧盟共同防务及其对中国安全环境的影响》,中国社会科学出版社2011年版,第125页。
② NATO, "The Alliance's New Strategic Concept", http://www.nato.int/cps/en/SID-AB109835-566E4BAB/natolive/official_ texts_ 23847.htm?.

会等领域运用广泛手段,建立新的国际秩序。① 北约在冷战后的战略发展轨迹反映出其期望从单纯的军事组织转变为政治军事组织,其"集体防御"战略目标转变为在"集体防御"与"危机管理"之间保持某种平衡,强调在全球性框架内关注联盟的安全。这为北约确立了新的行动坐标,增添了北约继续存续的理由,大致确立了北约冷战后战略的基本框架。

三 执行域外行动

冷战后北约最根本性的问题是旧的使命与新的战略挑战之间的不相适应。对北约在防区内和域外的使命进行重新确定,以及找到两者之间的均衡,是北约面临的主要问题。后冷战时代的北约认为,中东欧、地中海和中东地区的稳定与否直接影响了北约成员国的安危,比如前南斯拉夫地区的冲突就对北约成员国构成了严重威胁。

在域外威胁中,美国提出了所谓"无赖国家"和"流氓国家"的威胁问题,认为所谓"无赖国家"或"流氓国家"是指那些正在获得大规模杀伤性武器及其运载工具的国家,这些国家支持恐怖主义,是在被接受的国际行为规范之外行动的国家。它们游离于民主国家大家庭之外,并攻击民主的基本价值观。北约对"流氓国家"的担忧主要是担心这些国家有可能对资源供应线、战略区和新兴的民主国家构成威胁。显然,非传统安全问题和域外安全问题超出联盟原先所设定的狭窄的军事目标范围,而且并不单一和固定。因此,北约面临选择:要么因不适宜处理新的安全问题而解体;要么为了适应新的安全问题而进行功能调整。②

1992 年 3 月,波黑爆发了长达三年之久的内战。这使美国及北约感到,即使不是其成员国内发生的民族纠纷或冲突,也有可能危及成员国自身,为对付这些威胁,阻止其蔓延,北约必须具有较强的干预能力,并且应该把干预的范围扩大到成员国领土以外。1992 年 6 月的北约外长会议决定,允许北约军队在欧安会所属的 53 个国家实施维和行动。这是有史以来北约第一次决定在"北大西洋条约"规定的防区之外可以进行军事

---

① 许海云:《伊拉克战争后的北约战略转型及其发展趋势》,《当代世界与社会主义》2003 年第 4 期。

② 周丕启:《合法性与大战略:北约体系内美国的霸权护持》,北京大学出版社 2005 年版,第 181 页。

行动。① 1995年北约介入波黑内战，空袭波黑塞族，迫使波黑三方在美国提出的《代顿协议》上签字，以武力换取了波黑的和平。北约的这一军事行动是北约历史上第一次在条约规定的防区之外的军事行动。美国以此行动来证明北约是有效的军事政治组织，它有能力处理在其管辖范围之外地区的问题。

1998年2月，南斯拉夫爆发了科索沃危机。同年8月，北约下达了对南联盟科索沃进行分阶段有限空中打击的"可行动命令"，对南联盟进行施压。在施压无效后，北约于1999年3月24日开始对南联盟进行了大规模的空袭。这是北约成立以来，首次未经联合国安理会授权而对一个主权国家进行武力干涉。除美国、加拿大外，西欧13个盟国除希腊因自身利益不主张动武外全部参与。瑞士、奥地利、瑞典等传统中立伙伴国也对北约行动表示支持。对此，俄罗斯总统叶利钦发表声明，强烈谴责北约空袭南联盟，指责这是公开的侵略行为，决定立即冻结同北约的关系，召回俄驻北约的军事代表，暂停参与北约的"和平伙伴关系计划"。同年6月20日，北约秘书长发表声明称，由于南联盟军队和警察已全部撤出科索沃，北约决定正式停止对南联盟的轰炸。

在波黑战争和科索沃战争爆发期间，美欧同盟总体上延续了合作的共识。欧洲盟国不希望在其防区附近发生武装冲突和人道主义灾难，担心地区冲突危及自身的政治经济稳定，破坏来之不易的和平。对于美国来说，欧洲始终是其实施对外安全战略和维护海外利益的基石之一，地区动乱如果蔓延至盟国内部，势必影响到跨大西洋同盟关系的稳定状态，最终极有可能损害美国自身的利益。②

四 建立北约与欧盟防务伙伴关系

北约在冷战结束后开始面临欧洲独立防务的竞争压力。美国基于对北约是欧洲安全基石的认识，不容许其欧洲盟国在北约之外另起炉灶，与北约竞争欧洲安全的主导权。同时，自创建伊始，北约就在缓和内部成员国之间关系方面发挥着重要作用。③ 冷战时期来自苏联的急迫威胁，让人们

---

① 梁方、李景龙、王吉远：《话说北约》，中央文献出版社2000年版，第319页。
② 魏光启：《欧美同盟的域外行动剖析》，《欧洲研究》2011年第6期。
③ Josef Joffe, "Europe's American Pacifier", *Foreign Policy*, No. 54, Spring 1984, p. 68.

忽略了北约在消弭西方内部分歧方面的重要功能。随着苏联的解体和两德的统一，联盟的这一内部功能变得更为明显。"北约的持续存在，包括其一体化军事结构和美国的军事实力，确保了成员国之间不惧怕彼此"。① 一方面，北约的制度和机制可以有效提升成员国的军事透明度。北约内部各个层级就各类主题所进行的频繁磋商，使成员国彼此能了解各自的活动和意图，表达各自的关切和误解。参与联盟军力的规划进程需要成员国间交换各自军力的详细信息、防务预算以及未来规划等。此类制度化的开放性，造成成员国间很难对彼此保守秘密，同时它们也很少有动机这么做。② 另一方面，北约的制度和机制统合了各国的安全政策。在很大程度上，北约成员国在制定和执行安全政策时，其往往是以联盟政策的组成部分为出发点，而非是以国家为基础的。这种安全政策的去国家化机制减少了成员国间产生敌意或对抗的可能性。如果冷战后北约成员国的安全政策实现再国家化，这将"引起人们对于西欧内部失衡的关切，产生新的怀疑、竞争甚至冲突"。③ 因此，北约一方面需要证明在后冷战时代的安全行动中其不可替代的功能和活力，另一方面必须将欧洲独立防务的发展纳入自己的框架。

在1998年英法圣马洛《欧洲防务合作宣言》之前，欧盟成员国在欧盟框架内发展共同外交政策，而在北约框架内通过改造西欧联盟和建设北约欧洲支柱来发展防务和军事合作。圣马洛宣言之后，欧盟决心实现自己的军事化，打造欧洲共同安全与防务政策，建立快速反应部队。在这个革命性变化的冲击下，美国和欧洲、北约和欧盟的关系将需要重新定义。

早在1948年，一些西欧国家就曾尝试建立西欧独立的防务体系，《布鲁塞尔条约》便是西欧联盟的前身，然而以失败告终。1987年11月，法德着手开始组建5000人的法德混合旅。1989年10月该旅正式建立，并参加了在前南斯拉夫的军事行动和在欧洲举行的多国军事演习，因此被称为欧洲防务的"萌芽"。1991年签订的《马斯特里赫特条约》第J·4条

---

① Stephen J. Flanagan, "NATO and Central and Eastern Europe: From Liaison to Security Partnership", *Washington Quarterly*, Vol. 15, Spring 1992, p. 149.

② Frederic L. Kirgis, Jr., "NATO Consultation as a Component of National Decisionmaking", *American Journal of International Law*, No. 73, July 1979, pp. 372—406.

③ Johan Jorgen Holst, "The Future of NATO", *The Norwegian Atlantic Committee Series*, No. 154, 1993, p. 6.

规定，作为联盟发展中组成部分之一的西欧联盟，负责策划和实施联盟带有防务含义的决定和行动。1992年6月，西欧联盟发表了《彼得斯堡宣言》，为西欧联盟的后冷战时代使命确定了方向：在联合国和欧安组织的框架内，执行人道主义和救援任务；危机处理与维和行动；必要时在冲突地区担负建立和平的使命。此后，法德旅发展成有德国、比利时、法国、西班牙和卢森堡5国参加的欧洲军团（Eurocorps），并于1993年开始运作。欧洲军团正是欧洲快速反应部队的前身。

1998年12月，英法两国在法国圣马洛达成的《欧洲防务合作宣言》首次提出建立快速反应部队。1999年5月，英国首相布莱尔在会晤意大利总理达莱马时提出建立快速反应部队的计划。经过几个月的酝酿趋于成熟后，赫尔辛基峰会终于做出建立欧洲独立军事力量的决定。[①] 1999年《阿姆斯特丹条约》生效以后，这种努力逐渐在欧盟第二支柱"共同外交与安全政策"框架下的"欧洲安全与防务政策"下展开。[②]

面对欧洲发展独立防务的倾向，美国极力将欧洲独立防务发展纳入北约的轨道。1994年，北约首脑会议接受西欧联盟既是北约的"欧洲支柱"也是欧盟的防务臂膀的定位，同意在北约内部建设以西欧联盟为基础的"欧洲安全与防务特性"，并欢迎北约与西欧联盟在互补和透明的基础上紧密合作。之后，北约启动了作为北约与西欧联盟的联系纽带的多兵种联合特遣部队的建设。1999年北约华盛顿峰会发表的《华盛顿峰会公报：面向21世纪的联盟》与2003年最终敲定的"柏林及其附加协议或安排"奠定了北约与欧盟防务伙伴关系的基础。根据这些原则性安排，欧盟承认北约在欧洲安全中的基石地位，北约也承认欧盟发展共同安全和防务政策，建设自主军事能力的正当性。同时，欧盟同意，只有在北约作为一个整体不介入的情况下欧盟方可自主采取行动，在行动中，北约欧盟可有保障地获得北约的军事计划能力，并可假定获得其他一些军事资产和能力，用来支持欧盟领导的军事行动。[③] 欧洲与美国调整防务关系的历史证明，欧洲安全结构的建立不仅使自身居于次要地位，而且使北约的行动能力有

[①] 高华：《欧盟独立防务：开端、问题和前景》，《世界经济与政治》2002年第7期。

[②] 张茗：《"战略性伙伴"往何处去？欧盟北约关系剖析》，《欧洲研究》2009年第3期。

[③] 陈志敏、古斯塔夫·盖拉茨：《欧洲联盟对外政策一体化：不可能的使命？》，时事出版社2003年版，第258页。

所增强,尤其是与对改革后的北约仍然承担责任的美国协调一致的情况下。① 欧洲国家承认北约在欧洲安全的主导地位,与它们认识到美国具有超群的实力密不可分。如果缺少与美国强有力的安全联系,不难想见德国会迫于外在威胁的压力冲破条约束缚扩充军备,甚至发展核威慑能力。德国这么做必然会在它的邻国中引起连锁反应。只有美国的实力能在冷战后的欧洲充当内部平衡者的角色,"而作为一个其他大陆的力量,美国不会引起军事控制的恐慌"。② 当然,也有学者提出美国扮演平衡者的角色也可以利用双边安全联盟的形式来实现。不过,双边联盟的结成通常被视为针对特定的第三方的,从而会加剧而非缓解欧洲内部的紧张。在北约多边框架下,美国可以动员几乎全欧洲的武装力量,如果另建双边框架显然启动成本和运行成本会高出许多。

北约在冷战后的存续,超出了许多学者的悲观预期,它不仅得以继续生存,还扩大了组织规模,执行了新的使命,扩充了已有的功能。北约各国升级了它们的共同战略,维持住了一体化的军事结构,而且不断参与联合训练和作战。虽然自1989年后,成员国普遍缩减了各自的军队规模,但这种调整是与传统军事威胁急剧下降和预算上的考量相适应的。成员国依旧为北约的武力构成贡献着自己的力量,甚至在冷战中一度脱离军事一体化机构的法国,在冷战后逐渐回归到了北约军事一体化的道路。更为根本的是,北约继续保持了盟国对其强有力的支持。以德国为例,由于两德统一而引起的疑虑,被德国领导人对联盟的坚定支持打消了。德国政府高层反复强调,一个有效的一体化军事机构和美国在德国的军事存在至关重要。那么,到底是什么原因使北约成员国认为保存联盟是它们的利益所在呢?

冷战后初期对于北约命运的悲观预测大致忽视了三个方面的因素。首先,冷战后的传统安全威胁没有降低至需要解散联盟的程度。事实上,北约仍然起到保护成员国免受外来实际或潜在威胁攻击的作用。威胁不仅是俄罗斯的军事实力,还包括毗邻地区的新威胁。其次,北约存在制度上的适应性。自冷战结束以后,北约开始发展两项重要的新功能:一是控制在

---

① Karl Kaiser, "Reforming NATO", *Foreign Policy*, No. 103, Summer 1996, pp. 128—143.

② Charles L. Glaser, "Why NATO is Still Best: Future Security Arrangements for Europe", *International Security*, No. 18, Summer 1993, p. 22.

中东欧地区的武装冲突;二是维持原苏联各加盟共和国的稳定。最后,长期在冷战时代被忽视的联盟内部协调功能,在冷战后变得更为重要。在历史上曾经尖锐对立的欧洲各国,借助北约摆脱了安全困境,发展出了一套制定共同安全政策的制度和机制。①

从这三个因素上来理解,北约显然符合欧洲成员国的利益。但同时,维持一个和平与繁荣的欧洲对美国也至关重要。除了大西洋两岸密切的历史与文化联系,欧洲作为美国首要的产品市场、重要的商品来源地,以及美国公司的投资目的地,关乎美国的切身经济利益。回顾一战和二战,美国可以被轻易地拖入欧洲未来的战争,而且鉴于核武器的存在,后果堪比一战和二战更为惨烈。② 总之,北约虽然没有单一的存续理由,但它的确在冷战后履行着多项富有价值的职能。因此,尽管它们对北约的重要性存在不同的看法,但所有的成员国都在北约的存续中发现了自身的利益。

冷战后北约的继续存在也曾引起许多学者对新现实主义联盟理论的批评,因为按照新现实主义联盟理论的逻辑,联盟是应对共同威胁而组建的,随着共同威胁的消失,联盟应该立即解散。而北约联盟非但没有在苏联解体后自行解散,反而走上了向东扩大和向外干预的转型之路,这是新现实主义联盟理论所难以解释的。本书提出的分析框架试图对此做出比较合理的解释。冷战结束后,作为主导国的美国需要一个稳定和安全的欧洲作为其投资目的地和主要商品市场,欧洲的繁荣与美国的利益息息相关,美国留在欧洲可避免几个世纪以来欧洲大国之间恶性争斗的重现,或者出现某个大国主宰欧洲的图景,这是美国所极力想获取的互助收益。相较而言,美国继续维持北约存在的互助成本并不高昂,其只要花费一定的欧洲驻军费用,对危机地区进行适度的干预。因此,美国在冷战后维持北约的互助收益估算一定为互助收益 > 互助成本。对于联盟中的其他成员国,也就是欧洲国家,它们继续与美国结盟,将预期获得三方面的互助收益:第一,避免建立欧洲独立防务的额外军费负担以及引起内部矛盾的风险;第二,避免单独应对不确定的俄罗斯以及前苏东国家安全威胁的代价;第

---

① John S. Duffield, "NATO's Functions after the Cold War", *Political Science Quarterly*, Vol. 109, No. 5, Summer 1994—1995, p. 779.

② Stephen Van Evera, "Why Europe Matters, Why the Third World Doesn't: American Grand Strategy After the Cold War", *Journal of Strategic Studies*, No. 13, Summer 1990, pp. 8—12.

三,享受美国对欧洲的安全承诺。同时,如果他们选择继续维持北约的存在,仅需要接受美国可控的主导地位和维持一定的防务开支即可。所以欧洲国家维持北约的互助收益估算也一定是互助收益>互助成本。在双方的互助收益估算都为互助收益>互助成本情况下,北约在冷战后继续维持了其存在。

第二节 北约介入亚洲的动能:联盟内外的一致收益估算

北约介入亚洲事务与联盟面临来自亚洲的威胁直接相关。在安全全球化时代,安全威胁的地域局限性趋于弱化,信息技术和运载工具的进步,以及各国间人员往来的日益频繁,使北约很难单一依靠冷战时代的本土防御来实现北约领土的安全。冷战后,亚洲地区在冷战时代两极矛盾掩盖下的领土、民族、宗教、能源等冲突集中爆发,而且美国等大国的介入以及当地的贫困与人口爆炸催生出了当代西方最现实的威胁——恐怖主义。此外,与欧洲内部的后威斯特伐利亚范式的国家间关系相比,亚洲的国际关系仍然充满着权力政治的色彩。许多亚洲国家出于不同的目的希望引入外部力量来加强自身的安全。美国与欧洲国家分别从自身的视角出发,认识到了亚洲地区是需要"注入"安全的区域。北约介入亚洲事务说明美国和欧洲对于亚洲作为一个安全需求区存在一定程度的共识,但不能证明双方介入亚洲事务的动机完全重合。正是双方动机的差异造成了日后在北约具体介入亚洲事务中的争吵和分歧。

一 美国的动能

美国战略学者罗伯特·阿特(Robert J. Art)认为,美国在冷战后面临六大威胁:(1)大规模恐怖袭击以及大规模杀伤性武器向难以对付的国家领导人或狂热恐怖分子的扩散;(2)具有侵略性的大国和霸权国;(3)伊朗或者伊拉克成为霸权国;(4)大国间的安全竞争、大国间战争、经济民族主义;(5)残忍的领导人、内战以及经济发展受挫;(6)碳化物不受限制的排放。① 对美国本土的领土安全和政治主权的最大威胁,是

---

① [美]罗伯特·阿特:《美国大战略》,郭树勇译,北京大学出版社2005年版,第103页。

大规模恐怖主义以及核生化武器向疯狂领导人或者狂热恐怖主义分子的扩散。对欧亚大陆稳固和平的最严重威胁，要么来自一个变得具有侵略性并挑起大战的大国，要么来自爆发了地区战争的几个中小国家，这些国家将几个大国拖入战争后升级为大国之间的直接军事冲突。伊朗或伊拉克的崛起会对波斯湾石油储备形成准垄断性控制。大国间激烈的安全竞争、大国间战争，或者对全球化的公开激烈反应，均会产生致命的经济民族主义，对国际开放构成最严峻的挑战。可以说，美国在冷战后面临的威胁与亚洲有着千丝万缕的联系。

在亚洲的威胁中，来自中东的威胁尤为显著。美国在中东地区具有六大长期的关键利益：反恐、防止大规模杀伤性武器扩散、维持石油供应和价格的稳定、确保友好政权的稳定、保证以色列的安全以及促进民主与人权。① 某些伊斯兰势力，尤其是一些极端什叶派势力对穆斯林的土地在外部势力，特别是美国的控制之下，深怀敌意。由于受到长期的殖民、阿以冲突，以及1990—1991年的海湾战争的激化，大量的穆斯林把美国在该地区的存在和影响看做是与伊斯兰信仰水火不相容的，这主要是因为美国一边推广民主自由价值观一边却与极权君主国保持着亲密关系，以及传播一些穆斯林认为是堕落的西方文化。"在海湾地区，这种敌意被伊朗和伊拉克的权力政治给夸大了，他们谋求地区霸权的热望被美国的前沿存在阻遏了，这种敌意也被许多反美的普通阿拉伯人和穆斯林给夸大了，这些普通的阿拉伯人和穆斯林认为，美国应该对他们的贫穷和政治无权负责"。② 由于政治、宗教、社会等因素的综合作用，来自中东地区的威胁可能会日益上升，而这种可能性使得美国赖以维持地区存在的脆弱政治基础，面临更多风险。另外，据美国能源情报署2004年发布的《年度能源展望》预计，美国未来对原油进口的依赖会急剧上升，美国每天消耗的石油将从1990年的每天6610万桶上升到2025年的每天1.188亿桶，年均增长率为1.8%。③ 虽然中东地区不是美国主要的能源进口来源地，但是中东地

---

① Bensahel, N. and Byman, D. eds., *US Interests in the Middle East: the Future Security Environment in the Middle East. Conflicts, Stability, and Political Change*, Santa Monica: Rand Corporation, 2004, p. 2.

② [美] 理查德·福肯瑞思、罗伯特·纽曼、布拉德利·泰勒：《美国的致命弱点》，许嘉译，上海人民出版社2005年版，第208页。

③ EIA Annual Energy Outlook, 2004.

区的动荡必然影响全球能源价格的稳定,从而影响全球经济的健康运行,而作为第一大经济体的美国当然是受能源价格影响首当其冲的国家。

需要指出的是,美国在中东所谓的威胁很大程度上是自身自相矛盾的政策造成的。美国许多为了保证以色列安全而追求的政策,实际上危害到了美国的国家安全。"对以色列不加限制的支持,加上以色列延长对巴勒斯坦人领土的占领,助长了整个阿拉伯和伊斯兰世界的反美主义情绪,从而增加了国际恐怖主义对美国的威胁,也使得华盛顿在应对像停止伊朗核计划那样的其他问题更加困难"。①

从更广泛的地理意义上来看,西亚、中亚、外高加索及里海地区对于控制整个欧亚大陆岛具有重大的地缘战略意义,"在广阔的欧亚中部高原以南有一个政治上混乱但能源丰富的地区,它对于欧亚大陆西部和东部的国家,以及最南部地区那个人口众多、有意谋求地区霸权的国家来说,都有潜在的重大意义"。②美国政界早在1993年就有人提出了北约"全球化"的观点,时任美国国务卿克里斯托弗和国防部长佩里声称,未来维护欧洲和美国利益时使用北约这一联盟工具是一种"战略需要",一部分有影响力的美国国会共和党议员也谈到了北约对维护美国全球战略利益的作用,宣称在讨论北约的"战略意图"时应当把台湾或台湾海峡可能发生的危机考虑在内。他们认为,科学技术的发展缩短了传统的地理距离。运载工具的发展与扩散加剧了滥用大规模杀伤性武器的风险,所以,北约各国今后面临的军事威胁很可能来自北约传统的防务界限以外的地区。此外,重要的挑战不仅仅限于军事领域,例如,突然切断海湾地区的原油供应或破坏东亚的贸易路线,都会被视为根本性威胁。北约应当承担全球责任,因为在波斯湾或东南亚发生的危机中,只有能在军事上发挥作用的联盟才会得到美国选民的支持。③

法国前总统戴高乐曾经说过,北约不是为欧洲设计的而是为美国设计的。冷战以来半个多世纪的历史证明,北约每一次的重大战略调整都是在美国主导下完成的,每个新战略的出台无不是美国积极推动的结果。北约

---

① [美]约翰·米尔斯海默、斯蒂芬·沃尔特:《以色列游说集团与美国的对外政策》,王传兴译,上海人民出版社2009年版,第6页。

② [美]兹比格纽·布热津斯基:《大棋局:美国的首要地位及其地缘战略》,中国国际问题研究所译,上海人民出版社2007年版,第27页。

③ 邢骅、苏惠民、王毅主编:《新世纪北约的走向》,时事出版社2004年版,第118页。

军事战略的演变发展轨迹表明，北约军事战略总是以美国军事战略为基础，美国的军事战略及其立场、态度对北约的军事战略的形成和发展起着至关重要的决定性作用。冷战的结束并没有引起北约系统结构的根本性变化，美国在其中依然保持了强大的力量优势。[1] 冷战后初期，美国的军事战略一直随着国际形势的发展、自身实力的变迁、大国力量的对比、科学技术的进步及其全球战略的调整等因素的变化而发生广泛深刻的变化。它经历了老布什任内的"地区防务"、克林顿任内的"灵活选择参与"以及"塑造—反应—准备"三个阶段的演变，基本实现了由"冷战型"向"后冷战型"再向"跨世纪"的重大转变。[2] "9·11"事件以后，小布什政府认识到，对美国构成直接而紧迫威胁的是来无影去无踪、没有疆界、无拘无束的恐怖主义。除此之外，小布什政府还将大规模毁灭性武器扩散及支持恐怖主义和核扩散的"无赖国家"界定为美国国家安全的主要威胁。[3] 反恐成为了美国对外政策和国家安全的首要议题，西亚地区成为全球国际关系关注的焦点和国际体系重心。美国决策者与外交官认为宗教激进主义与恐怖主义之间有着密切的联系。[4] 之后，北约的政策和行动便深深地打上了反恐的烙印。"也就是说，美国的影响不仅在过去而且在未来都塑造了北约"。[5]北约的战略调整大体上是与美国军事战略的演变同步进行的。

二 欧洲的动能

对于欧洲而言，后冷战时代的全球性新威胁构成了一系列挑战。首先，随着欧洲内部军事冲突可能性的降低，来自欧洲以外的大规模杀伤性武器和恐怖主义所产生的危险与日俱增，尤其是在2004年马德里恐怖袭

---

[1] 周丕启：《合法性与大战略：北约体系内美国的霸权护持》，北京大学出版社2005年版，第177页。

[2] 高华：《透视新北约：从军事联盟走向安全政治联盟》，世界知识出版社2012年版，第93页。

[3] 潘忠岐：《与霸权相处的逻辑》，上海人民出版社2012年版，第150页。

[4] Nasser Eskandari, "The strategic importance of the Middle East in future approach", *Life Science Journal*, Vol. 10, No. 3, 2013, p. 397.

[5] Mark Webber, "NATO: The United states, Transformation and the War in Afghanistan", *The British Journal of Politics and International Relations*, Vol. 11, No. 1, 2009, p. 47.

击和2005年伦敦恐怖袭击以后。其次，即使世界其他地区的安全问题没有直接或急迫地威胁到欧洲的安全，但这些问题会以一种间接地方式损害欧洲的利益。其他地区的战争会威胁欧洲的海外公民和海外利益。欧洲以外，特别是临近地区的动荡、暴力冲突和深层次社会经济问题会产生严重的后果，比如对欧洲造成人口迁入的压力、催生外溢至欧洲的有组织犯罪等。许多全球性问题，如气候变化问题，不可避免地对欧洲产生严重的影响，由于极端天气死亡的欧洲公民人数已经超过了恐怖袭击造成的死亡人数。最后，假设全球性安全问题没有对欧洲的利益造成重大影响，其他地区遭受到暴力和苦难也会对欧洲形成政治与道义的压力，迫使欧洲国家政府作出反应。① 从这些威胁的地域分布来看，与欧洲毗邻的亚洲地区无疑首当其冲。

从1950年开始到2020年，中东地区（包括北非）的人口将经历爆炸性地增长，从7860万人会增加到3.071亿人，保守预测人口在2030年会达到5.223亿，到2050年则会增加到6.563亿。这种增长趋势会消耗掉有限的水资源，使这一地区长期依赖外国进口产品，并且增加这一地区的青年人口规模，这将对社会经济和生态系统构成巨大的压力。处在这一环境当中的绝望的青年们必然是培育伊斯兰极端主义者狂热的主体。②

中东地区地理上的毗邻性是一个不可忽视的因素，这助长了穆斯林人口向欧洲的迁移。目前，估计有大约1300万穆斯林人口在欧洲，他们中的许多来自于中东。③ 阿拉伯世界的政府没有获得广泛的认同，经济统制与部落文化阻碍了市场经济，使这一地区的社会发展长期停滞不前。性别歧视、宗教激进主义、司法独立的缺失和媒体审查共同造就了该地区的贫困、普遍的腐败以及在人口过多的人群中的不满情绪。④ 动荡、贫困和失

---

① Andrew Cottey, *Security in the New Europe*, New York: Palgrave Macmillan, 2007, p.56.

② Richards, A., "Long Term Sources of Instability in the Middle East", in Russell, J. ed., *Critical Issues Facing the Middle East: Security, Politics and Economics.* New York: Palgrave Macmillan, 2006, p.15.

③ 不同来源的资料对欧洲穆斯林人口的统计有较大出入，人数从1300万到2500万不等，此处采用欧盟的统计数据。参见"Discrimination against Muslims in Europe", http://fra.europa.eu/fraWebsite/material/pub/muslim/EUMC-highlights-FR.pdf.

④ Hanson V., "Middle East Tragedies 2003", http://article.nationalreview.com/268931/middle-east-tragedies/victor-davis-hanson.

第二章　北约介入亚洲的背景：一致的收益估算

业通常助长了向欧洲的人口迁徙。在中东发生的事情影响了西方的社会稳定，比如，巴以冲突在欧洲穆斯林人口中引起了动荡和骚乱。① 这一事实促使欧洲国家在谋划亚洲战略的过程中不得不注意国内团结的需要，它们的战略必须避免更多移民的迁入或者不引起已有的族群社区间的纷争。"国内问题控制了欧洲的外交优先议题：即支持临近的海外地区朝更好的方向变革；除非我们为阿拉伯年轻人带去繁荣和自由，否则更多的阿拉伯年轻人将来我们这里"。②

在能源问题上，欧洲盟国几乎与美国有一致的利益，美国对于稳定中东、外高加索和中亚的诉求契合了欧洲盟国的能源利益，大西洋两岸的盟国在这个问题上的共同立场可以在北约各类官方文件中得到印证。③ "经过近30年对中东石油储量的商业勘探，现在预计中东与北非阿拉伯国家的石油总储量占世界总储量在68%至70%之间，而仅海湾地区的储量就占世界探明储量的65%"。④在产能方面，以2011年为例，中东地区的原油产能占到全球产能的32.2%，天然气产能占全球产能的15.4%。⑤ 根据国际能源署估计，全球的常规和非常规原油产能有望从2002年的7700万桶/天上升至2030年的1.213亿桶/天，而这新增的4430万桶/天有3070万桶/天来自中东，占总量的69%。⑥ 以2011年为例，欧洲从中东进口的原油占其进口原油总量的18.36%，从外高加索和中亚（主要来自阿塞拜

---

① Lugar, R., "A New Partnership for the Greater Middle East: Combating Terrorism, Building Peace", http://www.brook.edu/comm/events/20040329lugar.htm.

② Ash, T., *Free World: Why a Crisis of the West Reveals the Opportunity of Our Time*, London and New York: Allen Lane and Penguin, 2004, p. 217.

③ 例如，北约1999年发布的战略新概念报告以及一系列的峰会宣言。

④ Anthony H. Cordesman, "The US, the Gulf, and the Middle East: Energy Dependence, Demographics, and the Forces Shaping Internal Stability", Center for Strategic and International Studies, December 9, 2002, http://csis.org/files/media/csis/pubs/us_me_energy_demo.pdf.

⑤ International Energy Agency, "2012 Key World Energy Statistics", http://www.iea.org/publications/freepublications/publication/kwes.pdf.

⑥ Anthony H. Cordesman, "US and Global Dependence on Middle East Energy Exports: 2004—2030", Center for Strategic and International Studies, November 23 2004, https://csis.org/files/media/csis/pubs/041123_cordesman.pdf.

疆和哈萨克斯坦两国）占到原油总进口量的10.5%。① 对亚洲能源的依赖使20世纪70年代有过惨痛教训的欧洲各国不得不正视亚洲地区的能源安全问题。

更糟糕的是，中东地区被欧洲视为"世界上最不稳定的地区"。② "巴以的持续冲突恶化了这一地区其他不稳定因素，伊拉克、沙特、黎巴嫩、叙利亚、约旦将会由于一战后大国对奥斯曼帝国的杂乱切割持续制造问题"。③ 同时，中东地区被认为是世界上武装化程度最高的地区之一。在欧洲眼里，该地区充斥着各种武器装备，包括各种大规模杀伤性武器。尽管在中东进行了各种国际军控措施和防止大规模杀伤性武器生产的讨论，地区各国依然视拥有生化、核武器及其运载工具为保有权力的必备利器。④ 中东地区已经成为核武器、生化武器和运载工具最集中的地区之一。如果这种情况继续下去，未来将会有更多的该地区国家获得大规模杀伤性武器和导弹，而且他们将会扩大自己的大规模杀伤性武器兵工厂，提高大规模杀伤性武器的摧毁能力。"自1948年以色列建国以来，以色列与阿拉伯邻国的敌意是促成双方获取核武器的强大动力，特拉维夫在最初十年面临的现实威胁是它获取核武器的内在原因。另一方面，阿拉伯人愤恨于以色列的核垄断和军力优势，阿拉伯国家与以色列在常规和非常规军事力量的巨大差距部分解释了伊拉克、叙利亚、埃及等国试图获取核武器的原因。在海湾地区，伊朗感到各个方向都受到美国的军事威胁，伊朗领导人认识到在常规力量上难以与美国匹敌，在此背景下……获取核武器似乎可以阻遏美国对伊朗的攻击"。⑤ 此外，20世纪末以来亚洲的印度、巴基斯坦、朝鲜相继获得了制造核武器的能力，这一切使欧洲将面临日益严重的核扩散

---

① European Commission, "Monthly and cumulated Crude Oil Imports (volumes and prices) by EU and non EU country", http://ec.europa.eu/energy/observatory/oil/import_export_en.htm.

② Jolyon Howorth, *Security and Defence Policy in the European Union*, New York: Palgrave Macmillan, 2007, p.249.

③ Hass Richard, "The New Middle East", *Foreign affairs*, Vol.85, No.6, 2006, pp.2—12.

④ Cordesman, A., "The Evolving Threat From Weapons of Mass Destruction in the Middle East", Center for Strategic and International Studies, 2002, http://www.parstimes.com/news/archive/2002/wmd-me.html.

⑤ Kurt M. Campbell, "Nuclear Proliferation beyond Rogues", *Washington Quarterly*, Vol.26, No.1, Winter 2002—2003, p.7.

风险。

三 亚洲的伙伴

在西亚，许多亚洲阿拉伯国家希望总体上加强与西方的联系，特别是与美国的联系，因为他们认为这样的关系是抵抗地区敌人最可靠或者唯一可行的方法，如果考虑到他们相比于地区大国伊朗和伊拉克捉襟见肘的人力和军力，这种希望就更为迫切。诚如海湾合作委员会前秘书长阿提亚所言，"以互利目的将北约这样最重要的国际伙伴与海湾的安全环境联系起来是有益的，但必须在认识和承认美国作为海湾地区安全首要的保证者的前提下才行，任何与海湾地区达成的安全安排应该与美国的角色互补，将来任何与北约的合作也将会受到或取决于欧洲在国际社会自我设定角色的影响，无论这个角色是否为美国所接受"。[1]

北约的东扩，以及在中亚、阿富汗与大中东地区的利益使外高加索地区成为了具有重要战略意义的地区。外高加索地区早在苏联解体前就饱受冲突和动荡的困扰，20世纪90年代初的民族冲突造成了超过5万人死亡，导致了这一地区长期的社会经济发展停滞不前，有组织犯罪盛行。苏联解体后，冲突的重点转向了三块有领土争议的地区：纳戈尔诺—卡拉巴赫、阿布哈兹、南奥塞梯。亚美尼亚与阿塞拜疆一直就纳戈尔诺—卡拉巴赫地区的归属争论不休，两国关系长期处于敌对状态；而格鲁吉亚认为俄罗斯是阿布哈兹与南奥塞梯分离主义势力的幕后支持者。在三国国内，经常发生企图暴力推翻现政府和暗杀的行为，格鲁吉亚和阿塞拜疆的反对势力分别在1991年和1993年试图武力推翻现政府，两国领导人都遭遇过成功或未遂的政治暗杀。近年来，外高加索三国越来越多地受到毒品交易、大规模杀伤性武器扩散以及伊斯兰极端主义运动的威胁。[2] "9·11"事件以后，美国在中亚和阿富汗的军事存在，使外高加索地区连接北约领土和中亚/阿富汗的地缘战略地位更加突出。

外高加索地区所处的欧亚大陆战略咽喉地位，使俄罗斯、美国、土耳其、伊朗、独联体和欧安组织等国际行为体都声称在促进该地区安全与稳

---

[1] Mohammed Moustafa Orfy, *NATO and the Middle East*, New York: Routledge, 2011, p.115.
[2] Douglas Frantz, "Nuclear Booty: More Smugglers Use Asia Route", *The New York Times*, September 11, 2001.

定方面具有重要利益。然而，自外高加索国家独立后，这些国际行为体中没有一个在真正意义上能在该地区的国家冲突和国内问题上扮演调停者的角色。俄罗斯对外高加索具有根深蒂固的控制野心，并为此目的与伊朗结成了默契的联盟。然而，外高加索国家，特别是格鲁吉亚与阿塞拜疆，极力避免俄罗斯再度主导地区进程的企图，分别与美国和土耳其加强关系来实现自身的安全。在美国和土耳其看来，促进外高加索的安全和稳定而非主宰该地区是他们在这一地区的主要议程。但在俄罗斯和伊朗看来，美国和土耳其的行为明显地存在遏制它们的意图。[①] 由此，外高加索地区形成了两套背道而驰的安全整合模式：一种是将该地区纳入欧洲—大西洋安全与经济体系；另一种是依赖俄罗斯的帮助维持脆弱的安全与稳定。同时，联合国与欧安组织在外高加索地区安全中起到了一定作用，特别是实现冲突双方的停火方面作用明显，但这两个组织在实现最终的冲突解决方面却无能为力。在此背景下，北约在该地区开展的"和平伙伴关系计划"项目，使其最有望成为维护地区安全与稳定的工具。一方面，北约在东南欧地区的实践，尤其是在巴尔干的行动，证明了其可以扮演地区安全提供者的角色；另一方面，在欧洲—大西洋伙伴关系理事会框架下，冲突各方有可能在北约的多边机制协调下实现最终的和解。概言之，外高加索的乱局要求地区内三国参与北约合作机制，以更好地管控地区局势。

在中亚，苏联解体后残留在该地区的大规模杀伤性武器原料与设备亟待安全地处置。受宗教激进主义和泛突厥主义思潮影响的中亚民众不仅是国际恐怖主义的潜在后备军，而且事实上已经对中亚各国的国内稳定造成了严重影响。俄罗斯视中亚国家为当然势力范围的"帝国情怀"，让中亚国家不得不寻求外来的平衡力量。中亚作为世界重要毒源地"金新月"地区的近邻，饱受毒品问题的困扰。由于苏联解体后普遍的经济困难，中亚国家急需防务改革、设备更新、军人培训、军工科研、防灾救灾方面的外来援助，而北约"和平伙伴关系计划"框架下的各个合作项目能够很好地满足这些需求。所以，北约成为了他们对外寻求安全合作伙伴的理想选择之一。

日本、韩国等亚太国家与北约不仅享有共同价值观，而且在"全球化

---

① Svante E. Cornell, "NATO's role in South Caucasus regional security", *Turkish Policy Quarterly*, Vol. 3, No. 2, 2004, p. 128.

安全"的时代，它们在应对极端恐怖主义、大规模杀伤性武器扩散、能源安全、海盗、网络攻击等新旧安全威胁方面与北约利益交叠。[①] 并且，许多亚太国家作为美国的盟友或准盟友，希望借助参与北约行动加强与美国的双边关系，同时提升本国军事力量的全球投送能力和国际影响力。由于与北约进行域外行动合作可以显示亚太国家安全提供者和民主、人权、法制促进者的角色，因此与北约的合作对这些国家来说富有某种吸引力。以日本为例，它的安全防务政策受到历史影响的限制，与北约的合作可以使其某些海外行动变得合法化。

北约介入亚洲是北约与亚洲国家以及北约内部收益估算相互作用的结果。在北约国家看来，联盟与亚洲国家进行合作需要为亚洲国家提供安全培训、武装力量现代化、防务部门改革与联合协同能力训练等相关的人力、物力、财力等支持，这是北约要支付的合作成本。同时，北约与相关亚洲国家进行合作，一方面可增强北约各国的国际威望，另一方面可不同程度地避免或消除许多亚洲国家内部的恐怖主义、大规模杀伤性武器扩散、毒品、非法移民、能源安全等问题危及北约国家的安全，并且北约在亚洲地区的域外干预行动也将得到地区内国家的协助和支持，这是北约与亚洲国家进行合作时需要考虑的合作收益。两项权衡之下，北约必然得出合作收益＞合作成本的合作收益估算。在域外干预方面，美国对亚洲危机地区的域外干预收益是有望消除"9·11"后美国国家安全的头号威胁——恐怖主义，其域外干预成本是向危机地区投入巨额的军事和经济资源。相比于国家安全是一国生存的首要核心利益，美国在亚洲的域外干预尽管投入巨大，但其做出域外干预收益估算时必然会得出域外干预收益＞域外干预成本的结论。欧洲国家在亚洲的域外干预中要支付的成本主要是协助美国投入一定的军事资源，并且是否进行域外干预行动可根据它们的利益偏好进行选择，而它们期许获得的域外干预收益将包括美国对欧洲的长久安全承诺、稳定的亚洲所带来的经济利益、维护世界和平与正义的国际声望等。显然，欧洲国家在做出域外干预决策时也会认为域外干预收益＞域外干预成本。

亚洲国家与北约合作的安全合作成本非常之低，主要的成本在于与北

---

① Benjamin Schreer, "Beyond Afghanistan: NATO's Global Partnerships", *Research Paper*, Rome: NATO Defence College, 2012, p. 2.

约建立伙伴关系所付出的提高防务透明度等代价。由于北约为亚洲国家提供的伙伴关系框架的合作安全性质一般不会引起其他亚洲国家的敌意，可以说亚洲国家的安全成本几乎可以忽略不计。与之相对应，亚洲国家与北约建立伙伴关系进行合作，它们有望在防务现代化、危机管理能力、国内稳定、反恐等方面都获得不同程度的利益。所以，亚洲国家的合作收益估算同样为合作收益 > 合作成本。联盟与外界国家的合作收益估算相互作用和联盟内成员域外干预收益估算的相互作用催生了北约在亚洲广泛的伙伴关系和北约的阿富汗战略，形成了当前北约全面系统性介入亚洲的格局。

第三节　北约的转型与北约介入亚洲：总体追随与具体软制衡

北约视介入亚洲事务为世纪之交实现其战略转型，加深其政治发展的一个重大契机。从中东政策到中亚政策再到亚太政策，尽管政策纲领与内容相对简单，但目标非常明确，就是要实现北约政治利益与安全利益的最大化，构建以北约为中心的全球战略安全体系。因为自 90 年代以来，全球政治与安全形势变幻多样，使北约不得不调整思路，探索新的发展模式。对于多年来一直沉寂于北大西洋区域的北约来说，生机勃勃的亚洲为其战略转型提供了现成的政治舞台。[①]

一　北约战略思想转型与北约介入亚洲：总体战略思想追随

随着北约开始冷战后的转型，北约的长期指导方针北约战略概念也不可避免地发生变化。冷战后，北约分别在 1991 年、1999 年和 2010 年出台了三份战略概念文件。三份文件不同程度反映了北约转型之路与其实施亚洲战略的契合性，北约实施亚洲战略是北约寻求自身长期生存与活力的必然结果。1991 年北约罗马峰会上，北约发布了冷战后第一份战略概念文件，文件除强调传统的联盟集体防御功能之外，首次提出了有别于传统大规模武装冲突之外的多方位安全视角，强调要用新的安全视角认知和评估安全威胁。1991 年战略概念文件认为，北约在其头 40 年里主要担心的威胁已经消失，另一方面，未来仍有大量不确定因素，联盟安全仍然面

[①] 许海云：《北约"亚洲政策"的表现及其影响》，《现代国际关系》2007 年第 2 期。

临风险。同过去居于支配地位的威胁形成鲜明对比的是,仍然存在的威胁联盟的风险在性质上是多方面的、来自不同方向的,包括大规模杀伤性武器的扩散、重要资源运输的中断和恐怖主义与破坏活动,这使得这些风险难以被预料和评估。联盟安全所面临的风险不大可能来自对盟国领土的蓄意入侵,而是来自不稳定所造成的恶果。北约必须转变这些功能来应对这些威胁和风险。①尤其引人注目的是,亚洲作为一个潜在的威胁发源地,在北约战略概念文件中被首次提及,"盟国也希望同地中海南部国家和中东国家保持和平和非敌对的关系。正如1991年海湾战争所显示的,欧洲南部边缘各国的稳定与和平对联盟的安全是重要的。由于这个地区军事力量的加强和武器技术的扩散,包括大规模杀伤性武器和能够打到北约某些成员国领土的弹道导弹,该地区对联盟的安全更为重要"。②由此看出,在北约1991年战略概念定义的安全威胁定义列表中,大规模杀伤性武器和恐怖主义等新安全威胁已经列入了联盟功能转型的主要打击对象之一,而作为这些新安全威胁的密集原发地,西亚北非地区不可避免的被列入重点关注的对象区域。同时,北约各国也认识到,单靠军事手段已经远远不能满足应对威胁的需要,所以"我们的安全政策是基于三个相互支持的元素:对话、合作和集体防务力量的维持……恰当地使用这些元素对于阻止和管理新兴的危机非常重要"。③北约1991年的战略概念文件为北约在冷战后的转型定下了基调,安全环境和威胁来源的根本性变化,促使北约由原来的军事组织朝着政治军事组织的方向转变,第一次海湾战略的阴影使联盟认识到了应对欧洲东南翼地缘毗邻地带的安全威胁的需求,这一战略概念文件指导了北约在90年代的转型,也为北约开启欧洲—大西洋伙伴关系理事会与"地中海对话"机制埋下了伏笔,战略概念的主导思想在后续的历次北约峰会和部长会议中再次确认和强调。④

---

① NATO, "The Alliance's New Strategic Concept", http://www.nato.int/cps/en/SID-AB109835-566E4BAB/natolive/official_texts_23847.htm?.

② Ibid.

③ NATO, "Declaration on Peace and Cooperation", http://www.nato.int/cps/en/SID-AB109835-566E4BAB/natolive/official_texts_23846.htm?mode=pressrelease.

④ NATO, "The Brussels Summits Declarations", http://www.nato.int/cps/en/SID-AB109835-566E4BAB/natolive/official_texts_24470.htm?mode=pressrelease.

1999年4月在北约华盛顿峰会上,北约发布了冷战后第二份战略概念文件,文件对已有的转型进程和安全环境进行了评估,并对联盟已有的战略和政策作了进一步的升级和细化。文件认为,尽管战略安全环境发生了积极变化,但大规模武装进攻这一威胁的可能性依然存在,同时联盟安全受到各种军事危险和非军事危险的制约,这些危险来自不同方向,经常难以预见。这些危险包括:欧洲—大西洋地区内部及周边的不稳定与不确定;联盟边缘地区发生地区危机的可能性;欧洲—大西洋地区及周边的某些国家面临的严重经济、社会和政治困难、种族和宗教对立、领土争端、改革失败、侵犯人权和国家瓦解都可能导致当地甚至地区动荡。由此产生的局势可能导致影响到欧洲—大西洋稳定的危机,导致人类灾难和武装冲突。这样的冲突若波及邻国,包括北约国家,就会影响到联盟的安全。[1]北约的这一判断不仅是针对波黑内战以及科索沃危机的,更隐含了亚洲特别是中东地区的动荡可能危及欧洲—大西洋地区安全的含义。要应对这些威胁,1999年战略概念文件认为,欧洲—大西洋伙伴关系理事会和"地中海对话"机制是两个必不可少的工具,"欧洲—大西洋伙伴关系委员会内的磋商在安全问题上提高了成员国之间的透明度和信任;这些磋商有助于冲突预防和危机处理;这些磋商发展了实际合作的活动,包括民事应急计划、科学与环境事务",[2]"北约的地中海对话进程是北约以合作方法处理安全问题的不可分割的一部分。它提供了一个建立信任的框架;它促进了该地区的透明与合作……联盟决心逐渐发展地中海对话的政治、民事和军事等方面,以实现与那些地中海对话中的伙伴国进行更紧密的合作,以使这些国家更积极地介入"。[3]非常明显,北约意识到必须依靠伙伴国的支持,才能完成消灭欧洲—大西洋边缘地区安全威胁的重任。对安全威胁判断的转型以及应对威胁方式的转型,使北约做好了系统化大规模应对域外威胁的战略思想准备,联盟的传统信条也由此发生了根本性的转变,即从一个防御型的组织转变为一个攻防兼备型的组织。[4]换言之,亚洲毗邻欧洲地区任何被认为对北约成员国构成威胁的因素都是联盟可以干预的对

---

[1] NATO, "The Alliance's Strategic Concept", http://www.nato.int/cps/en/SID-AB109835-566E4BAB/natolive/official_texts_27433.htm?mode=pressrelease.

[2] Ibid.

[3] Ibid.

[4] Mohammed Moustafa Orfy, *NATO and the Middle East*, New York: Routledge, 2011, p.72.

象,干预的方式也可以有政治、军事、民事等多种具体选项。

北约冷战后的第三份战略概念文件《积极参与,现代防御》出台于2010年的里斯本峰会,该战略概念是在北约亚洲伙伴关系各个框架已基本搭建完毕以及北约联军在阿富汗陷入战略僵局的背景下发布的,因此这份战略概念文件可以被视为北约未来制定亚洲政策和参与亚洲事务的指导方针。文件认为,除传统安全威胁以外,大规模杀伤性武器及运载工具、恐怖主义、北约领土以外的不稳定因素和冲突、网络攻击、国际贸易通道安全、能源安全、太空武器、环境问题以及资源短缺等因素构成了联盟当前的最大挑战。为了应对这些挑战,文件将集体防御、危机管理与合作安全定义为联盟的三大核心任务。[1] 在集体防御手段上,除依赖传统的核威慑和常规武器威慑能力外,要确保北约的远距离兵力投送能力和远征作战能力;在危机管理手段上,北约要吸取在阿富汗的教训,综合运用政治、民事和军事手段来实现有效的危机管理,"联盟将与其他国际行为体在危机前、中、后各个阶段积极合作,以促进危机地行动的协作分析、计划和实施,使整体危机管理工作的一致性和效用实现最大化"。[2]在实现合作安全方面,文件指出与伙伴国的对话与合作可以对国际安全、捍卫联盟共同价值观、北约的行动和渴望加入北约的国家作出实质性的贡献。北约准备"在和平国际关系的基础上,在全球范围内与北约享有共同利益的国家和相关组织发展政治对话和政治合作……我们将为在北约行动中作出贡献的国家赋予在战略与决策方面以制度性的角色,我们将会在保持现有特点的同时进一步发展现存的伙伴关系。"[3] 北约将会在欧洲—大西洋伙伴关系理事会内加强与伙伴国的磋商和实务性军事合作,将继续发展北约—格鲁吉亚委员会框架下的伙伴关系,希望与俄罗斯发展互不构成威胁的真正的战略伙伴关系。北约也希望加深"地中海对话"和"伊斯坦布尔合作倡议"伙伴国的合作,并欢迎地区内其他国家加入这两个合作框架。从战略指导思想的角度看,北约第三份战略概念文件已经完成了北约功能定位的转型,它在前两份战略概念文件的基础上,进一步扩大了联盟面临威胁的

---

[1] NATO, "Active Engagement, Modern Defence", http://www.nato.int/cps/en/SID-AB109835-566E4BAB/natolive/official_texts_68580.htm?.

[2] Ibid.

[3] Ibid.

范围，几乎将所有传统安全威胁和非传统安全威胁的内容囊括其中。如果说联盟面临的传统安全威胁还带有欧洲区域性特征的话，联盟面临的非传统安全威胁则明显的具有全球性特征。在应对威胁的手段上，北约的功能已经从原来的单一集体防御功能转向了集体防御、危机管理与合作安全三位一体全方位防御。换言之，北约未来对亚洲事务的参与将实现常态化，参与的具体手段会因具体情势的不同而采取直接军事干预或与伙伴国合作处置的方式。

二 北约的战略行动转型与北约介入亚洲：总体战略行动追随

"9·11事件"是北约历史的一个转折点，它是北约成立后其成员国领土首次遭到攻击，美国遭到恐怖袭击后，北约立即启动了《北大西洋公约》第五条，即"针对欧洲或北美一个或数个缔约国的武装攻击，都应被视为针对全体缔约国的攻击。因此，缔约国同意，如发生此种武装攻击，每个缔约国……将单独和会同其他缔约国，立即采取必要行动，包括使用武力……"[①] 美国把北约看做为跨大西洋集体利益提供军事保护以及体现成员国间政治凝聚力和团结的化身。北约支持和加强了美国外交政策的合法性。[②] 美国总体上热心于利用国际组织与成员国分摊负担，管理或控制存在的风险以及推销其价值观，以维护其普遍利益和在全球体系之中的主导地位。[③] 北约在大中东地区的新努力是布什政府着手改造世界观点的一部分。这是一个漫长而多面的进程，包含了政治、经济、军事和安全等各种要素。北约将要帮助和支持其中的一些应对地区挑战的倡议。毫无疑问，"9·11"提升了北约对中东地区的关注。[④]

此后，北约的转型因此深深地打上了"9·11"事件的烙印，同时事

---

① NATO, "The North Atlantic Treaty", http://www.nato.int/cps/en/SID - 8E609FEA - 9185FCF5/natolive/official_ texts_ 17120. htm.

② Clement, S., "The United States and NATO: A Selective Approach to Multilateralism", in Malone, D. and Khong, Y. eds., *US Foreign Policy: International Perspective*. London: Lynne Rienner, 2003, p. 408.

③ Sadakata, M., "Nation-Building and the Role of International Organizations", http://www-soc.nii.ac.jp/jsil/annual _ documents/2003/autumn/houkoku-abstr/Panel% 20F2% 20Sadakata% 20paper. pdf.

④ Mohammed Moustafa Orfy, *NATO and the Middle East*, New York: Routledge, 2011, p. 153.

件也给了北约一个新的存在理由，使北约有了一个证明自身仍然是保卫欧洲—大西洋地区安全重要载体的机会。在"9·11"事件后的2002年布拉格峰会、2004年伊斯坦布尔峰会和2006年里加峰会三次会议上，成员国的共同宣言表明了北约在"9·11"事件后加快了转型的步伐，以应对当代西方世界面临的主要挑战—恐怖主义，也是在这三次会议上北约确立和加强了其目前亚洲战略的基本实体性框架：参与并后来领导了驻阿富汗国际安全援助部队、加强与俄罗斯、外高加索和中亚伙伴国的合作、促进"地中海对话"机制的实体化、发起"伊斯坦布尔合作倡议"、提升与亚洲全球伙伴国的合作（又称联系国）。

（一）布拉格峰会

虽然在较早前的北约官方文献中已经把恐怖主义威胁列为北约转型议题的一部分，然而把它上升到联盟转型的优先议题的还是"9·11"事件后召开的首次北约峰会—布拉格峰会。在会上，北约认为恐怖主义已经"对联盟人民、军队、领土、国际安全构成了重大且日益增长的威胁"，[1]北约决定用更平衡和更有效率的手段对付恐怖主义威胁，以加快转型来适应新形势需要，使北约领土免于遭受恐怖袭击。具体而言，一方面，布拉格会议决定2006年前完成组建灵活、高效、多兵种的北约反应部队，该部队必须能够满足快速部署和持久作战的需要，以应对需远距离奔袭作战的威胁；另一方面，鉴于北约原有的欧洲盟军最高司令部和大西洋盟军最高司令部已经不能适应欧洲以外地区进行机动作战和反恐作战的需要，会议决定优化北约军事指挥系统，提高指挥效率，将欧洲盟军最高司令部改组为专门负责作战的战略作战司令部，将大西洋盟军司令部改组为战略转型司令部，负责研究北约如何转型、联盟内部如何协调以适应反恐作战要求。对于高加索和中亚伙伴国，会议强调了在反恐战争中，提升欧洲—大西洋伙伴关系理事会伙伴国关系的重要性，北约欢迎伙伴国采取一切措施打击恐怖主义的决心，鼓励高加索国家和中亚各国加入北约的各项机制。[2] 对于地中海伙伴国，北约决定"大力提升作为联盟安全合作不可分

---

[1] NATO, "Prague Summit Declaration", http：//www.nato.int/cps/en/natolive/official_texts_19552.htm? selectedLocale = en.

[2] NATO, "Prague Summit Declaration", http：//www.nato.int/cps/en/natolive/official_texts_19552.htm? selectedLocale = en.

割部分的'地中海对话'的政治与实务特性",① 鼓励地中海伙伴国在包括反恐等共同关心的问题上加强实务合作与有效互动。对于阿富汗行动,北约认为其成员国的部队已经成为驻阿国际安全援助部队的骨干力量(当时,北约还没有接手国际安全援助部队的指挥权,而许多北约国家已经加入了国际安全援助部队),北约高度评价英国和土耳其作为国际安全援助部队的领导国所作出的贡献,也欢迎德国与荷兰接替英土两国的领导权(当时驻阿联军的指挥权每六个月在参加联军的国家中进行一次轮换),并将支持在特定区域的国际安全援助部队领导国的行动。"9·11事件"彻底改变了北约行动的地域限制,北约之前的域外行动还主要限制在北约领土毗邻的东南欧地区,而"9·11"事件后北约已经走到了遥远的阿富汗,但这并不是偶然,北约功能的转型,打击恐怖主义的优先考虑,进一步转变了其对威胁来源的认知,而这些新威胁不受地理因素的制约,必然引起其活动区域的拓展。

(二)伊斯坦布尔峰会

2004年伊斯坦布尔峰会是在马德里和伊斯坦布尔接连遭到恐怖袭击的背景下召开的,两次袭击很大程度上消解了伊拉克战争给联盟带来的巨大裂痕,使北约成员国意识到恐怖主义不仅是美国而且是整个联盟面临的主要威胁,北约是否沦为了美国的反恐工具的争论也暂时归于沉寂。会议一致认为,恐怖主义和大规模杀伤性武器及运载工具的扩散对联盟和国际安全构成了主要威胁和挑战,联盟将进一步加速机构、程序和能力的转型,致力于反击一切形式的恐怖主义。会议将阿富汗的和平与稳定设定为北约的首要任务,在北约已经接受国际安全援助部队指挥权的情况下,"北约对国际安全援助部队的领导权证明了北约决心以行动捍卫联盟的共同安全,与美国领导的'持久自由行动'密切配合(驻阿富汗美军一部分部队不受北约指挥),建立和维持阿富汗的和平对于阿富汗人民的福祉和共同的反恐斗争是必不可少的"。②会议也认为,打击恐怖主义需要包含政治、外交、经济、军事等内容的综合性方法,这需要与其他国家进行密

---

① Ibid. NATO, "Prague Summit Declaration", http://www.nato.int/cps/en/natolive/official_texts_19552.htm?selectedLocale=en.

② NATO, "Istanbul Summit Communiqué", http://www.nato.int/cps/en/natolive/official_texts_21023.htm?selectedLocale=en.

第二章 北约介入亚洲的背景：一致的收益估算

切合作。尤其引人注目的是，北约与海湾国家建立了旨在促进安全与稳定的"伊斯坦布尔合作倡议"机制，这是北约第一个专门针对亚洲国家的伙伴关系机制，标志着其伙伴国地域的进一步扩大。在提升欧洲—大西洋伙伴关系方面，会议着重强调了要给予高加索和中亚地区伙伴国以特别关注，并将设立北约高加索中亚地区特别代表一职。[①] 对于地中海伙伴国，北约希望在布拉格会议的基础上建立更具雄心和广泛的伙伴关系，在加强原有对话的基础上，进一步提升反恐、防务改革和军事协同方面的合作，维护地区安全和稳定。[②] 另外，北约还决定为伊拉克培训安全力量提供援助。伊斯坦布尔峰会是北约全面系统性介入亚洲事务的标志，北约虽然早在 90 年代就有参与亚洲事务的记录，但在伊斯坦布尔峰会之前的参与和介入都是零星的和偶然性的，成员国间的意见也带有很大分歧，而伊斯坦布尔峰会后的介入则明显带有"谋势"色彩，把亚洲地区的反恐作为联盟新功能的主要任务，将阿富汗作为域外行动的试验场，视亚洲伙伴关系为扩大联盟力量的倍增器，使北约对亚洲事务的介入成为联盟转型的重要舞台。

（三）里加峰会

2006 年北约峰会在拉脱维亚的里加召开，会议重申了联盟面临的恐怖主义和大规模杀伤性武器及其运载工具扩散的挑战，并且把失败国家带来的动荡列入新挑战的序列，强调必须通过北约能力和伙伴关系的进一步转型来迎接这些挑战，为了规划下一步的转型，会上还发布了规划未来 10—15 年北约转型方向的"全面政治指针"（Comprehensive Political Guidance）。[③] 从会议关注的地域来看，北约对域外安全的关注已经不仅仅限于东南欧和中东地区了，而是已经将视角扩展至非洲腹地的达尔富尔和亚太的朝鲜半岛，分别表达了对达尔富尔地区冲突的关注和朝鲜进行核试验的谴责。[④] 会议再次重申，维护阿富汗的和平与稳定是北约的首要任务，"在与其他国际行为体合作的同时，我们将在支持阿富汗当局方面扮演持久的角色"。[⑤] 会上北约

---

① NATO, "Istanbul Summit Communiqué", http：//www. nato. int/cps/en/natolive/official_texts_ 21023. htm? selectedLocale = en.

② Ibid.

③ NATO, "Riga Summit Declaration", http：//www. nato. int/cps/en/SID - 8FABAC6B - 525945BC/natolive/official_ texts_ 37920. htm.

④ Ibid.

⑤ Ibid.

还表示，将依照联合国安理会1546号决议，在伊拉克境内或境外为伊拉克安全力量提供培训、装备和资金支持。但此次会议与前两次峰会最大的不同在于，北约将伙伴关系置于前所未有的重要地位，"北约的伙伴关系、对话和合作政策对于联盟的目标和任务是必不可少的。北约已经与欧洲—大西洋伙伴关系理事会成员国、地中海对话成员、伊斯坦布尔合作倡议成员国和联系国发展出了强有力的伙伴关系，北约的众多伙伴关系具有持久的价值，为欧洲大西洋地区以及其他地区的稳定与安全作出了贡献，北约的使命和行动也证明了这些伙伴关系的政治与行动价值：18个伙伴国为我们的行动和使命提供了军力，其他的伙伴国也表达了与我们更紧密合作的兴趣"。[1]因此，北约准备充分开发这些伙伴关系的政治性与实务性潜力，在与伙伴国的关系中加强行动的相关性，加大对伙伴国在防务和安全方面的咨询和援助力度。里加峰会将联系国机制（当时亚洲国家中只有日本和韩国是联系国，2012年芝加哥峰会上又将巴基斯坦、阿富汗、蒙古和伊拉克纳入这一机制，现在称"全球伙伴"）上升到与欧洲—大西洋伙伴关系理事会、"地中海对话"和"伊斯坦布尔合作倡议"同等重要的伙伴关系地位，标志着北约介入亚洲战略的架构已经搭建完成。北约之所以如此看重其伙伴关系国，一方面是因为北约自身存在着诸多能力短板，需要借助伙伴国的力量来达成联盟的行动目标；另一方面，伙伴关系也是一个输送安全的渠道，北约可以通过这一渠道达成伙伴国或其所在地区实现安全稳定的目标。

三 北约转型中的挫折：伊拉克战争引发的软制衡

伊拉克战争不仅使北约内部产生了巨大裂痕，而且暴露了欧洲与美国之间深刻的矛盾。欧美在伊拉克问题上的争执，反映了双方战略观念的巨大差异和对北约转型方向的不同看法。布什政府实施的国家安全战略主要内容是：维护单极世界，彻底消灭恐怖主义，实施先发制人，随意裁定别国主权，轻视国际条约、国际组织和国际准则。欧洲的理念是，恐怖主义是个问题，但是不能靠使用武力来解决。欧洲的反恐战略是应使用警察力量，采用法律和财政措施，解决恐怖主义的根源，消除恐怖袭击的影响。

---

[1] NATO, "Riga Summit Declaration", http://www.nato.int/cps/en/SID-8FABAC6B-525945BC/natolive/official_texts_37920.htm.

欧洲认为,军事行动主要是服务于反恐的民事行动,是为了保护民事行动,而不是有意制造战争,或摧毁别国政权。① 双方矛盾的焦点是战争与和平、单边与多边之争以及控制与反控制的较量。

"9·11"事件以后,布什政府的几个关键人物都认为萨达姆·侯赛因是恐怖主义问题的一部分,美国一直在寻求推翻萨达姆政权。到2002年初,美国对伊拉克进行政权更迭的意图已经变得非常明显。许多美国人指望法国能在美国动用武力时能助一臂之力,并且在伊拉克战后的行动中发挥重要作用。② 情况恰恰相反,法国和德国认为,美国如果不拿出充分的证据证明萨达姆政权与"9·11"事件有联系或者其正在发展大规模杀伤性武器,联合国就不应该授权美国动武。在此种情况下,美国已经无望获得北约对其发动对伊战争的政治支持了。因此,美国退而求其次,2003年1月15日正式要求北约在发生对伊战争的情况下向美军提供协助,并在土耳其部署"爱国者"导弹等防御系统,以帮助土在受到来自伊的攻击后能进行有效防卫。北约为此进行了多次讨论,但由于法德和比利时的坚决反对,一直未能达成一致。美国政府对法德两国的反战立场极为不满,美国国防部长拉姆斯菲尔德讥讽法德等国是墨守成规的"老欧洲";称赞中东欧已经加入北约或即将加入北约的国家为充满活力的"新欧洲"。更严重的是,美国利用欧洲国家内部的政策分歧,策动亲美国家对法德等国进行孤立。2003年1月30日,英国、西班牙、意大利、葡萄牙、丹麦、波兰、捷克和匈牙利发表了支持美国对伊动武的"八国公开信"。2月5日,由波罗的海三国、斯洛文尼亚、克罗地亚、保加利亚、阿尔巴尼亚、马其顿、罗马尼亚和斯洛伐克组成的旨在相互支持早日加入北约的"维尔纽斯十国集团"签署了另一封支持美国对伊立场的公开信。③ 在当时所有的成员国和准成员国中,有半数以上的国家公开表态支持美对伊动武。

为了打破僵局,2月6日,北约秘书长罗伯逊启动了属于秘书长特权之一的"默认程序",试图以此向三国施加压力,迫使其同意北约立

---

① 张迎红:《欧盟共同安全与防务政策研究》,时事出版社2011年版,第274—275页。

② Stanley R. Sloan, *NATO, the European Union, and the Atlantic Community*, Maryland: Rowman & Littlefield Publishers INC., 2005, pp. 219—210.

③ 陈志敏、古斯塔夫·盖拉茨:《欧洲联盟对外政策一体化:不可能的使命?》,时事出版社2003年版,第263页。

即制定向土耳其提供军事援助计划。然而，2月10日，法国、德国和比利时打破"沉默"，明确表示反对保护土耳其的提议。北约顿时面临严峻的形势。不仅罗伯逊认为北约"陷入了困境之中"，而且美国驻北约大使伯恩斯也认为，北约已面临"信任危机"。此举战术上的意图是，迫使北约在2月14日之前不能就伊拉克问题作出决定，给美国攻打伊拉克的计划造成更大的阻力，一切等到14日以后再说。法、德、比三国打破"沉默"后，土耳其立即援引《北大西洋公约》第四条款的规定，要求北约举行会议，讨论土耳其可能受到伊拉克的威胁。2月16日，北约召开防务计划委员会紧急会议，绕过不是该委员会成员的法国，经过艰难的外交努力达成一致，终于打破了围绕协防土耳其问题持续了一个月的僵局，重申北约将作为一个整体加强团结，开始制定协防土耳其计划。[1]

美国在攻打伊拉克前虽然策动了十多个"新欧洲"国家对法国、德国和比利时的"反战联盟"进行孤立，但真正参加"志愿者联盟"派兵到伊拉克的除美国外，只有英国、波兰和澳大利亚，丹麦政府对伊拉克宣战，但只派遣了两艘军舰在外海支援美军。在战后维和重建问题上，欧美再度产生分歧。伊拉克战后社会治安状况恶化，美军不断遭受袭击。在此情况下，美国国会于2003年7月通过决议，希望由北约主持伊拉克的维和任务，却遭到了北约拒绝。然而，在伊拉克维和问题上，法国并没有完全排除出兵的可能性，甚至还制定了向伊拉克派兵的应急计划。但是它有两个条件，一是必须有联合国授权，不能通过北约维和活动将美国的非法战争行为合法化；二是要求扮演关键性角色。最终，在联合国安理会1546号决议授权和伊拉克过渡政府的要求下，北约于2004年决定组建驻伊拉克训练团（NATO Training Mission-Iraq）来帮助伊拉克培训武装力量。

尽管美国在伊拉克战争中获得了不少欧洲国家政府的支持，但大多数国家实际上和美国的观点并不一致，而是出于维护自身安全利益的曲意迎合，法、德、比的公开反对则真正反映出整个欧洲与美国对伊拉克问题的不同态度。

---

[1] 高华：《透视新北约：从军事联盟走向安全政治联盟》，世界知识出版社2012年版，第284—286页。

第一，对于"9·11"事件的认知不同。美国认为伊拉克与"9·11"恐怖袭击有关，包括小布什总统在内的美国人普遍认为，虽然可以排除伊拉克是恐怖袭击的幕后主使，但它至少与袭击有着某种联系。[①] 根据盖洛普2002年8月所做的民意调查，53%的美国人相信萨达姆·侯赛因"个人卷入了'9·11'恐怖袭击"。另据2003年1月的一份调查，86%美国人认为萨达姆·侯赛因总体上参与了对美国发动恐怖袭击的支持。[②] 即使是那些不相信伊拉克卷入了"9·11"事件的美国人，袭击事件本身也对他们有严重的心理冲击。加之，"9·11"后一周发生的炭疽菌袭击事件，造成了5名美国人死亡，加重了人们对敌人拥有大规模杀伤性武器的担忧，而萨达姆一直以来试图开发大规模杀伤性武器。欧洲人对美国遭受袭击深表同情，但他们没有就此认为他们已经生活在一个完全不同的世界了。对美国人而言，"9·11"改变了世界，而欧洲人认为"9·11"改变了美国人。因此，"9·11"后的美国人习惯于透过国际恐怖主义的棱镜来观察世界，而欧洲人还在关注冷战结束的后果。"9·11"事件使美国的决策者相信，中东地区的现状是不能继续容忍的，推翻萨达姆政权将是改造中东的第一步。

第二，战略文化的不同。由于独特的地理位置，美国本土没有经历两次世界大战的灾难。美国人因此对威胁的容忍限度低于欧洲人，更易于在海外使用武力。在冷战时期，美国人热衷于与苏联的相互确保摧毁战略，而欧洲人则寻求和解共存。随着冷战结束后相对地位的跃升，美国对海外威胁用兵的容忍临界点变得更低。的确，越南战争曾经使美国一度不敢轻易发动战争，但冷战后连连以低伤亡代价获胜的海湾战争、波黑战争、科索沃战争和阿富汗战争，使美国更易于接受使用武力作为外交政策工具的观点。对于伊拉克，美国愿意投入技术武器和人员去消除威胁，而欧洲更易于接受遏制和威慑的战略。欧洲人对于自己土地上发生的两次世界大战有着痛苦的集体记忆，欧洲人对于战争的后果比美国人更为敏感，因此他们对于发动战争的门槛要高于美国人。并且，欧洲人更反战的原因在于他们缺乏足够强大的军力。经过半个多世纪的一体化进程，欧洲国家已经克服了过去的敌意，更倾向于用外交与合作手

[①] Philip H. Gordon and Jeremy Shapiro, *Allies at War*, New York: McGraw-Hill, 2004, p. 83.
[②] Ibid.

段来解决国际问题。此外，美国和欧洲国家普遍认为，萨达姆发展大规模杀伤性武器的首要袭击目标是美国在海湾地区的驻军。类似的，伊斯兰恐怖主义所称的西方袭击目标肯定包含欧洲国家，但首要的袭击目标一定是美国。在伊斯兰世界，美国是西方压迫的象征，美国在海湾地区的驻军、对伊拉克和伊朗的制裁、对阿富汗的战争，以及作为以色列最坚定的盟友这些因素，会让欧洲国家对于伊拉克发展大规模杀伤性武器的威胁不像美国那么忧心忡忡。

第三，国内政治情况的不同。欧洲国家领导人在制定伊拉克政策时不得不顾及国内穆斯林的感受：法国有 400 万到 600 万的穆斯林，德国有超过 300 万的穆斯林，这些穆斯林社团都没有很好地融入当地的主流社会。[①] 欧洲国家担心入侵一个阿拉伯国家会激起国内穆斯林的骚乱。如果战争造成伊拉克严重的平民伤亡或出现西方长期占领伊拉克的局面，欧洲的穆斯林人口毫无疑问地会成为基地组织培植势力的土壤。2001 年末 2002 年初，巴以冲突外溢到了欧洲，导致法国和比利时的穆斯林与犹太人发生了冲突。欧洲国家因此担心发动伊拉克战争会导致整个伊斯兰世界的愤怒。在美国，国内政治朝一个完全相反的方向行进着，具有影响力的犹太人和亲犹太人团体担心萨达姆会威胁以色列的安全，极力推动美国对伊拉克发动战争。美国人甚至认为，要解决巴以冲突就必须先推翻萨达姆政权，因为萨达姆是巴勒斯坦恐怖主义的赞助人。就连亨利·基辛格（犹太裔）这样富有声望的大外交家也极力鼓吹："通往耶路撒冷的路经过巴格达。"而欧洲人认为美国的做法是本末倒置，只有先解决巴以冲突才能消除伊斯兰世界对西方的敌视，进而解决伊拉克的问题。

所谓"新欧洲"国家采取表面追随美国的态度，主要有以下几个原因：首先，"新欧洲"国家对美国在它们挣脱共产主义束缚的过程中的支持心怀感激。中东欧国家对于美国作为仁慈霸权的认知来源于威尔逊总统在一战后提出的理想主义信念。之后，杜鲁门总统提出的威慑与遏制战略，以及卡特总统提出的支持人权与民主观念，加强了中东欧国家的这种认知。20 世纪 80 年代，里根总统将苏联描绘成邪恶帝国的去合法化战略，进一步加强了这一认知。在冷战后，克林顿总统的扩大与参

[①] Philip H. Gordon and Jeremy Shapiro, *Allies at War*, New York: McGraw-Hill, 2004, p. 90.

第二章 北约介入亚洲的背景：一致的收益估算

与战略被认为是北约东扩的直接驱动力。所以，美国被中东欧国家视作在打击共产主义、促进独立、支持市场与民主现代化以及北约东扩的过程中发挥了关键作用。其次，"新欧洲"国家认为，作为冷战后的唯一超级大国，美国是它们安全以及实现安全政策目标的关键保证者。尤其是那些伊拉克战争前尚未加入北约的国家，与美国站在一起可以确保它们拿到联盟的入场券。相比之下，欧盟作为一个军事力量尚处于初创期，总体上无力对外投送军力，即使有这样的政治意愿，事实上也无法实现。最后，中东欧国家普遍认为，法国和德国经常无视它们的外交政策观点，理所当然地认为中东欧国家应该跟随欧洲核心的领导。匈牙利前总理迈杰希·彼得曾表示，匈牙利之所以支持小布什发动伊拉克战争，是因为巴黎和柏林从未征求过他的意见，更不用说考虑了。[①] 所以，与其说中东欧国家同意小布什的伊拉克政策，不如说这是对法德在欧洲独断专行的无声抗议。

总之，伊拉克战争引发的联盟内部分裂证明了美国不能为所欲为地利用北约来实现其在中东的目标。反而言之，它表明了欧洲盟友，或者确切地说部分欧洲盟友能够阻止美国使用北约联盟，如果它们认为这不符合它们的期望或利益的话。而北约对战后伊拉克事务的参与，可以说反映了联盟内部就如何处理伊拉克问题达成了一定程度的共识。[②] 北约秘书长罗伯逊在谈到北约经历了一次大分裂后为何又能马上携手走进阿富汗和伊拉克时，意味深长地指出："北约成员国凝视了一下没有跨大西洋联盟的世界中的深渊，然后往后退了一步。"[③] 美欧之间共同的经济和政治遗产，共同的价值取向，以及面临的共同挑战都使美欧的政治矛盾不具备从本质上破坏美欧政治合作的能量。[④]

美欧在伊拉克战争中的分歧实际上是欧洲国家集体（除英国等少数国家外）对美国实施的一次软制衡。本书分析框架认为，当联盟维系时，如

[①] Tuomas Forsberg and Graeme P. Herd, *Divided West: European Security and the Transatlantic Relationship*, Oxford: Blackwell Publishing Ltd, 2006, p. 72.

[②] Mohammed Moustafa Orfy, *NATO and the Middle East*, New York: Routledge, 2011, p. 157.

[③] John Chalmers, "Born Again Ally, U. S. May Be Pushing NATO Too Hard", *Reuters*, December 19, 2003.

[④] 叶江：《解读欧美：欧洲一体化进程中的美欧关系》，上海三联书店1999年版，第294页。

果主导国的域外干预收益估算为域外干预收益＞域外干预成本，而其他成员国的域外干预收益估算为域外干预收益＜域外干预成本时，就会出现其他成员国对主导国的软制衡行为。美国由于自身的单极地位和各种国内因素的综合作用得出了进攻伊拉克域外干预收益＞域外干预成本的结论，而大多数欧洲国家基于对美国单边主义的恐惧和各种国内因素的考量与美国得出了完全相反的结论。所以美国首先在联盟内部遭遇到了软制衡，不能按照自己的偏好使用联盟。在摒弃联盟组建志愿者联盟后，原来许多表面上声援美国的欧洲国家，在美国打响伊拉克战争后并没有派兵援助美国，这事实上是另外一种形式的软制衡。伊拉克战争中美国与欧洲国家的互动证明了单极时代下主导国享有巨大的行动自由，其他成员国与外界国家只能采用软制衡的手段对主导国进行制衡。

小　　结

北约介入亚洲事务是北约冷战后转型的必然结果。美欧双方一致的收益估算和美国在北约中的主导地位，使北约不可避免地走上了跨出传统防区之路。美国想使北约成为其实施全球战略的服务工具，而欧洲国家更多地希望北约在域外执行非传统安全领域的使命。美欧在北约参与亚洲事务问题上既存在一定的共识，但双方的动机并不完全吻合，同时在具体的实施手段上双方也存在明显的分歧，这造成了日后在北约全面介入亚洲过程中双方的许多摩擦和争吵。伊拉克战争的争吵说明，北约不可能成为美国实施其国家战略的工具，没有欧美之间的一致域外干预收益估算，北约在亚洲将无所作为。"9·11"事件是北约大规模系统性介入亚洲事务的直接导火索，美国在联盟中的主导地位使美国的全球反恐战争也成为联盟任务的首要议题，欧洲国家出于维护自身安全的需要以及巩固美国对欧洲的安全承诺的考虑，积极推动了北约任务的亚洲化。应该说，"9·11"事件加速了北约跨出欧洲的步伐，是北约介入亚洲事务的一个分界点。当然，需要强调的是，即使没有"9·11"的发生，按照北约转型的逻辑，北约的行动和伙伴也会逐渐延伸到亚洲地区。

第三章

北约的阿富汗战略：总体性追随

在接掌驻阿富汗国际安全援助部队指挥权之前，北约的域外行动从未涉足过亚洲地区，阿富汗战略是北约首次跨出欧洲所执行的一项重大危机管理行动，行动的成败将对北约未来的域外行动产生重大影响。本章将回顾北约阿富汗使命的基本进程；分析北约阿富汗战略的问题与挑战；探讨北约内部由阿富汗战略引发的各类分歧。希望以此来了解北约实施阿富汗战略的动因与战略演变的轨迹、北约阿富汗战略是否能够有效稳定阿富汗局势、北约各国成员在阿富汗战略上产生分歧的原因。

第一节 北约阿富汗战略的进程：追随的逐渐弱化

2001年美国推翻塔利班政权后，当年12月20日联合国安理会通过了1386号决议，决定成立驻阿富汗国际安全援助部队（International Security Assistance Force），主要任务是解除军事人员的武装、改革阿富汗司法系统、培训阿富汗警察力量、为阿富汗选举提供安全保护、打击毒品等。决议没有具体规定驻阿国际安全援助部队如何完成这些任务，而是由驻阿部队的组成国与阿富汗政府磋商后制定具体的政策。驻阿援助部队起初由各国轮流领导，然后执行每六个月轮换一次领导国的制度，部队开始主要在喀布尔及其周边区域活动，北约的部分成员国参加了驻阿援助部队。随着形势的发展，北约在2003年以整体的名义接受了国际安全援助部队的指挥权，由于局势和任务的需要，驻阿联军规模和活动地域不断扩大，行动任务涵盖了稳定、重建、平叛、培训等内容。截至2013年，北约28个成员国都参加了国际安全援助部队，另有22个非成员国（除新加坡、马来西亚、萨尔瓦多、汤加外，都是北约正式伙伴国）也参加了驻阿联军，总兵力约 10 万人。① 阿富汗行动是北约跨出欧洲的第一次重大域外行动，将对联盟的转型产生深刻的影响。

一 阿富汗战略的起源

美国遭受"9·11"恐怖袭击后，北约立即启动了《北大西洋公约》第五条。紧接着，北约向美国提出了向其提供所有可能的军事资源协助其在阿富汗打击恐怖分子的建议。② 然而，联盟内部就行动的具体路线和联盟应对安全挑战所应扮演的角色存在深刻分歧。对此，时任美国防长拉姆斯菲尔德给予了严厉的回应，他认为反恐战争需要适合的军事手段加以应对，"（阿富汗）行动将以多国部队的形式进行，而不是其他方式"。③ 美国为了不延误行动，尽快摧毁基地组织和推翻塔利班政权，最终拒绝了北约的建议。取而代之的是，美国召集了联盟的几个伙伴组成了多国部队，于 2001 年 10 月 7 日发动了代号为"持久自由行动"（Operation Enduring Freedom）的阿富汗战争。当时拉姆斯菲尔德的立场以及华盛顿非敌即友的态度，让很多欧洲人对北约未来的前途产生了怀疑。④ 对他们而言，在北约启动第五条的情况下，美国仍然不愿意使用联盟会产生破坏性的影响。⑤ 正如时任北约秘书长罗伯逊所言，美国忽视联盟的做法"留下了很多瘀伤"。⑥ 事实上，美国避开使用联盟工具主要是为了避开联盟的种种限制，美国认为它当时面对的是一种新型挑战，必须用灵活和适应性强的手段加以解决，联盟的限制会阻碍其快速有效地达成其所期望的目标。美

---

① 由于受增兵或撤军的影响，国际安全援助部队总兵力人数经常变动，在此采用 2013 年 6 月 24 日北约发布的数据，目前受撤军影响总兵力人数要低于高峰期人数。参见，NATO, "ISAF 'placemat'（Contributing nations and troop numbers）- 24 June 2013", http://www.nato.int/nato_static/assets/pdf/pdf_2013_06/20130624_130624-mb-isaf-placemat.pdf.

② Gerard Baker, "NATO Is Not Dead but Missing in Action", *Financial Times*, November 21, 2002.

③ Donald H. Rumsfeld, "A New Kind of War", *New York Times*, September 27, 2001.

④ Steven Erlanger, "For NATO, Little Is Sure Now but Growth", *New York Times*, May 19, 2002.

⑤ Judy Dempsey, "If Bush Does Not Make Clear that NATO Can Be Involved in Critical Issues, the Alliance Will Atrophy", *Financial Times*, November 20, 2002.

⑥ Robert G. Kaiser and Keith B. Richburg, "NATO Looking Ahead to a Mission Makeover", *Washington Post*, November 5, 2002.

国的做法加剧了北约在21世纪证明其价值和重新定位的紧迫性。

"持久自由行动"的目标是摧毁阿富汗的恐怖分子训练基地和推翻塔利班政权,在英国、加拿大等国的帮助下,美国很快就达成了这一目标。2001年12月联合国在德国波恩召集会议,决定成立阿富汗临时政府—阿富汗过渡当局,同时决定成立一支联合国授权下的国际部队在过渡期维持安全。部队的正式名称为国际安全援助部队,受命在喀布尔及其周边地区维持安全,确保阿富汗当局和联合国工作人员能在安全的环境中工作。国际安全援助部队由联合国成员国志愿争取领导权,每六个月轮换一次,第一个取得领导权的国家是英国,由约翰·麦克尔担任司令官。由于轮换期很短,2002年夏部队指挥权转移给了土耳其,与此同时,关于轮换期过短导致负面影响的问题也被提了出来。由于很多参与国际安全援助部队的国家都是北约成员国,因此不少国家提议北约作为一个整体接受指挥权。

2003年初,德国与荷兰从土耳其手里接过指挥权,但此时部队的人员需求和行动限制已经变得愈加严重。2002年10月,德国与荷兰曾联合要求北大西洋理事会在它们接手国际安全援助部队指挥权后给予支持。[1]两国希望北约给予联军部队"规划、战略运输、后勤、通讯和情报支持"。[2]北约于同月同意了两国的要求,但当2003年初德国提出进一步扩大北约在阿富汗的作用时,法国等北约成员国表示了异议。2003年2月,德国进一步提出了北约接受国际安全援助部队指挥权的建议,为此德国防长彼得·施特鲁克与卡尔扎伊总统会面讨论了这一建议,卡尔扎伊政府希望能将国际安全援助部队的任务执行地域扩展到阿富汗全境。[3] 与此同时,北约秘书长罗伯逊表达了对建议的兴趣,声称"为了避免现行每六月一轮转的制度不至于崩溃,正在就接手阿富汗使命一事展开调研"。[4]建议遭到了一些北约成员国的抵制,它们对联盟角色扩展到亚洲的理由和未来

---

[1] Klaus Naumann, "Security Without the United States? Europe's Perception of NATO", *Strategic Studies Quarterly*, Vol. 24, No. 3, Fall 2009, p. 59.

[2] Ian Black, "NATO Emerges from Bunker with New Role in Afghanistan", *The Guardian*, November 15, 2002.

[3] Philip Shishkin, "France Wary of Expanding NATO Peacekeeper Role: Involvement in Afghanistan Raises Concerns Over Mission of Alliance", *San Diego Union-Tribune*, February 27, 2003.

[4] Keith B. Richburg, "NATO Quietly Slips into Afghan Mission: First Step Beyond Traditional Bounds", *Washington Post*, December 12, 2002.

任务成功的可能性提出了质疑。法国政府明确表示，即使是一项维和使命，它不也愿意支持北约在阿富汗的行动。① 一些国家则质疑北约是否有足够多的现成部队提供部署，相关的后勤和运输是否能够保障。为了消除这些国家的疑虑，北约计划减少在巴尔干的部署部队，为阿富汗增加部队留出空间，以北约反应部队改造的形式投入新装备提升后勤与运输能力。支持接手指挥权的国家认为，伊拉克战争的争论后联盟需要一个新形象，阿富汗正是测验这一新形象能力的试验场。这些国家强调，不仅阿富汗政府，而且阿富汗人民也欢迎北约进驻阿富汗，同时这样的行动还会得到联合国的支持。②

到了2003年4月，为了修补伊拉克战争带给联盟的巨大裂痕，显示联盟的团结和义务，法国不再反对联盟在阿富汗发挥更大作用的提议。结果，北约首脑最终于布什宣布伊拉克战事结束后一天的4月16日做出决定，支持北约在阿富汗扮演维和角色，同意接手国际安全援助部队指挥权。2003年8月，联合国安理会通过了1883号决议，正式授权北约指挥驻阿国际安全援助部队，联盟在50多年的历史上首次跨出欧洲，到遥远的域外执行使命。

二 阿富汗战略的演进

在接手指挥权之初，北约在阿富汗设计了五个阶段的任务：第一阶段，评估与准备；第二阶段，地理扩展；第三阶段，稳定；第四阶段，过渡；第五阶段，重新部署。北约在到达阿富汗的几个月内就完成了第一阶段的评估和准备任务。2003年10月联合国安理会通过1510号决议，要求国际安全援助部队将行动范围扩展到整个阿富汗。

从2003年11月起，北大西洋理事会授权盟军最高司令官詹姆斯·琼斯接管位于昆都士的德国省级重建队（Provincial Reconstruction Team），标志着北约在阿富汗全国性部署的开始，但当时仍有8支省级重建队在美国的直接指挥之下。此后，北约军队先后从北、西、南、东以逆时针方向展

---

① Judy Dempsey, "France Bars Moves for Greater Alliance Role", Financial Times, February 10, 2003.

② Andrew R. Hoehn and Sarah Harting, Risking NATO: testing the limits of the alliance in Afghanistan, Santa Monica: Rand Corporation, 2010, p. 26.

开部署和接管指挥权工作。在阿富汗北部，2004年6月北约伊斯坦布尔峰会宣布将在阿富汗北部马扎里沙里夫、迈马纳、法扎巴德、巴格兰四地新组建北约领导下的省级重建队。到2004年12月，北约完成了国际安全援助部队在阿富汗北部的部署任务，行动范围覆盖阿北部3600平方公里，阿北部九省的安全处于北约影响之下。在阿富汗西部，从2005年2月开始，北约宣布进一步将兵力部署到阿富汗西部地区。2005年5月，国际安全援助部队接管了在阿西部赫拉特省与法拉省的两个省级重建队指挥权以及一个位于赫拉特省的后勤基地。同年9月，古尔省与巴德吉斯省的两个省级重建队开始了国际安全援助部队领导下的行动，至此原来阿富汗领土上的9支省级重建队都纳入到北约的指挥体系之下，行动区域覆盖阿50%的领土。在阿富汗南部，2005年北约各国防长在布鲁塞尔总部召开会议，会议通过了旨在进一步扩大在阿军事存在范围的计划。2006年7月，国际安全援助部队获得了阿南部美国领导的联军指挥权，将行动区域扩展至达昆迪、赫尔曼德、坎大哈、尼姆鲁兹、乌鲁兹甘、扎布尔南方六省，并接管了另外四支省级重建队指挥权，阿全境国际安全援助部队人数由北约接管前的约1万人增加至约2万人。在阿富汗东部，2006年10月，国际安全援助部队从其他国家和美国领导的联军手中接过指挥权，完成了北约在阿富汗全国性的军事部署。①

最早的省级重建队（Provincial Reconstruction Teams）成立于2002年底，北约联军通过积极组建军民一体化组织即省级重建队，从而参与了阿富汗的重建工作。当地的省级重建队由军民两界人士组成，主要任务是为各级政府提供安全保护，利用外交手段和经济力量帮助阿富汗安全部队，支持当地政府建立良政，帮助地区重建和发展。重建队的民事成员负责政治、经济、社会与人道主义方面的工作；军事成员则负责辖区安全与稳定工作，并帮助政府组建安全部队，此外还要协助开展一些其他工作，特别是在交通、医疗及工程等方面。② 美国领导的省级重建队和动荡地区的省级重建队主要执行战斗任务。从任务一开始，联军就参与了阿富汗的重建和发展工作，并且在一些地区取得了一定的成果。例如，联军帮助阿富汗修筑了大约2万公里的道路和3500多所学校；联军的医疗救助使阿富汗

---

① NATO, "NATO and Afghanistan", http://www.nato.int/cps/en/natolive/topics_8189.htm?.
② 许洁明、余学波：《北约介入阿富汗战争前景浅析》，《西亚非洲》2011年第1期。

的初生婴儿和五岁以下儿童死亡率有所降低,更多的阿富汗人可以得到医疗服务。① 总体而言,联军的重建涵盖了医院、学校、桥梁、道路、供水供电等广泛的基础设施领域。

在两年多的时间里,北约从负责阿富汗局部地区的稳定和重建任务扩展到负责全国的安全。尽管存在着一些关切的声音,北约似乎对自己所要承担的任务和面临的风险没有清晰的认知。即使是与阿富汗政府的伙伴关系官方宣言也避免谈及战斗任务,而将焦点放在阿富汗提升自身能力建设上:"阿富汗决心尽快发展自身国家安全能力和防务制度,以满足国内的需求,更有效地与国际安全援助部队和国际军事力量合作,改善国家安全能力和防务制度的独立运作能力"。②

随着安全职责的增加,国际安全援助部队的组织结构也不断完善。最初只在喀布尔设立了国际安全援助部队总司令部,兼具战略筹划和行动指挥功能。在完成全国性部署后,北约在总司令部下设立了东部、南部、西南部、西部、北部、首都六个地区司令部,负责指挥控制省级重建队的任务。2009年8月,北约进一步优化了联军指挥系统的结构,为了将联军的日常行动与培训任务分离,分别成立了联军总司令部下辖的联合司令部和培训司令部,联合司令部下辖六个地区司令部。联军总司令部负责战略层面的政治军事决策,下辖三个指挥机构:联合司令部、培训司令部和特别行动单元,2007年后美军驻阿总司令兼任联军总司令。联合司令部负责指挥联军各种日常战术行动。培训司令部负责培训阿富汗国家安全力量,司令官由美军安全过渡司令部指挥官兼任。③

2007年阿富汗的局势开始恶化,塔利班在阿富汗发动的攻势取得了成果,控制或影响了阿富汗一半左右的土地,其中包括安全形势一直较为动荡的东部和南部地区,这些地区与巴基斯坦接壤,塔利班利用巴基斯坦境内的部落地区为基地,对阿富汗境内的目标发动袭击,逐渐占据了部分重要公路、农村以及一些城镇,生存和活动空间得到了扩大。塔利班武装将驻阿外国军队和阿政府当成打击对象,并且多次绑架外国人质,造成了

---

① Andrew R. Hoehn and Sarah Harting, *Risking NATO: testing the limits of the alliance in Afghanistan*, Santa Monica: Rand Corporation, 2010, p. 33.

② NATO, "Declaration by the North Atlantic Treaty Organisation and the Islamic Republic of Afghanistan", http://www.nato.int/cps/en/natolive/official_texts_50575.htm.

③ ISAF, "ISAF Command Structure", http://www.isaf.nato.int/isaf-command-structure.html.

很大的国际影响。2008年伊始，塔利班又发动了大规模的春季攻势，阿富汗安全局势急转直下。美国参议院外交委员会在2008年1月底举行了听证会，会上讨论的一系列新报告提醒，阿富汗的政治经济形势在恶化，美国和北约盟国围绕驻阿部队问题出现日益严重的紧张气氛。美国大西洋理事会的研究报告称："北约在阿富汗没有赢。如果不认清这个现实并立即采取行动，阿富汗的未来就十分惨淡，该地区乃至全球都会受影响。"2008年1月29日，布什总统在其《国情咨文》中指出，"战胜塔利班和基地组织对我们的安全至关重要"，决定向阿富汗部队增派3200名海军陆战队队员。① 但这一决定并没有使局面好转，奥巴马政府上台后重新评估了美国和北约的阿富汗战略，分别派国务卿希拉里和副总统拜登参加北约会议，听取盟友意见。2009年3月，奥巴马宣布了美国阿富巴新战略，提出将阿富汗塔利班和巴基斯坦塔利班视为一个整体，采取增兵、招降、改革阿富汗政府、地区合作等手段解决阿富汗问题。② 同时，应时任联军总司令戴维·麦基尔南的要求，美国向阿富汗增派了17000名士兵。随后，北约斯特拉斯堡/凯尔峰会发布了2009年峰会阿富汗宣言，强调在阿富汗需要投入更多的民事和军事资源，要加强阿富汗政府的治理能力以及提升与地区国家特别是巴基斯坦的合作。③ 2009年5月麦克斯利特尔接任联军总司令，他随即提交了一份战略评估和建议报告，要求美国再增派44000人的部队前往阿富汗，否则北约/美国的阿富汗战略就有失败之虞。奥巴马政府内部经过激烈地讨论，最终做出两项重要决定：再向阿富汗派遣3万军队；从2011年7月开始将安全责任移交给阿富汗政府，并逐渐撤出军队。美国在增兵的同时，也呼吁国际安全援助部队成员国给予相应的支持，尽管国内民意大多数不支持，但盟国还是派出了总计9000人的增援部队（其中包括为了保护2009年阿富汗大选的2000人临时部队）。④

伴随着联军部队的陆续进驻，阿富汗安全局势开始有所好转。在增兵

---

① 方华：《"阿富汗行动"对北约新使命的考验》，《国际资料信息》2008年第3期。

② Barack Obama, "A New Strategy for Afghanistan and Pakistan", http://www.whitehouse.gov/the_press_office/Remarks-by-the-President-on-a-New-Strategy-for-Afghanistan-and-Pakistan.

③ NATO, "Summit Declaration on Afghanistan", http://www.nato.int/cps/en/SID-83CEB593-6CFACD0F/natolive/news_52836.htm.

④ Kenneth Katzman, "Afghanistan: Post-Taliban Governance, Security, and U.S. Policy", *CRS Report for Congress*, Washington, DC: Congressional Research Service, June 25, 2013, p.38.

前,阿富汗内政部估计阿富汗政府控制了全国30%的土地,叛军控制了全国4%的土地,而在另外30%的土地上具有影响或进行活动,其余的国土由对中央政府效忠程度不同的部族和地方势力控制。① 塔利班在全国34个省中任命了33名"影子省长"。经过两年多的奋战,时任美国国防部部长帕内塔高兴地宣布:"反叛势力已经被驱逐出人口中心和战略区域,阿富汗大多数城镇地带的安全形势在2012年得到了极大改善,喀布尔的袭击下降了22%,坎大哈的袭击下降了62%,联军的伤亡率下降了30%。"② 阿富汗和美国官员都认为,加兹尼、瓦尔达克、坎大哈等省对塔利班渗透的抵制,说明了塔利班已经开始被民众抛弃。新晋联军总司令邓福德将军在采访中称,他对阿富汗部队承担起主要安全责任和保护2014年阿富汗大选表示乐观。③ 但种种迹象表明,阿富汗局势仍然十分严峻,反叛分子能够继续渗透到通常比较安全的省份和城市,发起造成重大人员伤亡的袭击。2011年6月,叛乱分子袭击了著名的喀布尔洲际饭店,与联军进行了数小时的枪战;2011年9月,美国大使馆和联军总部遭到了火箭和炮火的袭击,证明叛乱分子仍然有实力袭击联军的心脏地带;2012年9月,15名叛乱分子潜入英军赫尔曼德省的营地,炸毁了8架"海鹞"战斗机;2012年12月,叛军袭击了叛军通常很少活动的法利亚布省,在一所清真寺内祷告的40名穆斯林被炸死;2013年4月,塔利班冲入法拉省省长的庄园,杀死了46人,位于阿西部的法拉省也是塔利班较少活动的区域。④ 这一切都证明阿富汗的安全稳定任务任重道远,阿富汗局势只是实现了脆弱的稳定,有可能发生逆转。

三 阿富汗战略的延续

阿富汗国家安全力量由于缺乏培训及相关资源,能力建设一直裹足不

---

① Kenneth Katzman, "Afghanistan: Post-Taliban Governance, Security, and U. S. Policy", *CRS Report for Congress*, Washington, DC: Congressional Research Service, June 25, 2013, p. 22.

② Leone. Panetta, "Remarks by Secretary Panetta at the Center for a New American Security, Washington, D. C. ", http://www.defense.gov/transcripts/transcript.aspx? transcriptid = 5154.

③ Alissa Rubin and Matthew Rosenberg, "Hope Seen for Afghanistan After Coalition Exits", *New York Times*, May 7, 2013.

④ Kenneth Katzman, "Afghanistan: Post-Taliban Governance, Security, and U. S. Policy", *CRS Report for Congress*, Washington, DC: Congressional Research Service, June 25, 2013, p. 23.

前，不能单独执行任务稳定阿富汗局势。阿富汗国家安全力量的能力建设成为北约阿富汗战略成败的关键。2008年开始众多北约国家呼吁提高北约在阿富汗的培训能力，时任美国防长盖茨提醒，"（阿富汗任务）首要的缺陷是培训官还没有我们所期望的那么多"。[1] 2009年11月北约建立了驻阿富汗培训部队（NATO Training Mission-Afghanistan），培训部队的主要任务是培训和指导阿富汗国家安全部队，支持阿富汗国民军建立正规化训练基地和阿富汗警察部队在区域及全国层级的改革。培训部队还通过"培训培训者"项目帮助阿富汗空军克服能力缺陷（主要包括近距离空中支援、医疗疏散、情报等）。与培训部队同时建立的国际安全援助部队联合司令部也负责培训阿武装力量的任务，培训部队主要负责培训新兵及建立阿武装力量的正规化培训能力，联合司令部下属的部队主要负责在自己的防区内为阿武装部队提供咨询与协助。[2] 从2010年开始，阿富汗国民军积极参与了联军的大部分行动，其中60%的联合行动由阿富汗国民军指挥。

在2010年11月的北约里斯本峰会上，北约与阿富汗签署了《长期伙伴关系宣言》（Declaration on Enduring Partnership），宣言确认了北约对阿富汗的长期责任，为未来进一步合作确立了政治合作框架，尤其是阿富汗国家安全部队的能力建设和安全部门改革方面。[3] 2011年4月召开的北约外长会议进一步决定，将原来在阿富汗分散的各类活动纳入到这个统一的政治合作框架之中。这一政治框架主要包括：（1）能力建设，诸如专业性军事教育项目等；（2）打击腐败和实现良治的路径；（3）帮助阿民用航空部门达到国际标准；（4）国际安全援助部队的合同优先考虑阿富汗企业；（5）通过卫星和光纤为阿富汗的大学和喀布尔的政府机构提供廉价、高速的网络接入；（6）民事应急计划和灾难防备的培训；（7）开展

---

[1] Tom Bowman, "U. S. Military Falls Short of Afghan Training Goals", *National Public Radio*, January 25, 2008.

[2] NATO, "NATO and Afghanistan", http://www.nato.int/cps/en/natolive/topics_8189.htm?.

[3] NATO, "Declaration by the North Atlantic Treaty Organisation (NATO) and the Government of the Islamic Republic of Afghanistan on an Enduring Partnership signed at the NATO Summit in Lisbon, Portugal", http://www.nato.int/cps/en/natolive/official_texts_68724.htm.

公共外交以更好地理解北约及其在阿富汗扮演的角色。① 目前，阿富汗国家安全部队主要由阿富汗国民军、阿富汗警察部队和阿富汗空军三部分组成。从2002年建军开始，阿富汗国民军（Afghan National Army）已经从以步兵为主发展为由多兵种构成的防务力量，主要包括战斗人员、军警、情报人员、路面清道人员、战斗支持人员、医务人员、航空兵和后勤人员等。阿富汗国家警察部队（Afghan National Police）的任务，也正从原来镇压叛军转变成以民事警务为主，并同时发展其犯罪调查和走私控制能力。阿富汗空军目前有飞机96架以及150名飞行员，但飞机主要以直升机为主。2012年12月，阿富汗完成了招募大约352000名步兵、飞行员和警察的目标。

同时，2010年北约里斯本峰会进一步明确了联军安全责任转移时间表：安全责任转移将从2011年开始分阶段进行，到2014年底前完成。联军分别在2011年3月、2011年11月、2012年5月、2012年12月和2013年6月启动了五个区域的安全责任移交任务。为了控制各国"退出的冲动"，美国极力管控各国撤军的节奏，要求各国以美国的撤军比例来掌握撤军人数，多数盟国同意了美国的要求，但迫于国内舆论和议会的压力，一些国家纷纷设定了比2014年时间表更早的撤军时间。法国于2012年11月已撤出了所有在阿战斗部队，只留下1500人执行运送设备回国和培训阿富汗部队的任务；丹麦2012年底撤出了120人，余下人员用于培训任务；比利时在2012年底撤回了喀布尔机场的300名人员；澳大利亚宣布将在2013年底撤回所有军队；新西兰2013年4月撤走了大部分人员，只留下27人执行培训任务。值得一提的是，格鲁吉亚是唯一一个在安全责任移交阶段增兵的国家，该国在2012年底的驻军人数翻了一倍，达到1570人，成为非北约成员国中派兵最多的国家，可见其加入北约的心情何等迫切。②

作为国际社会努力的一部分，国际安全援助部队正致力于为阿富汗政府在全国进行有效统治创造条件。为达成这一目标，国际安全援助部队一方面通过执行任务来保护阿富汗人民、打击叛乱武装、捣毁极端分

---

① NATO, "NATO and Afghanistan", http://www.nato.int/cps/en/natolive/topics_8189.htm?.
② Kenneth Katzman, "Afghanistan: Post-Taliban Governance, Security, and U. S. Policy", *CRS Report for Congress*, Washington, DC: Congressional Research Service, June 25, 2013, p. 38.

子在阿富汗的避难所；另一方面，在2012年的北约芝加哥峰会上，北约成员国一致同意在2014年后继续执行为阿富汗安全部队提供培训、咨询、协助等任务，以保障阿国家安全力量能够完全独立承担安全责任。在芝加哥峰会上，北约成员国还讨论了如何更好地支持2014年后阿富汗国家安全部队等问题，同时，北约也确认会参与到未来对阿经济援助的进程之中。

2014年9月，北约威尔士峰会发表了《威尔士峰会阿富汗声明》，进一步明确了2014年国际安全援助部队结束任务之后的安排。声明宣布，联盟在国际安全援助部队结束任务后将继续对阿富汗履行责任，"决心确保不再受到阿富汗境内恐怖分子的威胁"。[①] 峰会对阿富汗问题作了三点安排：（1）在短期内，2014年后继续为阿富汗国家安全力量提供训练、咨询和协助；具体内容视美国与阿富汗的双边安全协议和北约与阿富汗武装力量地位协议而定，而且必须与阿富汗政府进行磋商并得到联合国安理会决议的支持。（2）在中期内，为阿富汗国家安全力量提供资金援助。在十年过渡期内，北约各国为阿富汗国家安全力量提供资金支持，鼓励阿富汗政府加大反腐力度。阿富汗政府必须逐渐摆脱对北约援助的依赖，到2024年完全担负起本国的安全开支。另外，北约还呼吁国际社会继续参与对阿富汗国家安全力量的援助，北约将加强现有捐助机制的透明度和有效性。（3）依靠北约—阿富汗伙伴关系发展长期关系。北约将依据其伙伴关系政策与阿富汗发展伙伴关系，在适当的时候发展双方的"单独伙伴关系合作项目"（Individual Partnership Cooperation）。[②]

北约参与阿富汗行动充分证明了各国收益估算的动态变化。在美国发动阿富汗战争前，各国的域外干预收益估算都为域外干预收益＞域外干预成本，对美国来说发动一次战争可以消除美国面临的最大现实威胁，对欧洲国家来说与美国并肩作战可以免受世界上最大恐怖网络的威胁并获得美国在欧洲的长久安全保证，然而，美国在权衡之下发现，其单独行动的收益估算大于使用联盟发动战争的收益估算。因为使用联盟会拖延发动战争

---

① NATO, "Wales Summit Declaration on Afghanistan", http://www.nato.int/cps/en/natohq/news_112517.htm?selectedLocale=en.

② Ibid.

的时间和可能的盟友牵制,从而加大阿富汗战争的风险,所以美国最后选择抛弃北约单独与个别盟国发动了阿富汗战争。在阿富汗战争结束后,各方的收益估算发生了一定变化,美国认为使用联盟帮助其维持阿富汗稳定的收益估算大于其单独行动的收益估算,而欧洲国家虽然在伊拉克战争中的域外干预收益估算与美国意见相左,但在阿富汗问题上其域外干预收益估算大体维持了域外干预收益＞域外干预成本的评价,法国在伊拉克战争中出于对美国一超独霸地位的担心,对阿富汗行动的收益估算曾一度变为域外干预收益＜域外干预成本,但为了修补联盟内的裂痕有效发挥北约的功能,法国的收益估算在伊战结束后恢复为域外干预收益＞域外干预成本,主导国与其他成员国收益估算的相互作用最后促成了北约承担起了驻阿国际安全援助部队的指挥任务。随着阿富汗稳定任务的深入,欧洲国家发现自己需要负担的域外干预成本远远高于原来的预期,它们不仅要面对反叛势力袭击的危险还要面临来自美国要求增兵的压力,而美国的收益估算一直没有发生大的变化,为了控制域外干预成本,欧洲各国弱化了对美国的追随行为。尽管如此,只要欧洲各国的域外干预收益估算一直维持在域外干预收益＞域外干预成本的状态,它们对阿富汗的行动会一直维持一定程度的支持。因此,欧洲国家在北约阿富汗战略中总体奉行的是追随美国的战略。

第二节 北约阿富汗战略的问题与挑战:
　　　　　域外干预成本的上升

阿富汗国内的复杂局势是北约接手国际安全援助部队指挥权之初所没有预料到的。随着任务行动的推进,北约国家越来越意识到北约对于处置阿富汗问题的能力不足,维持阿富汗稳定的高昂成本使北约各国不得不对自己的收益估算做出重新的评估,阿富汗的毒品问题、叛乱势力、经济重建的资金需求、严重的腐败,让北约各国的收益估算中的安全成本直线上升,欧洲国家为了减少损失不得不想尽办法控制安全成本,由此带来了各国收益估算的新变化,这些变化使之后各国在阿富汗问题上产生了一系列分歧和矛盾。

一 北约阿富汗战略的问题

（一）任务分工不明

由于联军在阿富汗的行动没有一个明确清晰的战略，北约的阿富汗战略最大的问题其实是其战略本身：在参与国之间缺乏角色和职责的分工，与其他国际组织的合作没有协商一致的原则，国际安全援助部队对于要承担的复杂多面任务缺乏心理准备，这为盟友们之间的争吵埋下了伏笔。因此，纵观北约阿富汗战略开始到目前的过程，联盟战略大多数是基于局势变化和各方讨价还价作出的临时性决策。

自行动一开始，国际安全援助部队参与国各自承担了培训、重建、平叛等特定任务。各国军事指挥人员不得不根据本国提供的兵力和设备、设定的限制、面临的威胁，来调整部队的行动方式。在更高的政治层面，各国领导人面对的是估算本国的投入、考虑政治压力和支持以及可资利用的资源。战地指挥官常常发现他们很少处于长期稳定的政治指导之下，而他们向上提出的意见往往与高层相左。结果，统一军事行动的要求与各国的政治估算之间的错位阻碍了北约阿富汗战略的统一性，并且使角色和责任分工的问题更加复杂化。[1] 一方面，联军内北约成员国与非北约成员国就谁应该承担什么任务，谁应该承担更大责任不断发生争吵；另一方面，对国际安全援助部队贡献了比较多人力和物力的国家要求在整体决策中发挥更大作用，并且要求其他参与国作出更大贡献。例如，澳大利亚虽然不是北约成员国，但它对国际安全援助部队的贡献要远远大于很多成员国，因此其要求在阿富汗战略制定与行动中有更大的发言权。联军构成的复杂性使北约不仅要在内部努力达成共识，更要兼顾非成员国的利益和关切。

除联军内部以外，北约与其他国际行为体也不能进行较好地分工合作，其中北约和欧盟在阿富汗的关系颇具代表性。由于许多国家同时加入了这两个组织，加之欧盟民事能力的优势，北约本来有望与欧盟在阿富汗实现功能上的互补。但在阿富汗的合作表明，北约—欧盟关系仍将充满着

---

[1] Yaroslav Trofimov, "NATO Plans New Top Job in Kabul", *Wall Street Journal*, January 21, 2010.

摩擦,① 尤其是双方都卷入到某个需要民事和军事努力的具体行动时更是如此。2007年初,北约越来越感觉到来自阿富汗的各方面压力,北约首脑们强调重建与发展对于阿富汗未来的重要性,迫切寻求从联军以外得到帮助。他们不出意料地首先将目光投向了欧盟,希望欧盟的"软实力"来补充北约的"硬实力"。2007年5月,欧盟应北约要求承担起了培训阿富汗警察的领导责任,欧盟组织了120人的警察培训团加入了德国的培训项目。可是,欧盟的工作并不顺利,土耳其反对将北约情报提供给欧盟和阿富汗警察,理由是欧盟的塞浦路斯和马耳他不是北约成员。土耳其还反对北约为遭受塔利班袭击的警察提供保护,这显然是土耳其与欧盟的纠葛所致。2009年北约成立培训部队后,欧盟虽然继续帮助阿富汗培训警察人员,但培训任务的主要职责由北约承担。两大联盟间的摩擦以及欧盟自身的能力限制,使欧盟没有发挥出北约国家领导人所期望的作用。②

(二) 省级重建队的缺陷

北约驻阿联军根据其任务主要可分为三大类:一类是负责战斗任务的战斗部队;一类是负责培训阿富汗安全力量的培训部队;还有一类是负责维持稳定和重建的省级重建队(由于阿富汗复杂的安全局势,它们的任务有时可能交叉,战斗部队有时会担任培训重建任务,培训部队和省级重建队有时担任战斗任务)。省级重建队的主要任务是扩展阿富汗中央政府的有效统治区域、提供安全和承担发展阿富汗经济的工程项目。北约在阿富汗组建了26支省级重建队,部队的任务由某个具体成员国具体负责。部队一般由军事人员和民事人员组成,以美国为例,美国负责的省级重建队包括士兵、国防部民事项目官、美国国际开发署代表、国务院等政府部门官员、阿富汗内政部官员组成。但省级部队没有统一的建制,这就造成了各国领导的省级重建队人员数量和人员构成参差不齐,有些部队甚至出现了军事人员占绝对多数的情况。

更为严重的是,省级重建队没有明确具体的行动概念,不能提供统一

---

① Carl Bildt and Anders Fogh Rasmussen, "Don't Discount Europe's Commitment to Afghanistan", *Washington Post*, January 8, 2010.

② Judy Dempsey, "EU and NATO Bound in Perilous Rivalry", *International Herald Tribune*, October 4, 2006.

的服务，没有统一的指挥，彼此之间也缺乏协调和情报交换。① 因为害怕成为袭击目标，许多国际救援组织不愿意和重建部队建立紧密联系。美国领导的省级重建队军事人员所占比例过大，而民事人员特别是工程技术人员和农业专家严重缺乏，非常不利于重建的开展。欧洲领导的省级重建队规模较小且资金匮乏，不愿意深入阿富汗民众来开展活动，对援助资金的管理和分配监管不力。以荷兰为例，其将重建援助资金通过联合国和世界银行直接给了阿富汗中央政府，认为重建国家是卡尔扎伊政府的责任。法国甚至拒绝领导一支重建队，对北约重建队的作用表示怀疑。②

由于省级重建队很少有阿富汗人的参与，发展计划的制定和重建原材料和设备的采购都没有征询阿富汗政府的意见，因此阿富汗政府对省级重建队的作用充满疑虑，卡尔扎伊总统曾批评省级重建队拖累了阿富汗政府能力建设，认为它的存在使阿富汗地方上有了两套并行的治理结构，要求取消省级重建队。为了安抚阿富汗政府，2008年—2012年间一些国家提升了本国领导的省级重建队的民事成分，试图改变省级重建队军事机构的形象。美国不断将国务院、国际开发署和治理专家派驻省级重建队，以期使其省级重建队更像一个民事组织。客观地说，省级重建队为阿富汗重建作出了一定的贡献，但由于很多先天限制和阿富汗重建的复杂性，重建队不可能完全担负起阿富汗重建的重任。

（三）打击毒品不力

在塔利班统治时代，毒品生产和贸易曾一度遭到禁止。具有讽刺意味的是，塔利班政权倒台后，阿富汗毒品种植呈现井喷式地增长，鸦片生产从2001年的200吨增加到2007年的8200吨，占世界的93%，毒品生产和贸易成了塔利班的一个重要收入来源。③ 据估计，塔利班每年从毒品经

---

① Afghanistan Study Group, "Revitalizing our Efforts, Rethinking our Strategies", *Report of the Afghanistan Study Group*, Washington, DC: Center for the Study of the Presidency, January 30, 2008, p. 17.

② Vincent Morelli and Paul Belkin, "NATO in Afghanistan: A Test of the Transatlantic Alliance", *CRS Report for Congress*, Washington, DC: Washington, DC: Congressional Research Service, December 3, 2009, p. 14.

③ Christopher M. Blanchard, "U. S. Counternarcotics Policy in Afghanistan", *CRS Report for Congress*, Washington, DC: Congressional Research Service, August 12, 2009, pp. 1—4.

济中抽成40%，获得约1亿美元的资金。①

北约一开始并没有直接参与扫毒活动，只是间接地为阿富汗当局的扫毒活动提供援助。英国领导了一支北约部队配合阿当局进行扫毒行动，这支部队为阿富汗军队和警察提供扫毒活动的培训、情报和后勤供给。由于在英国查获的大部分海洛因来自阿富汗，因而英国在毒品种植重灾区赫尔曼德省的行动得到了良好的资金支持，资金集中于当地治理和经济发展上。但是，北约官员认为阿富汗政府扫毒不力，对参与毒品交易的军阀没有采取果断措施。也有报道认为，阿富汗政府扫除的是最贫困农民的毒品作物，而对于那些政府争取政治支持的有影响力的家族却秋毫无犯。

布什政府曾敦促卡尔扎伊政府考虑喷洒除草剂来清除罂粟种植地，但卡尔扎伊政府害怕除草剂影响公共卫生和自然环境拒绝了布什政府的提议，其他盟国也因惧怕喷洒除草剂会断绝阿富汗民众的经济来源而持反对态度。2008年9月联合国毒品与犯罪办公室执行主任玛利亚·科斯塔向北大西洋理事会简要通报了阿富汗的禁毒工作，她认为阿富汗军队和警察的禁毒战略效果不佳，建议北约驻阿联军帮助阿政府捣毁鸦片生产作坊与切断毒品销售网络，并提醒北约注意主要的毒品交易商和阿富汗边境的毒品交易。同年10月，北约防长非正式会议决定授权驻阿联军联合阿武装力量打击毒品生产和销售，以切断塔利班的经济来源。可是，这又招致了一些国家的反对，因为它们的国内法律不允许本国士兵参与禁毒活动。②另外一些国家担忧北约参与禁毒活动会在阿富汗民众中产生负面效应，如果禁止他们种植销售赖以生存的鸦片而没有适当的替代品，他们会将支持转向反叛势力。

鸦片贸易对整个阿富汗社会产生了腐蚀性的影响，它造成了政府各个层级的腐败，打击了老百姓对政府的信心。叛军和军阀从毒品种植销售中获得了资金支持。同时，很多地方的农民视罂粟为他们收入的唯一来源。因此，要切断毒源首先必须劝说农民改种其他作物，但是很多作物的经济收益无法与罂粟相提并论：一公顷罂粟可以让农民每年获得4600美元，

---

① Vincent Morelli and Paul Belkin, "NATO in Afghanistan: A Test of the Transatlantic Alliance", *CRS Report for Congress*, Washington, DC: Congressional Research Service, December 3, 2009, p. 14.

② "Obstacles arise in Bid to Curb Afghan Trade in Narcotics", *New York Times*, December 23, 2008.

而作为联军建议的替代作物——小麦,一年只能给农民带来 390 美元的收益。① 另外一个解决阿富汗毒品问题的要件是健全的司法和警察制度。然而,阿富汗警察的腐败问题使他们得不到民众的信任,同时他们又缺乏相应的培训和经验。② 德国起初担任培训阿富汗警察的任务,但由于德国政府无强制权力派遣警察到境外担任培训官,只能依靠警察自愿参加才能派遣,所以培训官奇缺,效果甚微。③ 即使后来欧盟也参与了警察培训工作,北约还专门成立了培训部队,但阿富汗警察的扫毒能力依然堪忧。尽管联军采取了种种努力,但阿富汗的禁毒形势仍然没有好转。2011 年阿富汗的鸦片产量仍高达 5800 吨。虽然阿富汗的 34 个省中,有 20 个宣布已铲除了罂粟种植业,但阿富汗仍然占据了全球鸦片供应量的 90%。④

二 北约阿富汗战略的主要挑战

(一) 叛乱势力

北约进驻阿富汗后,阿富汗的叛乱势力对北约阿富汗战略和阿富汗安全形成了最直接的挑战。阿富汗的叛乱势力宗派林立、意识形态各异、与联军和阿富汗政府的谈判价码不一,成为了实现阿富汗安全与稳定的最主要障碍。反叛势力利用包括路边炸弹在内的临时爆炸装置发动袭击,以及派塔利班成员诈降后进行"内部袭击"等方式,给联军造成了极大困扰。

塔利班是阿富汗叛乱势力中最核心的部分。虽然经历了美国和联军十多年的围剿,但以奥马尔为首的塔利班高层指挥结构依然完整,凭借在巴基斯坦境内的指挥和后勤基地,对联军和阿富汗政府构成了重大威胁。美国推翻塔利班政权后,塔利班势力曾一度退缩至阿富汗南部和东部地区展开游击战,奥马尔等塔利班高层通过藏匿于巴基斯坦的基达(美国认为也有可能在卡拉奇)指挥部,凭借毒品交易和海湾国家个人资助获取的资

---

① Vincent Morelli and Paul Belkin, "NATO in Afghanistan: A Test of the Transatlantic Alliance", *CRS Report for Congress*, Washington, DC: Congressional Research Service, December 3, 2009, p. 15.

② Rachel Morarjee, "Shake—up of Afghan Police Brought Back Corruption", *Financial Times*, June 13, 2006.

③ Judy Dempsey, "If Called to Lebanon, NATO 'Could Go In'", *International Herald Tribune*, July 28, 2006.

④ 新华网:《阿富汗毒品产业加剧局势动荡》,http://news.xinhuanet.com/world/2012-02/18/c_111540338.htm.

金,指挥阿富汗境内的塔利班或派塔利班武装人员从巴基斯坦一侧渗透进入阿富汗,在阿富汗境内发动袭击。

随着美国将战争重心转向伊拉克,塔利班势力在 2007 年开始一度得到复兴。在 2009 年联军增兵后,塔利班的势力又受到沉重的打击,不得不退缩至阿富汗—巴基斯坦边境地带。塔利班底层的士兵普遍认为阿富汗政府和联军将最终赢得战争,加之部族间的冲突和不稳定的生活,使很多塔利班成员考虑接受阿富汗政府和联军的招抚。[1] 包括奥马尔等人的塔利班高层都曾表达了与阿富汗政府与联军和谈的愿望,但遭到塔利班内部少壮派的反对,少壮派认为联军 2014 年撤军是塔利班重新夺取政权的良机,不应实现和解。

作为美国发动阿富汗战争的头号目标—基地组织,在以美国为首的多国部队攻占阿富汗后大部分成员已被驱离了阿富汗,在阿富汗主要以协助其他叛乱组织发动袭击的方式进行活动。美国官方认为,基地组织仍然留在阿富汗的战斗人员估计在 50—100 人之间,[2] 其中的一些人现在隶属于乌兹别克斯坦伊斯兰运动等组织,主要藏身于阿富汗东部地区。但鉴于基地组织遍布全球的恐怖网络,以及相继发动了对马德里、伦敦的恐怖袭击,使联军不得不将其作为主要威胁来对待。基地组织的袭击也对联盟的团结产生了影响,很多人认为正是西班牙和英国等国在阿富汗战争中为美国效命,最终导致了引火烧身,以致很多欧洲国家在阿富汗的行动束手束脚。自 2011 年 5 月本·拉登被美国擒杀之后,基地组织二号人物扎瓦赫里在阿巴边境巴基斯坦一侧被任命为新的基地组织领导人,美国由此将追捕重点锁定在扎瓦赫里身上。很多观察家认为,扎瓦赫里正利用"阿拉伯之春"后埃及穆斯林兄弟会崛起的机遇,重新构建恐怖网络,[3] 其潜在能量对联盟国家来说不容小觑。

希克马蒂亚尔领导的"伊斯兰党"反叛组织主要在喀布尔北部与东部的库纳哈尔、卡皮萨、楠格哈尔、努尔斯坦等省活动。相对于其他叛乱武装,"伊斯兰党"势力较小,在政治和意识形态上与塔利班和基地组织

---

[1] Seth G. Jones, *Reintegrating Afghan Insurgents*, Santa Monica: Rand Corporation, 2011, p. ix.

[2] Moreau. Ron, "New Leaders for the Taliban", *Newsweek*, January 24, 2011.

[3] Kenneth Katzman, "Afghanistan: Post-Taliban Governance, Security, and U. S. Policy", *CRS Report for Congress*, Washington, DC: Congressional Research Service, June 25, 2013, p. 14.

结成了同盟，但有时也会因争夺领土与塔利班发生冲突。"伊斯兰党"惯常使用自杀式炸弹袭击，目标主要指向联军和美国的援助机构。"伊斯兰党"已就接受招降与阿富汗政府进行了接触，但阿富汗政府一直没有满足其要求，其自杀炸弹式袭击方式一直未曾停止。

美国官员认为对阿富汗安全构成最严重威胁的是哈卡尼家族领导的"哈卡尼网络"，该组织领袖贾拉勒丁·哈卡尼曾担任塔利班政权时期（1996—2001）的部落事务部长。2001年后，"哈卡尼网络"是卡尔扎伊政府最坚定的反对者，其与基地组织的关系比塔利班更为亲密。该组织拥有3000多名武装人员和支持者，近年来发动的重大袭击都是该组织所为，包括2011年9月对美国大使馆和国际安全援助部队总部发动的袭击。巴基斯坦情报部门将"哈卡尼网络"作为维护巴基斯坦利益的重要工具，在巴基斯坦北部瓦济里斯坦为其提供庇护，因此"哈卡尼网络"也将印度目标作为自己的袭击对象之一，曾两次发动对印度驻喀布尔使馆的袭击。[①]"哈卡尼网络"总体而言意识形态色彩较淡，其更看重经济利益，其高层曾表示，如果奥马尔愿意接受和谈他们也将参与和谈。[②] 2013年6月，塔利班在卡塔尔多哈开设和谈办公室后，"哈卡尼网络"派代表进驻了办公室。

此外，若干巴基斯坦的武装势力也潜入了阿富汗，对阿富汗的安全局势造成了影响。巴基斯坦塔利班不仅在国内挑战巴基斯坦政府，同时对阿富汗塔利班的叛乱活动提供了支持。原来活跃于克什米尔地区的反印度伊斯兰武装团体—巴基斯坦正义军，近年来开始在阿富汗境内活动，多次发动袭击。

（二）经济重建

不可否认，阿富汗的动荡与阿国内的经济状况有着直接的联系，许多基层的反叛分子并不是因为政治信仰或宗教信仰参与叛乱活动，而是极端的贫困迫使他们不得不投靠叛乱组织。因此，要维持阿富汗长期的稳定必须依靠阿富汗的经济重建来实现。联军从一开始就把重建任务作为阿富汗

[①] Kenneth Katzman, "Afghanistan: Post-Taliban Governance, Security, and U. S. Policy", *CRS Report for Congress*, Washington, DC: Congressional Research Service, June 25, 2013, p.15.

[②] Jibran Ahmad, "Afghan Haqqani Factions Would Consider Talks Under Taliban", *Reuters*, November 13, 2012.

战略的重要组成部分，在经过多年的努力后也取得了一定的进展。如表5，国际社会从2002年至2012年总计为阿富汗提供了约1100亿美元的援助，其中大多数为北约国家及其伙伴国捐助，美国从2002年到2012年总共向阿富汗提供了830亿美元的援助，其中510亿美元用于培训和装备阿富汗安全力量。如果加上美国在阿富汗的军队开支，总费用则高达5570亿美元。[①]

表5　　　　　2002—2012年国际社会对阿援助金额表　　（单位：百万美元）

国家/国际组织	援助金额
美国	83000
日本	13150
欧盟	2880
德国	2680
亚洲开发银行	2270
巴西	2220
世界银行	2140
印度	1515
加拿大	1255
伊朗	1000
荷兰	775
挪威	745
澳大利亚	645
意大利	645
瑞典	635
联合国	445
丹麦	435
法国	320
中国	255
西班牙	220
土耳其	210

① Kenneth Katzman, "Afghanistan: Post-Taliban Governance, Security, and U. S. Policy", *CRS Report for Congress*, Washington, DC: Congressional Research Service, June 25, 2013, p.59.

续表

国家/国际组织	援助金额
芬兰	160
俄罗斯	150
沙特阿拉伯	140
阿拉伯联合酋长国	135
瑞士	120
韩国	115
捷克	105
总计	107900

1. 资料来源：Kenneth Katzman, "Afghanistan: Post-Taliban Governance, Security, and U. S. Policy", *CRS Report for Congress*, Washington, DC: Congressional Research Service, June 25, 2013, p. 73, p. 59.

2. 表格仅包含了捐助 1 亿美元以上的捐助国或国际组织。

在北约国家和其他国际行为体的帮助下，阿富汗的经济每年保持了 9% 的增长率，特别是基础设施建设进展明显。公路方面，在国际社会支持下，阿重建、新修了数千公里公路，特别是总长 2700 公里的环阿公路。铁路方面，阿富汗对外铁路网络日渐成形。从乌兹别克斯坦边境城市海拉顿连接阿北部重镇马扎里沙里夫的铁路（全长 75 公里）已建成通车，极大降低了阿富汗往返于中亚国家的货物运输成本。阿乌两国和亚洲开发银行已对该项目二期工程做出了规划，即从马扎里沙里夫延伸至阿富汗西部重镇赫拉特，最终与伊朗铁路接轨。伊朗则借印度之力修筑了连接伊朗恰赫巴哈尔港和阿富汗哈吉加克地区约 900 公里长的伊—阿铁路。[①]

然而，阿富汗的经济重建之路仍然困难重重。一是阿经济严重依赖外援。虽然 2001 年以来阿富汗国内生产总值年均增长率达 9%，但援助占阿国民生产总值的 95% 以上。[②] 以 2012 年为例，阿富汗政府开支的 2/3 依赖对外援助。据阿富汗官方的估计，阿国从 2014 年到 2025 年至少需要每年 100 亿美元的援助。2012 年东京阿富汗问题国际会议上，美国及其

---

① 胡仕胜等：《阿富汗重建：地区性挑战与责任》，《现代国际关系》2012 年第 6 期。

② Kenneth Katzman, "Afghanistan: Post-Taliban Governance, Security, and U. S. Policy", *CRS Report for Congress*, Washington, DC: Congressional Research Service, June 25, 2013, p. 58.

盟友承诺2012—2015年每年向阿富汗援助40亿美元,① 但这与阿富汗政府的要求还存在不小差距,未来阿富汗的援助问题如何解决是北约国家不得不考虑的问题。2011年11月,世界银行发布报告称,援助的中断会导致阿富汗财政崩溃,使政府失去对安全部门的控制,进而引发政权崩溃,并可能进一步引发内战。二是结构性失业问题突出。一方面,自苏联入侵以来的长期战乱,导致阿富汗200万人非正常死亡,70万人成为寡妇或孤儿,100万儿童在难民营中长大,很多人没有接受过基本的学校教育。而且,自重建进程开启以来,已有350万阿富汗难民陆续返回了家园,使阿富汗人口总体处于较高的失业或半失业状态。另一方面,重建进程急需的技术工人、经理人、会计、信息专业人员却严重匮乏。三是阿通货膨胀严重,阿粮食不能自给,大宗商品严重依赖从巴基斯坦进口。巴2010—2011年连遭特大洪灾导致物价飞涨,引发阿物价飙升。2010年10—11月,阿国内食品、油价高企,通货膨胀率飙升至11%。四是财政吃紧。阿税收体系不健全,偷税漏税现象普遍。阿工商会数据显示,2010—2011财年高达40亿美元的进口货物未缴纳关税。同时,阿债务负担沉重,外债高达23亿美元,约占其2011年GDP的18%。②

（三）阿富汗政府的治理能力

阿富汗政府的治理能力也是联军必须面对的一大挑战。阿政府的普遍腐败,裙带关系盛行以及缺乏训练有素的公务员是阿富汗局势持续动荡的另一个重要原因。美国和联合国的报告认为,阿富汗政府近年来在金融管理制度和服务制度方面取得了一定进展,但仍留有巨大的缺陷。③ 如果在2014年安全责任移交后阿政府不能进行有效的治理,阿富汗有再次成为恐怖主义天堂的风险。阿政府治理能力的缺陷主要表现在三个方面:

首先,阿富汗中央政府人力资源匮乏。自2001年以来,在国际社会的帮助下,阿富汗中央政府在阿富汗各省派驻的工作人员大量增加,工作

---

① The Embassy of Afghanistan in the USA, "The Tokyo Declaration Partnership for Self-Reliance in Afghanistan From Transition to Transformation", http://www.embassyofafghanistan.org/article/the-tokyo-declaration-partnership-for-self-reliance-in-afghanistan-from-transition-to-transf.

② Anthony H. Cordesman, *The Afghanistan-Pakistan War at the End of* 2011, Washington, DC: Center for Strategic and International Studies, 2011, p. 26.

③ Kenneth Katzman, "Afghanistan: Politics, Elections, and Government Performance", *CRS Report for Congress*, Washington, DC: Congressional Research Service, July 8, 2013, p. 32.

人员的技术能力有了较大提高。阿中央政府的各个部门和部分省份都使用上了现代化的电脑和通信工具。阿政府利用援助资金不断进行政府改革和制度建设,使很多公务员得到了技能培训,并正在建立起一套杜绝裙带关系的人事选拔制度。然而,阿政府依然面临着人员缺乏的难题,例如难以招聘到掌握相关技能的公务员;很多阿富汗人不愿意到中央政府的地方办公室工作,特别是暴力冲突不断的省份。由于很多国际组织和联军进驻阿富汗,它们也需要招聘许多阿富汗当地人来开展工作,而他们提供的薪酬待遇往往比阿富汗政府高出许多,使阿富汗政府很难吸引更多优秀人才进入政府部门工作。

其次,地方势力不受中央政府节制。阿富汗中央政府虽然在地方建立了一套行政体制,但阿富汗地方往往存在着多个权力中心,有些人服从中央派遣的官员,有些人服从部族领袖或宗教领袖,有些人服从军阀等地方实权人物。中央派驻的官员往往只能管辖中央资金资助的国家重建项目,甚至这样的项目建设还常常受到地方势力的干扰。阿各级地方政府的治理权限也缺乏相关的法律规范,阿富汗国民议会迟迟未出台规范阿富汗地方政府和地方议会的法律,使地方政治的行政与司法权限不明,责任不清,一直处于混乱状态。如前所述,北约联军的省级重建队也一定程度上剥夺了阿富汗政府的地方治理权。阿富汗境内有80%的省份驻扎了省级重建队,它们在资金和能力上都超过了阿富汗政府的官员。[1] 在卡尔扎伊政府的一再要求下,联军已逐步将地方治权移交给阿富汗政府,但阿富汗政府是否有能力承担起地方治理的重任还存在很大疑问。

最后,阿政府严重的腐败问题。阿富汗政府严重的腐败问题一方面使阿富汗政府治理效率低下,削弱了国际援助的作用,另一方面使民众失去了对政府的信任,投入反叛势力的怀抱。在国际社会的一再要求下,卡尔扎伊采取了一定的反腐败措施,但西方国家普遍认为卡尔扎伊的反腐行动服务于自己政治上铲除异己的需要,对自己的政治同盟者往往从轻发落。并且,北约联军与阿富汗当地企业签订合同时,经常向阿政府主要派系领导人行贿。美国中央情报局为求得各阿派系领导人的合作,通过阿富汗国

---

[1] Kenneth Katzman, "Afghanistan: Politics, Elections, and Government Performance", *CRS Report for Congress*, Washington, DC: Congressional Research Service, July 8, 2013, p. 36.

家安全理事会向卡尔扎伊政府直接提供现金支持。①

阿富汗政府内部的派系斗争与北约国家的言行不一，进一步助长了阿政府的腐败行为，造成了阿富汗政府从上到下的全面腐败。在阿政府高层，卡尔扎伊为了争取各方的政治支持，有意纵容许多高官的贪腐行为，并且将许多省长职位作为奖赏分配给他的政治支持者，这些省长到任后通过各种非法途径大肆敛财。尽管许多阿富汗高官的收入都很微薄，但他们在喀布尔都拥有大量的地产。在阿政府基层，诸如办理护照或驾照等基本的公共服务，基层公务员也要向办理者索取贿赂。② 阿富汗国家安全力量更是腐败横行，军官经常将北约联军提供的汽车、燃油等物资拿出军营贩卖，以补贴家用；一些军官将死亡士兵的名字编入工资名册"吃空额"；边境警察对过境货物往往要"雁过拔毛"，就连联军的物资也不放过。③ 一些观察家认为，阿富汗的腐败问题根植于阿富汗的传统文化之中，在阿富汗文化中一个获得政府职位的阿富汗人理所应当地要保护亲戚和朋友的利益。因此，要解决阿富汗政府的腐败问题不仅需要政治层面的改造，更需要文化维度的革新。

阿富汗的问题和挑战使北约认识到重建的最主要目标并不是军队。需要重建的是失落的价值、认同感、统一在同一面旗帜下的传统、现代化的等级结构以及相关领域的培训。显然，阿富汗需要更好的治理、更多的援助以及可持续发展的经济，这些需求是北约所难以满足的。④

由此可见，阿富汗的安全问题并不是由单一因素引起的，而是政治、经济、军事、文化、民族、宗教等多重因素相互交织相互影响而产生的复合型安全问题，而且北约在阿富汗存在本身也是安全问题的根源之一。北约作为主要以军事和政治功能为主的多国安全联盟，在应对这一问题时存在着先天不足。在安全问题恶化时，强力的军事干预可以暂时在表面上稳定局势，但无法从根本上解决安全问题产生的内生根源。要从长远的角度

---

① Matthew Rosenberg, "Karzai's Office Gets Bags Full of C. I. A. Cash", *New York Times*, April 29, 2013.

② Kevin Seiff, "Greasing the Wheels in Kabul", *Washington Post*, February 18, 2013.

③ Kenneth Katzman, "Afghanistan: Politics, Elections, and Government Performance", *CRS Report for Congress*, Washington, DC: Congressional Research Service, July 8, 2013, p. 40.

④ Alessandro Minuto-Rizzo, "The Crisis in Central Asia, NATO, and the International Community", *Mediterranean Quarterly*, Vol. 21, No. 4, Fall 2010, p. 23.

实现阿富汗的和平与发展，必须凝聚阿富汗国内各派与国际社会主要大国的共识，政治、经济、军事、文化等各方面多管齐下，经过漫长时间的努力方可见效。北约的军事联盟本质显然无法承担这一合力枢纽的功能。尽管北约成员国均认识到经济重建和缉毒等工作的重要性，但在域外干预成本与域外干预收益的比较中它们必定将域外干预成本控制在域外干预收益之下，加之缺乏国际社会其他大国的积极协助和阿富汗国内反对派的配合，北约和美国的努力很难最终在阿富汗结出和平与繁荣之果。

第三节　联盟内部对阿富汗战略的分歧：控制成本

美欧联盟从建立之初就饱受责任分摊问题的困扰。虽然欧洲成员国为北约提供了军队，与苏联的战争也最可能在欧洲土地上发生，但美国人普遍认为欧洲人是搭便车者。尽管如此，冷战时期常发生责任分摊不均的争吵，最终会在苏联的恐怖威胁中所湮灭。冷战的结束使责任分摊问题不像以前那么容易解决了，美国人认为欧洲积习难改的搭便车行为在后冷战时代是不可接受的。[1] 对欧洲人而言，任何在欧洲之外进行活动的政策仍然是充满争议的，大多数欧洲盟友认为解决恐怖主义主要是通过消除其根源和加强法制来实现的，而不是通过军事手段。[2] 对于小布什政府而言，"伊斯兰"是一个抽象概念，现在服务于政治目的而被华盛顿叫做"全球反恐战争"。对美国来说，中东是遥远之地，一个可以将国内问题输入到该地区而又不用在本土应对的地区，但中东离欧洲很近，美国与伊斯兰的全球对抗不是欧洲的选项，它是欧洲的灾难。[3] 美欧由于对阿富汗战略的定位和实施手段有着明显的认知差别，使北约的整个阿富汗战略进程充满着联盟内部的争论。

---

[1] Paul Cornish, "NATO: The Practice and Politics of Transformation", *International Affairs*, Vol. 80, No. 1, 2004, pp. 63—74.

[2] Gallis, P., "The NATO Summit at Prague", 2002, in Clausson, M. ed., *NATO: Status, Relations, and Decision-Making*, New York: Novinka Books, 2007, p. 101.

[3] Judt, T., "Europe Versus America", *The New York Review of Books*, Vol. 52, No. 2, February 2005, p. 163.

一 任务的分歧

从北约一开始参加在阿富汗的行动,联盟就遇到了一个棘手的问题:许多成员国对本国部队的行动施加了严格的限制。有近一半的驻阿联军国家对本国部队在阿富汗的使用设置了限定条件,这让北约在阿富汗的行动备受困扰。一些国家的军队缺乏适合与其他北约军队协同作战的装备,更让这一问题雪上加霜。有些国家不允许自己的军队部署到自己防区之外的其他地区,而另外一些国家禁止自己的军队参加除自卫以外的战斗任务。北约联军指挥官不得不想尽办法争取放宽这些限制,以增加手中可调拨的战斗资源。2006年9月,时任欧洲最高盟军司令詹姆斯·琼斯表达了对限令国家的失望:"仅仅提供部队是不够的,如果这些部队被限制,它们的效用将受到抑制。"①

在2006年北约里加峰会上,美国、加拿大、英国与荷兰这些在动乱地区执行任务的国家,呼吁其他国家放松对部队的行动限制,在危机时刻对本国的部队进行援助。布什敦促北约成员国向阿增兵并中止对其军队的一些限制,认为北约集体防卫的原则同样适用于成员国以北约的名义派驻国外的军队。但他的立场只得到英国的支持,其他国家只表示自己的驻军在紧急情况下可以对友军进行后勤支援。法国、意大利、西班牙等国则明确表示不会向阿增派军队,也不会允许其现有的驻军进入阿南部和东部危险地区,德国坚持在防区问题上没有商量的余地,② 但同意在紧急情况下救援友军。

德国在阿富汗北部的昆都士与法扎巴德分别领导了两支省级重建队。2005年上台的默克尔政府对北约阿富汗战略的支持比施罗德政府积极,施罗德政府严禁德国部队参与战斗,而默克尔政府允许部队参加自卫战斗但仍禁止参加平叛战斗。总体而言,德国主张北约阿富汗战略应该集中在民事重建和项目发展、军队与警察的培训、加强与阿富汗邻国的互动等方面。为此,德国在阿富汗行动初期承担了培训阿富汗警察的任务,向阿富

---

① Leo Shane, "NATO Commander Asks Member Nations to Drop Troop Limits", *Mideast Stars and Stripes*, October 25, 2006.

② 方华:《从里加峰会看北约未来的发展》,《当代世界》2007年第1期。

汗警察力量提供了 300 万欧元的资金援助。① 德国军队因为惧怕引起当地阿富汗人的不满或避免交战，很少冒险跨出自己的任务区。后来，随着塔利班的大规模反扑，德国在昆都士的军队也遭受了伤亡，但德国政府仍旧拒绝授权驻阿德军执行平叛反恐任务。

2008 年北约布加勒斯特峰会上，德国等国在会上成为了诸多盟国指责的对象，盟国认为德国 3000 多人的部队都部署在相对平静的阿富汗北部，而且白天待在装甲车里巡逻，晚上只待在基地不外出。② 经过磋商，北约国家在会上达成了进一步取消部队行动限制的共识。会后，一些国家放松了对部队行动的限制，德国允许其一部分部队在紧急情况下跨出任务区行动。法国政府减少了对部队行动的限制，同意其部队在紧急状况下对其他驻阿联军进行救援。意大利和西班牙政府也表示，它们的驻阿军队战地指挥官可以做出紧急情况下进行救援的决定。但是，这些国家对部队行动的限制仍然存在，限制令总体上阻碍了北约阿富汗战略具体行动的效果，同时引起了联盟内部责任分摊的争论。

北约接管国际安全部队后，阿富汗的外国驻军分为两大部分：一部分是由北约领导的国际安全援助部队，另一部分是美国领导主要执行平叛任务的"持久自由行动"（Operation Enduring Freedom）部队。美国大部分部队参加了驻阿北约联军，其余部分则执行"持久自由行动"任务，如在 2010 年 5 月，美国驻阿军队总数为 94000 人，其中约 78400 人参加了驻阿北约联军，其余约 15600 人参加美国直接指挥的"持久自由行动"。③

2005 年秋，时任美国防长拉姆斯菲尔德曾要求盟国在阿富汗南部和东部承担起反叛乱和反恐的职责。许多盟国对此十分不情愿，认为这样的战斗任务应该交由"持久自由行动"来做，联合国决议只授权国际安全援助部队执行稳定的任务，而且盟国的军队实力和技术也不足以承担起平叛和反恐的任务。④ 2005 年 12 月，北约盟国共同发布了一个国际安全援

---

① "Germany to Send More Aid to Afghanistan via UN Fund", *DPA News Agency*, Deutsche Welle, December 16, 2008.

② Judy Dempsey, "German wavering on Afghan mission", *International Herald Tribune*, August 20, 2007.

③ Andrew R. Hoehn and Sarah Harting, *Risking NATO: testing the limits of the alliance in Afghanistan*, Santa Monica: Rand Corporation, 2010, p. 43.

④ "Europeans Balking at New Afghan Role", *New York Times*, September 14, 2005.

助部队任务声明：承诺通过发展省级重建队，努力拓展阿富汗政府的管辖范围；担负起培训阿军队和警察的职责；支持阿富汗政府的禁毒努力。这一声明主要反映了欧洲和加拿大的观点，它们认为在驻阿军队全国性部署的最后阶段应该把精力主要花在重建和稳定上，而不是军事威胁上。这一时期塔利班相对平静的表现也佐证了它们的观点。2006年4月，英国防长曾乐观地表示，他希望英国能不开一枪来实现军队的部署。① 德国防长彼得·施特鲁克也在2005年9月曾表示，"北约不承担反恐的任务，那是不应该做的事情"。② 荷兰议会专门就是否派兵助阵北约联军展开了激烈的辩论。许多执政党和反对党的议员都反对将荷兰军队派出作战，他们的观点非常明确：荷兰的军队只能承担稳定任务。

2006年春，挪威—芬兰省级重建队在通常比较安全的阿西部城市迈马纳遇袭，周边其他北约国家的部队却因限制令而见死不救。这引起了北约军事指挥高层的震怒，如前所述，许多国家开始被要求放松对本国部队的限制令。经过协调，一些国家在全国性部署的最后阶段放松了限制令，使北约在阿富汗的全国性部署得以顺利完成。但很多盟国将"持久自由行动"的反恐任务和维持稳定的任务区别开来的表现还是让联军总司令戴维·理查德十分失望，他认为"阿富汗的反恐平叛和稳定任务通常是难以区分的"。③ 但一些盟国认为美国的战斗行动过于富有进攻色彩，有些时候往往起反作用。卡尔扎伊曾表示空袭行动有时太过于盲目性，造成了贫民伤亡，这导致了联军与阿民众的隔阂。2007年7月，北约宣布了一项新政策：在平民处于塔利班目标附近的情况下，联军将暂缓攻击行动；在空袭时使用小型炸弹以减少轰炸面积。

法国政府总体上相信驻阿联军必须具有战斗功能，否则在阿富汗难以建立起政府的权威和统治。阿富汗行动标志着法国外交政策的巨大转向。在美国遭受"9·11"恐怖袭击后，法国支持启用《北大西洋公约》第五条，这也标志着法国对北约域外行动态度的决定性转变。过去，法国一致认为北约是一个欧洲安全组织，必须在欧洲内部或周边展开行动，"9·

---

① "UK Warned of More Afghanistan Deaths", *Financial Times*, July 3, 2006.
② "Europeans Balking at New Afghan Role", *New York Times*, September 14, 2005.
③ Vincent Morelli and Paul Belkin, "NATO in Afghanistan: A Test of the Transatlantic Alliance", *CRS Report for Congress*, Washington, DC: Congressional Research Service, December 3, 2009, p. 18.

11"后法国转而认为北约必须是一个全球安全组织以打击恐怖主义和大规模杀伤性武器扩散。由于阿富汗大量海洛因输入西方社会,同时毒品产业也资助了恐怖分子,法国赞同对阿富汗政府提供打击毒品的长期支持。并且,法国认为欧盟、联合国、世界银行等国际组织更适合承担阿富汗的发展任务,对巴黎来说,北约应集中精力于其军事功能。

德国认为,兴都库什地区是德国向欧洲以外地区输出安全,力图实现"远程防卫"的最重要地区,但德国通过军事手段向其他地区进行类似规模的安全输出还存在很大的困难,除内政因素外,国防体制、人员、装备和资金等方面的限制也是不可忽视的重要因素。此外,在国外部署大量的军事人员也面临人员伤亡增加的风险,它对政府将产生较大的政治压力,德国特别选择将驻阿部队主要集中在比较安全的北部地区,正是出于这一因素的考虑。①

荷兰的部队主要集中在塔利班活动活跃的阿南部乌鲁兹甘省,荷兰议会从一开始就对本国军队在阿富汗的任务就争论不休。阿布格莱布监狱虐囚丑闻爆发后,荷兰认为联盟的反恐规则不统一,应该让荷兰军队和美国军队在阿富汗保持距离。荷兰民众从一开始就反对出兵阿富汗,但荷兰政府还是派出军队执行稳定和重建任务。荷兰政府认为防务、外交和发展是北约在阿富汗成功的关键,驻阿盟军的目标应该是为重建提供安全与稳定的环境,因此荷兰参与了打击塔利班的战斗。

二 增兵的分歧

北约在阿富汗的任务从北约进驻阿富汗开始就在欧洲国家引起了广泛的争议,这不仅影响到了国际安全援助部队兵员的征召,而且让驻阿联军指挥官在调兵遣将上捉襟见肘。从阿富汗行动一开始,北约官员就在劝说成员国提供足够兵员问题上颇费口舌。2006 年 7 月联军开始接管比较危险的阿富汗东部和南部以后,美、英、加拿大等在阿担负"危险任务"的北约盟国一直呼吁增兵,要求继续增兵 7500 人左右,且最关键的是向塔利班势力较盛的南部地区增兵。②

时任美国防长盖茨屡次批评盟国没有提供足够的军队,他在 2007 年

---

① 李乐曾:《德国的新安全政策与联邦国防军部署阿富汗》,《德国研究》2010 年第 4 期。
② 方华:《"阿富汗行动"对北约新使命的考验》,《国际资料信息》2008 年第 3 期。

美国国会听证会上再次强调，国际安全援助部队要增兵 7500 人，其中 3500 人必须是培训官。但是紧接着举行的北约防长会议后，盖茨不得不承认国内政治问题阻碍了许多盟国增加本国在阿富汗的部队。由于美国入侵伊拉克以及美国对欧洲的批评，很多欧洲国家不愿意追随布什政府的政策。日耳曼·马歇尔基金会民意调查显示，64% 的受访者支持北约在阿富汗的重建任务，但只有 30% 的受访者支持对塔利班的打击行动。① 一些北约官员表示，对挪威—芬兰省级重建队的袭击使一些国家认识到叛乱势力所带来的持久威胁。加拿大是除美国外首个提出要增加战斗部队的国家，2006 年 5 月加拿大政府派遣了 2300 人的部队前往阿富汗，被主要部署在危险的南部坎大哈省。但加拿大在阿富汗的行动在国内引起了激烈的争论，加军队参与战斗行动不断削弱着国内民意对阿富汗行动的支持，加议会仅以 149 票对 145 票的微弱优势通过了军队参与阿富汗行动的计划。英国派遣了 8300 人军队前往同是塔利班老巢的南部赫尔曼德省。荷兰议会虽然对派兵争论不休，但还是最后决定派遣 1700 人前往阿富汗南部和东部。

但是 2007—2008 年的塔利班大反攻，使美国和北约驻阿联军指挥官意识到必须再增加 2 万人的部队才能稳定住局势，尤其是在塔利班活动猖獗的阿富汗南部。2007 年 10 月，德国总理默克尔拒绝了北约秘书长请求德军前往阿南部执行稳定任务的呼吁。德国国内对阿富汗战略的民意支持率一路下滑，尤其对德国军队参加战斗任务的支持率几近为零，德国老百姓认为他们不知道阿富汗的任务对他们有何重要。② 超低的民意支持率和默克尔政府内部的反对意见，使德国很难在阿富汗展开手脚。德国民众一直质疑德国在阿富汗的角色，他们认为德国在阿富汗没有一个有望成功的战略。在 2009 年的德国大选中，左翼政党提出德国应该在 2010 年撤回所有在阿富汗的军队。2008 年北约布加勒斯特峰会上，美国等参加战斗任务的国家极力游说其他盟友派遣更多军队。虽然会上发布了北约"阿富汗战略愿景宣言"，同意分担对阿富汗的长期责任，但许多国家拒绝分担相

---

① German Marshall Fund, "Key Findings 2008, Transatlantic Trends", *the German Marshall Fund annual survey*, September 2008.

② Judy Dempsey, "Merkel aloof as public wavers on Afghanistan", *International Herald Tribune*, October 19, 2007.

应的战斗部队人数。

事实上，各国之所以不愿派兵前往阿富汗与北约的预算制度有很大关系，北约的办公与行动经费有两大来源：一是各成员国根据人均国民收入等因素按比例向北约公共基金缴纳一定数额的资金；二是成员国自行支付参与北约行动的一切费用。如果一个成员国承诺派遣部队参加北约的行动，那么它必须承担本国军队参与行动的一切费用。① 换言之，派出的军队越多防务开支就越大，这成为了很多国家派遣军队或增加派遣人数的一个主要障碍。如表6所示，各国在驻阿联军中的兵力人数极不平衡，几个国家承担了大部分的出兵人数，甚至有几个非北约成员国的人数要远远多于大多数成员国的人数。如表6，美国是联军兵力的最大贡献者，在2013年2月的100330人中有68000人是美国士兵，其余32330人由北约成员国和非成员国贡献。如果再加上美国参加"持久自由行动"的美军，美国毫无疑问地成为了阿富汗战场的绝对主力。更引人关注的是，22个非北约成员国兵力达4355人（个别国家当时已经撤军，所以人数为零），而且澳大利亚和格鲁吉亚的兵力人数已经与许多主要欧洲成员国相当。除美国外的北约成员国出兵人数为27975人，主要来自英国、德国、法国（法国由于提前撤回了战斗部队，表中只有550人，但在高峰期也曾达到3750人②）、意大利、加拿大、荷兰、波兰等国。联盟内部出兵人数的巨大反差是美国对盟友不满的主要原因。

表6 2013年2月国际安全援助部队各国出兵人数表

北约成员国	出兵人数	非北约成员国	出兵人数
阿尔巴尼亚	221	亚美尼亚	45
比利时	253	澳大利亚	1096
保加利亚	419	奥地利	3
加拿大	950	阿塞拜疆	94
克罗地亚	245	巴林	0
捷克	415	波黑	53
丹麦	568	萨尔瓦多	12

① NATO, "Paying for NATO", http://www.nato.int/cps/en/natolive/topics_67655.htm?.
② Andrew R. Hoehn and Sarah Harting, *Risking NATO: testing the limits of the alliance in Afghanistan*, Santa Monica: Rand Corporation, 2010, p.51.

续表

北约成员国	出兵人数	非北约成员国	出兵人数
爱沙尼亚	162	芬兰	125
法国	550	格鲁吉亚	1561
德国	4400	爱尔兰	7
希腊	10	约旦	0
匈牙利	611	韩国	350
冰岛	3	马来西亚	2
意大利	3067	蒙古	46
拉脱维亚	26	黑山	40
立陶宛	240	新西兰	155
卢森堡	9	新加坡	39
荷兰	500	瑞典	453
挪威	98	马其顿	158
波兰	1739	汤加	55
葡萄牙	179	乌克兰	26
罗马尼亚	1595	阿联酋	35
斯洛伐克	238		
斯洛文尼亚	79		
西班牙	1305		
土耳其	1093		
英国	9000		
美国	68000		
成员国人数合计：	95975 人	非成员国人数合计：	4355 人
总计：100330 人			

1. 资料来源：NATO，"International Security Assistance Force (ISAF)：Key Facts and Figures"，http：//www.nato.int/nato_static/assets/pdf/pdf_2013_08/20130801_130801-placemat.pdf.

2. 北约对表中数据会根据实际情况进行不定期更新。

鉴于美国从盟国获得的回报如此之少，越来越多的美国人怀疑美国为培育北约伙伴的投资是否值得。[①] 美国国内一些声音甚至建议取消北约在阿富汗战斗任务的决策权，在阿富汗重新进行任务分工，使美国能够彻底

---

① Andrew J. Bacevich，"NATO at Twilight"，*Los Angeles Times*，February 11，2008.

掌控阿富汗南部和东部的局势。① 联盟内对增兵的分歧，其实隐含了一个更为实质性的问题：如何避免军队的伤亡。阿富汗行动使北约在域外行动历史上第一次遭遇了如何分担伤亡风险的问题。加拿大、英国、美国等伤亡率和伤亡总人数较大的国家从2006年开始就不断敦促盟友分担伤亡风险，但总被盟友以各种理由推脱。

2008年，加拿大政府曾威胁如果其他盟友不增加至少1000人的战斗部队，它将在2009年底撤走所有的本国军队。荷兰不断抱怨其他盟友没有在阿南部增兵，宣布2010年从阿富汗撤军。② 此后，时任美国总统小布什答应在2008年底之前再增加5000人的美国部队，法国也同意派遣720人的部队，德国同意增派1000人的部队，波兰和捷克等国也同意派遣少量部队，以安抚加拿大的情绪。③ 然而，参与战斗任务的国家仍然批评其他盟友不派遣战斗部队或不进入塔利班比较活跃的地区。随着局势的继续恶化，2008年9月，美国和北约分别就阿富汗局势进行了战略评估，评估将问题集中在如何阻止在阿富汗—巴基斯坦边境的叛乱活动。美国在准备调拨更多的军队前往阿富汗的同时，呼吁盟国增兵阿富汗。小布什政府在同年9月宣布，将在2009年初再派遣5000名驻阿美军，但时任驻阿联军总司令戴维·麦基尔南则要求再增派25000人的部队。

奥巴马政府上台后，立即做出了向阿富汗增派17000人的决定，并且暗示其他盟国提供更多的军队或装备。但欧洲国家对此却反应冷淡，意大利和西班牙都明确表示不会增加驻阿部队人数，就连一向倾力配合美国行动的英国也表示2009年最多派300人前往阿富汗。美国国内对盟友的批评也开始变得严厉，认为即使每个成员国只派出400人的军队，北约驻阿联军就会新增1万多人的军队，而保加利亚、罗马尼亚、捷克和匈牙利等国都拥有规模庞大的军队却贡献了不足500人的部队，像土耳其这样可以

---

① Robert Burns, "Pentagon May Beef Up Afghanistan Command Role", *Associated Press*, May 1, 2008.

② Vincent Morelli and Paul Belkin, "NATO in Afghanistan: A Test of the Transatlantic Alliance", *CRS Report for Congress*, Washington, DC: Congressional Research Service, December 3, 2009, p. 24.

③ Ibid., p. 19.

在北塞浦路斯驻扎3万军队的国家却只为联盟的任务提供了区区800人。①但盟友们也提出了自己的建议,它们有的建议将国际安全援助部队分成维和部队与战斗部队两个部分,划清部队的任务界限,各司其职进行活动;有的提议将国际安全援助部队撤回到阿西部和北部,在阿南部和东部组成"志愿者联盟"执行反恐平叛任务。②

美国盟友不愿意增兵阿富汗既有国内民众反对的因素,也有受国际金融危机影响各国防务开支普遍紧缩的影响。尽管如此,奥巴马政府还是在北约斯特拉斯堡/凯尔峰会上再次呼吁盟国增兵阿富汗,经过讨价还价,英国、德国、法国、意大利和西班牙同意再增加共计2450名驻阿士兵。这些士兵将主要用于训练阿富汗安全力量和为阿富汗大选做准备工作。2009年底,联军总司令麦克斯利特尔提出了进一步增兵4万的要求,美国在盟国支持力度有限的情况下,不得不独自再派出3万人的军队。盟国对派兵的犹豫加深了北约阿富汗行动的美国色彩,美国不得不不断自己出兵填补盟国留下的兵员空缺,这进一步强化了盟国不愿增兵的意愿,对美国来说驻阿联军的兵员征召形成了盟国推卸责任的恶性循环。在阿富汗使命更为美国化的背景下,联盟中长期争论的另一个问题也浮出了水面,据2009年的数据,只有4个北约成员国符合北约要求的防务开支占国内生产总值2%以上的要求,多个国家甚至已经长年没有达到这个要求了。随着阿富汗任务的增加,各国防务经费缩减的趋势并没有好转,这被外界认为是北约阿富汗战略行动缺乏支持和联盟内部凝聚力不强的表现。

三 其他的分歧

(一)指挥结构调整的分歧

在北约全国性部署的第三和第四阶段,美国希望调整指挥系统,将国际安全援助部队和"持久自由行动"的司令部合并为一个由美国将军任总司令的司令部,使盟国更多地担负起反叛乱任务。许多欧洲盟国对于直接与塔利班等叛乱势力交战十分犹豫,双方就此产生了分歧。虽然北约各

---

① Vincent Morelli and Paul Belkin, "NATO in Afghanistan: A Test of the Transatlantic Alliance", *CRS Report for Congress*, Washington, DC: Congressional Research Service, December 3, 2009, p. 20.

② Thomas Donnelly, "Coalition Still Critical as America Escalates Afghan War", *Washington Examiner*, June 16, 2009.

国总体上对国际安全援助部队的任务具有一定共识,但在如何完成任务问题上分歧巨大。

早在 2004 年,布什政府就不断敦促盟友承担更多平叛和反恐任务,2005 年末布什政府进一步建议将国际安全援助部队和"持久自由行动"两个司令部合二为一,英国、德国和法国等主要盟友都提出了反对意见。英国和德国希望保持驻阿联军的主要稳定职能,而不是以执行战斗任务为主要职能。英国主要领导了阿富汗的扫毒行动,希望自己的军队保持在这个行动范围之内,德国声称自己的军队只接受了维稳培训,不能执行平叛任务。法国认为,联军执行打击塔利班等战斗任务是必要的,但害怕合并司令部后美国主导所有阿富汗行动,使北约联军成为华盛顿实现其全球战略的工具。巴黎尤其担忧的是,合并司令部后美国会调遣更多阿富汗美军前往伊拉克,由其余盟国帮美国在阿富汗收拾残局。① 美国政府曾表示美国无意大幅缩减驻阿美军,反而在过去几年不断增派军队。尽管法国不愿意合并司令部,但还是增加了驻阿战斗部队的数量。为了破解指挥系统分立的难题,美国和盟国想出了让北约联军和美军在共同地域执行任务的办法,但塔利班和基地组织不会在稳定重建部队和战斗部队之间做出区分,把它们一律视为异教徒十字军予以袭击。2008 年 9 月,时任美国防长盖茨在国会听证会上表示,两套指挥系统仍然是有效完成使命的障碍,并考虑将所有美军部队置于驻阿北约联军司令部的统一指挥之下,但此后一直没有下文。②

(二) 囚犯待遇的分歧

对于阿富汗囚犯的待遇也是联盟内部争论的一个焦点。美军在伊拉克阿布格莱布监狱虐囚丑闻曝光后,大多数盟友予以了严厉的批评,这种批评还进一步扩展到美国关塔那摩监狱的关押政策,那里关押了 2001 年后从阿富汗俘获的犯人。盟友们认为布什政府无视《日内瓦公约》关于战场罪犯待遇的规定,而且这一问题在盟国国内引起了巨大的争议。美国为了挽回自身的国家声誉和联盟的团结,最终与北约盟友在 2005 年 12 月发布了一份指导北约阿富汗行动的公报,公报明确阐述了犯人待遇问题,规

---

① Vincent Morelli and Paul Belkin, "NATO in Afghanistan: A Test of the Transatlantic Alliance", *CRS Report for Congress*, Washington, DC: Congressional Research Service, December 3, 2009, p. 22.
② Ibid.

定"北约国际安全援助部队的关押政策与国际法的要求一致,我们欢迎成员国协助阿富汗当局实行关押犯人的国际标准"。①

(三) 撤军的分歧

北约国家在安全责任向阿富汗移交阶段,在撤军问题上也产生了分歧。首先是在阿富汗撤军时间上存在分歧。部分欧洲国家深陷债务危机,自顾不暇,已自行加快撤军步伐。法国总统奥朗德一上任便明确表态将履行竞选时的诺言,2012年撤出所有战斗部队,比北约制定的2014年的时间表快了整整两年。奥朗德的这一表态与欧美绝大多数北约成员国深陷经济危机的背景密切相关。一方面,国内失业率居高不下,政府利用各种途径削减开支;另一方面,国内民意对吞掉无数金钱与士兵生命的阿富汗战争早已怨声载道。

同时,对于阿富汗安全部队如何接受阿防务问题,北约内部并未达成共识。北约向阿富汗部队移交安全任务是北约部队撤离阿富汗的重要前提之一。北约秘书长拉斯穆森表示,芝加哥峰会是"做出承诺的峰会",承诺完成阿富汗的防务交接和支持阿富汗的稳定。但现阶段的阿富汗安全部队无论在装备、训练还是在实战能力和战术上,都不能和北约部队相提并论,要想增强实力,就需要得到经济与人员的支持。其中,最现实的问题就是资金从哪里来?卡尔扎伊的态度很明确,他认为这不是施舍,而是阿富汗政府和人民配合北约反恐的应得回报,美国及其盟国不应该讨价还价。对此,美国勉强承诺负担一半,但其他北约国家对待阿富汗的这一要求唯恐避之不及,互相推诿。②

经过阿富汗行动的洗礼,尽管美国一再强调北约"全球化"的必要性,但欧洲盟友却坚持认为自己面临的威胁主要来自欧洲及其毗邻地区,北约应该首先保证维护欧洲大陆的安全与稳定,首要功能仍然是集体防御,而不应投入过多的资源去执行域外行动。因此,他们提出北约"欧洲化"的概念,强调北约的"本土防御"属性。新入约的中东欧等"新欧洲"国家虽然一度追随美国政策,支持北约在欧洲防区外实施干预,但经过支持、参与和反思美国发动的阿富汗战争和伊拉克战争,它们开始更为

---

① Vincent Morelli and Paul Belkin, "NATO in Afghanistan: A Test of the Transatlantic Alliance", *CRS Report for Congress*, Washington, DC: Congressional Research Service, December 3, 2009, p.21.

② 柳思思:《北约:北约的未来,动能何在?》,《当代世界》2012年第6期。

关注欧洲本土传统威胁及内生于欧洲的非传统威胁,因而也主张北约应更多地关注欧洲本土的安全问题,把防御重点放在欧洲。①

对于北约内部在阿富汗战略上的分歧,西方学者普遍有三种观点:威胁的差异性所致;战略文化的差异性所致;国内民意的差异性所致。这三种观点都部分解释了北约在阿富汗战略上产生分歧的原因,但不能提供全面而准确的分析,有许多值得商榷之处。

第一,威胁的差异性。威胁平衡论者认为,一个国家面临的威胁越大,其越倾向于武装自己,进而组建军事联盟以对抗威胁。反之,一个国家面临的威胁若较小,它通常就会降低组建联盟的意愿或在联盟内限制自己卷入冲突的程度。按照这一看法,美国和英国面临着较为严重的恐怖主义威胁,因而它们在阿富汗战场上也格外卖力。然而,另外一些面临比较严重恐怖主义威胁的国家,它们在阿富汗战场上却对自己的部队施加了较多限制。例如,西班牙一样是在国内遭受过严重恐怖主义袭击的国家,而它在阿富汗战场上对本国军事力量的行动施加了严格限制;而波兰几乎是一个没有受到恐怖主义威胁的国家,但它对国际安全援助部队的贡献要大于西班牙和土耳其等曾遭受过恐怖袭击的国家。类似的,英国在遭受伦敦恐怖袭击前后其对阿富汗的政策并没有明显变化。除直接的恐怖袭击外,各国国内的穆斯林人口也可以作为测量恐怖威胁的间接指标。作为国内有较多穆斯林人口的国家,法国、德国与荷兰是除美国和土耳其外穆斯林人口最多的国家,但它们的阿富汗政策却存在巨大差异。同样,作为穆斯林人口较少的意大利、波兰等国,对于阿富汗战场的贡献也存在很大差异。② 因此,威胁程度的高低并不是主导各国对阿富汗政策的因素。

第二、战略文化的差异性。战略文化论者认为,一国的军事行动选择受到该国对军事信条和能力等共同认知的限制。③ 战略文化论者指出,德国在阿富汗战场上对本国力量施加的种种限制可以在二战后德国发展出的和平文化中找到答案。但是这种看法显然站不住脚。一方面,战略文化论强调一国规范和相互理解需要假以时日来改变,除非受到外界因素的巨大

---

① 许洁明、余学波:《北约介入阿富汗战争前景浅析》,《西亚非洲》2011年第1期。

② Stephen M. Saideman, "Comparing Caveats: Understanding the Sources of National Restrictions unon NATO's Mission in Afghanistan", *International Studies Quarterly*, No. 56, 2012, pp. 79—80.

③ Farrell, Theo., "Cultural Realism: Strategic Culture and Grand Strategy in Chinese History", *Review of International Studies*, No. 24, 1998, pp. 407—416.

冲击。① 但我们在阿富汗看到一国的政策在短时间内的巨大转变,加拿大便是明显的例证。另一方面,战略文化论者坚称有着相似战略文化的国家行为模式也是相似的,而我们在国际安全援助部队内部看到的是有着类似历史经验并相互影响的许多民主国家的行为模式却存在着很大的差异性。战略文化的解释有其特定价值,但不能解释联军内部产生分歧的根本原因。

第三,国内民意的差异性。国内民意论者认为,在国内民意支持度低的国家更容易对本国的域外干预行动采取消极态度。"试图保持公职的政客更不愿意为遥远而不受欢迎的行动付出民意代价"。② 然而,北约成员国对阿富汗行动的政策并不是与民意支持度同步变化的。以德国为例,纵观德国参与国际安全援助部队的全过程,国内民意支持度始终不高,但这没有对德国后续的解除行动限制与增兵等活动产生重大影响。虽然具有较高民意支持度的国家相对来说更愿意为联军贡献力量,但在民意支持度低的国家中它们对阿富汗行动的贡献存在很大差异,有的积极配合,有的消极应付。法国在 2007 年跨出喀布尔转向阿富汗全境部署时,也没有获得国内大多数民意的支持。③ 所以,国内民意的支持虽然对各国的行动产生了影响,但各国产生分歧的主要因素也并非国内的民意支持度不同。

本书提出的理论分析框架试图对联军内部的分歧做出较为合理的解释。大多数欧洲国家(包括加拿大)在阿富汗问题上与美国的一系列分歧主要源于它们控制域外干预成本的考虑。多数国家在阿富汗行动之初对参与战斗任务的犹豫态度,表明这些国家不愿承担过多的人员伤亡,试图将自己的域外干预收益估算保持在安全收益 > 安全成本的状态,这一时期欧洲国家的整体行为模式是一种追随战略。不过,长期的域外行动使欧洲国家不断支付人力、物力和财力,随之大多数欧洲国家在域外干预行动中获得的收益越来越少,它们的追随力度也随之下降,各国国内普遍的反对

---

① Farrell, Theo., "World Culture and Military Power", *Security Studies*, No. 14, 2005, pp. 448—488.

② Chan, Stephen, and William Safran, "Public Opinion as a Constraint against War: Democracies's Responses to Operation Iraqi Freedom", *Foreign Policy Analysis*, No. 2, 2006, pp. 137—156.

③ Stephen M. Saideman, "Comparing Caveats: Understanding the Sources of National Restrictions unon NATO's Mission in Afghanistan", *International Studies Quarterly*, No. 56, 2012, p. 80.

便是很好的证明。然而，总体而言，欧洲成员国参与阿富汗行动的域外干预收益估算仍然为域外干预收益＞域外干预成本，所以大多数盟国维持了对美国的基本支持。就大多数北约成员国的行为而言，北约其他成员国对主导国美国采取了总体性的追随。

小　结

北约的阿富汗战略从开始到目前经历了巨大的变化。在接受任务之初，北约国家普遍认为，阿富汗行动只不过是一次普通的维持稳定任务。但随着任务的深入，阿富汗行动与北约之前的历次危机管理任务存在的巨大差别逐渐显现出来，联盟除了要承担稳定与重建任务外，还必须与各种顽强的反叛势力作战。同时，稳定和重建的规模与复杂性日益使联盟感到不堪重负，北约诸国发现，行动中暴露的联盟功能缺陷有些是可以通过努力弥补的，而有些（如经济重建）已经远远超越了联盟的功能，各国的域外干预成本由此直线上升。阿富汗战略暴露的联盟内部分歧很大程度上是由欧美两方对联盟域外干预功能和角色定位差异导致的，美国要求北约服务于美国的全球战略需要，除了在消除现实的威胁以外还要重塑阿富汗以及所在地区的地缘战略格局，欧洲国家与美国的全球战略利益有一定的交集，但也存在明显的差异，欧洲国家认为北约在欧洲及毗邻地区以外的行动应该主要以消除威胁为主，对塑造阿富汗国内政治进程以及地区地缘政治格局没有美国那样的雄心，为此它们采取了种种控制域外干预成本的措施。简言之，北约的阿富汗战略总体上是一次美国化的域外行动，受其成败影响最大的也将是美国，欧洲国家在其中大体扮演了不情愿的追随者角色。

第四章

北约的亚洲伙伴关系：
追随与地区制衡

早在20世纪90年代，北约就通过欧洲—大西洋伙伴关系理事会和地中海对话机制与亚洲国家建立了正式的伙伴关系，但那时的亚洲伙伴关系并不直接牵扯亚洲地区的安全议题，更多的是服务于北约稳定苏东和地中海地区的战略需要。"9·11"事件发生后，北约日益觉察到亚洲地区的安全问题将对欧洲—大西洋地区的安全稳定形成直接或间接的挑战。同时，亚洲地区许多国家出于满足各种利益诉求的需要，对于北约的各类伙伴关系邀请予以了积极的回应。北约由此在亚洲构建起了庞大的伙伴关系网络，为北约广泛介入亚洲事务铺平了道路。本章将对涉及亚洲国家的四个北约伙伴关系机制进行逐一考察，探究每个机制下亚洲国家与北约安全合作的深度与广度，确定各个机制内各方的地位与角色，并最终解释亚洲国家与北约合作中的联盟行为模式。

第一节 欧洲—大西洋伙伴关系理事会
机制下的亚洲伙伴

1997年成立的欧洲—大西洋伙伴关系理事会，是在北大西洋合作委员会（1991年成立）与"和平伙伴关系计划"（1994年出台）的基础上发展而来的，理事会的成立使北约伙伴国能够单独或以小组的形式与北约成员国进行安全政治对话，加强北约和欧亚大陆非成员国的安全合作。该机制建立的最初目的是管控冷战后的欧洲安全局势，防止俄罗斯再次成为西方世界的威胁。由于苏联解体后在外高加索和中亚建立了很多新独立的亚洲国家，北约出于压缩俄罗斯战略空间以巩固冷战胜利成果的考虑，将这些国家尽数吸纳进欧洲—大西洋伙伴关系理事会，北约当初发展与这些国家的伙伴关系主要是基于欧洲地缘安全形势的考虑。新世纪以来,特别是"9·11"事件以后,外高加索与中亚国家的内发性安全威胁日益突出,能源安全、恐怖主义、大规模杀伤性武器扩散等非传统安全威胁使北约和包括俄罗斯在内的地区内国家认识到相互合作的必要性,从而使北约在这一地区的政策披上了浓厚的亚洲色彩。于此同时,北约与外高加索—中亚国家的合作并没有放弃遏制俄罗斯的意图,使得俄罗斯深感其亚洲领土的南翼战略空间在不断被蚕食,"莫斯科的对外政策声明已经表明,它将整个原苏联空间看作是克里姆林宫有特殊地缘战略利益的区域,并且认为应当把任何外来的政治的甚至是经济的影响排除出这一地区"。[1] 因此,俄罗斯与北约在欧亚大陆的心脏地带展开了新一轮的大博弈。

一 北约与俄罗斯的关系

俄罗斯虽然是传统意义上的欧洲国家,但北约在亚洲地区的活动和政策对其领土的南翼产生了直接而重大的影响,因此本书将俄罗斯与北约的关系也纳入北约介入亚洲的讨论,重点将集中于双方在俄罗斯领土南翼所进行的角力与合作。由于俄罗斯的特殊地位,北约在欧洲—大西洋伙伴关系理事会伙伴关系的基础上,还与俄罗斯建立了北约—俄罗斯理事会来加强政治安全合作。

科索沃战争后北约—俄罗斯关系一度陷入低谷,任何熟悉新千禧年头十年北约—俄罗斯关系发展轨迹的人,都会知道在2001年9月11日恐怖主义分子对美国发动袭击前,要这种关系出现定性的改善是不可能的。[2] "9·11"事件后,俄罗斯积极支持美国及其盟国的反恐行动,俄美关系及俄罗斯同整个西方的关系出现重大转机。俄美关系的急剧升温使俄罗斯与北约的关系相应得到迅速改善。2001年10月,普京访问布鲁塞尔并同北约秘书长罗伯逊会谈时,双方达成共识,建立一个工作机构,把俄罗斯和北约的关系推向新水平。2002年5月28日,北约19个成员国领导人与俄罗斯总统普京在意大利首都罗马签署了"北约—俄罗斯理事会"文件,即《罗马宣言》,决定双方建立新的合作机制北约—俄罗斯理事会("20

---

[1] [美] 兹比格纽·布热津斯基:《大棋局:美国的首要地位及其地缘战略》,中国国际问题研究所译,上海人民出版社2007年版,第112页。

[2] 许海云编著:《挑战与应战:新世纪的北约》,世界知识出版社2013年版,第133页。

国机制")。这是俄美、俄与北约关系史上的重大事件,也是双方关系提升的显著标志。① 俄罗斯实际上从原来的"伙伴国"升格为北约的"准成员"。"20 国机制"应该被视作俄罗斯在反恐战争中积极配合的回报,也是北约第二轮东扩前打消俄罗斯顾虑的"安慰剂"。

新机制使俄罗斯在北约一些非核心问题上有了发言权。首先,1997 年设立的北约—俄罗斯常设联合理事会主要起安全论坛的作用,而北俄理事会则是一个具备决策、执行和监督的实体机构。在新的机制下,全新的北俄理事会每月将召开例会,每年举行 4 次部长级会议。其次,常设联合理事会机制只负责磋商,不能就任何问题进行决策。北约 19 个成员国以一个集团的身份参加会议,各国的立场在参加会议前就协调好了,通常总是在作出决定后才与俄磋商,俄罗斯总是处于被动接受的地位。北俄理事会通过设立"预备委员会"这一机构,使俄罗斯参与北约关键议程的设定和磋商程序的准备成为可能,就理论上而言,"这使北约内部难以在事先协调好立场再与俄罗斯磋商"。② 在新的合作机制中,俄罗斯由原来被动听取北约决定的"局外人"变为共同政策制定的参与者。最后,在新机制中,俄罗斯在危机管理、打击恐怖主义、防扩散、军备控制等非核心事务领域的合作中,拥有与北约成员国平等的权利。但俄罗斯仍未得到它一直寻求的包括在对外军事干预、东扩和内部决策等北约核心问题上的"否决权"。根据文件,俄罗斯同北约的新型合作关系首先是在反对国际恐怖主义、宗教极端主义、民族分离主义方面的合作;其次是在防止大规模杀伤性武器、导弹以及核技术扩散、军备控制上的合作;再有就是在危机处理、国际维和及海上救援等方面的合作。

俄罗斯促成北俄理事会有其特别的战略考虑。第一,冷战结束以来北约不断挤压俄罗斯战略空间,让俄罗斯日益感到在欧洲安全格局中边缘化的危险,此举可对北约的转型进程产生影响,减少北约的反俄性质。第二,俄罗斯与北约在反恐等非传统安全领域面临着共同威胁,存在着合作空间。第三,突显俄罗斯在北约欧洲—大西洋伙伴关系理事会众伙伴国中

---

① 高华:《透视新北约:从军事联盟走向安全政治联盟》,世界知识出版社 2012 年版,第 395—396 页。

② Martin A. Smith, *Russia and NATO since 1991: From Cold War through cold peace to partnership?*, New York: Routledge, 2006, p.99.

的特殊地位，保持俄罗斯自身特别看重的"大国地位"。然而，北俄这一轮的互动并没有带来双方关系根本性的变化。在俄罗斯看来，冷战结束后，美国的克林顿、奥尔布赖特、小布什、赖斯等决策者们都视俄罗斯为具有潜在危险的强权，即使它的实力还不足以阻碍联盟向东扩大。"尽管美国官员避免在公开场合使用俄罗斯恐惧症这一措辞，但国内支持北约东扩的人士认为必须遏制俄罗斯，而不是仅仅改善欧洲安全或提升美国实力。在俄罗斯于高加索使用武力之前，西方联盟对于俄罗斯软弱和无能的认知是不会改变的，从而也不会停下东扩的脚步"。① 在西方世界看来，俄罗斯人的"超级大国心理"和"帝国情结"仍然根深蒂固、难以割舍。正是俄罗斯人那种令人望而生畏的"帝国意识"及远大"历史抱负"促使西方国家不断加大对俄的挤压与削弱力度。只要俄不能在"帝国"问题上打消欧洲国家的疑惧，欧洲国家特别是原苏联势力范围内的中东欧国家就不会消除对它的防范心理，从而不断为北约东扩提供原动力。② 总之，俄罗斯与北约关系的根本问题是双方缺乏共同的战略愿景。③

西方国家在其后的几年里大肆在独联体国家推行"颜色革命"，并准备进一步吸纳格鲁吉亚和乌克兰加入北约。俄罗斯认为，"北约的东扩是在这样的背景下发生的：戈尔巴乔夫将苏联部队撤出东欧；俄罗斯遵守西方规则控制暴利的武器出口；发展与西方战略伙伴关系的普遍承诺，然而俄罗斯感觉受骗了"。④ 在已经容忍两轮大规模东扩的基础上，俄罗斯绝不允许北约进行又一轮东扩，将其重要邻国纳入北约版图。2003 年格鲁吉亚发生了"玫瑰革命"，谢瓦尔德纳泽被迫辞职。"革命"后格实行倒向西方的政策。这一变化触动了俄罗斯的战略神经：一方面，格鲁吉亚向西倒被视为是对俄罗斯稳定性的一种威胁，因为它具有"遏制"俄罗斯的潜力。另一方面，俄领导层将注意力转向俄罗斯的外来威胁上，这些威胁据称来自西方，特别是美国，据称精心安排了一个计划，其目标锁定为

---

① Andrei P. Tsygankov, "The Russia-NATO mistrust: Ethnophobia and the double expansion to contain 'the Russian Bear'", *Communist and Post-Communist Studies*, No. 46, 2013, p. 187.

② 黄登学：《俄罗斯与北约关系：问题与前景》，《现代国际关系》2010 年第 9 期。

③ Andrei P. Tsygankov, "The Russia-NATO mistrust: Ethnophobia and the double expansion to contain 'the Russian Bear'", *Communist and Post-Communist Studies*, No. 46, 2013, p. 187.

④ Torbakov, I., Will Russia Again Be Perceived as Europe's Mirror Image, *Eurasia Daily Monitor*, October 13, 2004.

破坏俄罗斯的利益,意在切断俄罗斯有影响地区的命脉(这些地区作为俄罗斯势力范围的一部分,一直合理存在),试图永久性削弱俄罗斯。① 为此,普京总统和俄罗斯领导层明确做出承诺,要在前苏联地区重建主要大国的地位,并且愿意使用受其支配的各种手段,使其邻国保持一致意见,阻止西方影响在其外围地区扩张。

2006年北约成员国外长理事会做出与格鲁吉亚"加强对话"的决定后,格总统萨卡什维利表示,格鲁吉亚将站在北约一边。北约之所以意图将格纳入北约,除了遏制俄罗斯以外,维护能源安全也是一个因素。中亚—里海地区近年超大型油气田的开发,使该地区在国际油气供应中的战略地位得到提升。西方很重视巴库—第比利斯—杰伊汉石油管道的战略价值,该管道可以绕开俄罗斯与伊朗,将中亚—里海石油运往西方国家。自然,北约控制该管道途经地区之一的格鲁吉亚便提到战略地位上来了。② 苏联解体后,俄罗斯一直控制着格鲁吉亚所需要的天然气、天然气管道和电力,这一直是俄罗斯所主导的、最重要的手段,借此对格鲁吉亚施加压力,强迫第比利斯能够使其政策符合莫斯科的利益。然而,这些压力并非要恐吓格鲁吉亚政府,或者要其接受俄罗斯支持下的南奥塞梯、阿布哈兹分离主义者实施自治的既成事实。格鲁吉亚夸大了俄罗斯在该地区的意图,致使其大踏步地投向西方的怀抱,"当北约和美国官员没有避讳对第比利斯的支持且很少公开批评格鲁吉亚的举动时,俄罗斯逐渐加大了对阿布哈兹与南奥塞梯分离主义的援助",③ 加之2008年初西方纵容科索沃单方面宣布独立,以及2008年4月决定将吸收格鲁吉亚和乌克兰进入北约,最终导致了2008年8月的俄格战争,冲突事实上使最近几年来发展起来的格鲁吉亚军事力量消耗殆尽,而这支军事力量得到了美国的军事援助和训练。事情很清楚,俄罗斯将使用所能支配的任何手段,确保其利益,使其西部外围地区得到保护。④

俄格冲突之后,北约各成员国召开紧急会议就俄格冲突进行磋商,打算采取一致行动,冻结北约成员国与俄之间的关系。北约秘书长夏侯雅伯

---

① 许海云编著:《挑战与应战:新世纪的北约》,世界知识出版社2013年版,第183页。
② 安维华:《南奥塞梯战事与俄罗斯北约关系》,《亚非纵横》2008年第5期。
③ Allison, R., "Russia resurgent? Moscow's campaign to 'coerce Georgia to peace'", *International Affairs*, No. 6, 2008, p. 84.
④ 许海云编著:《挑战与应战:新世纪的北约》,世界知识出版社2013年版,第193页。

还表示，北约将继续东扩，俄将无法阻止格鲁吉亚加入北约。北约禁止俄军舰参加北约在地中海举行的多国反恐演习，拒绝俄提出的北约—俄罗斯理事会召开紧急会议讨论俄格冲突局势的请求。俄也毫不示弱，俄罗斯驻北约代表罗戈津说，俄罗斯已通过军事渠道正式通知北约，暂时冻结与北约的军事合作行动，包括军事代表团的访问与联合军事演习。俄驻阿富汗大使解释说，这也包括暂时中止允许北约经俄罗斯和中亚向阿富汗运送补给。① 2009 年 2 月 4 日，独联体集体安全条约组织特别峰会宣布建立 1.5 万人的集体快速反应部队，梅德韦杰夫表示，这支快速反应部队规模强大，配备了最先进的装备，作战能力不次于北约武装力量。很显然，俄希望通过强化集体安全条约组织的军事安全功能阻止北约东扩。2009 年 5 月，北约在格的联合军事演习又激怒俄，双方互相驱逐外交官，关系再度紧张。②

拉斯穆森担任北约秘书长后双方关系开始解冻。此时，由于过境运输成为俄手中的王牌，在阿富汗问题上的合作成了双方关系的重要"突破口"。北约与俄罗斯在维持阿富汗及其周边地区的稳定方面具有共同利益。阿富汗是俄罗斯境内毒品的最大来源地，每年因阿富汗毒品而死亡的人数估计达 3 万人，比苏联红军在入侵阿富汗时阵亡的人数还要多。③ 俄罗斯领导人深知塔利班的胜利会危及中亚的稳定，中亚的恐怖分子和叛乱组织与塔利班和基地组织是天然的联盟，塔利班在阿富汗的得势会动摇饱受经济危机困扰的中亚政权的统治。与此同时，俄罗斯对美国军队长期驻扎中亚深表关切，不断对吉尔吉斯斯坦施加压力，要求吉国驱逐美国在玛纳斯的空军基地。④ 但总体而言，俄罗斯认为北约在阿富汗执行使命有利于地区的稳定，对俄罗斯弊大于利。

根据美俄 2009 年 7 月签署的军事过境协议，美军飞机每年可以实施 4500 次免过境费穿越俄罗斯国境的飞行，为美国节省了大量金钱、资源和时间，俄罗斯也因为美国使用其北方补给网所带来的收入而获得了经济好处。在北约联军的后勤供给方面，2008 年初开始，俄罗斯给予驻阿安

---

① 安维华：《南奥塞梯战事与俄罗斯北约关系》，《亚非纵横》2008 年第 5 期。
② 杨恕、张会丽：《俄格冲突后的格鲁吉亚局势》，《俄罗斯中亚东欧研究》2010 年第 1 期。
③ Stephen Blank, "Beyond Manas: Russia's Game in Afghanistan", *Central Asia-Caucasus Analyst*, Vol. 11, No. 3, February 2009, p. 3.
④ Ibid., pp. 3—5.

全援助部队过境运输非军事装备的权利,后来又在2010年北约里斯本峰会上将这一许可扩大至允许参与国际安全援助部队的非北约成员运输部队。① 此举表明俄罗斯虽然希望北约部队暂时留在阿富汗,但同时会限制其在欧亚地区驻军,并且提醒美国,俄罗斯仍然认为苏联加盟共和国是莫斯科应在其中发挥战略主导作用的地区。② 北约秘书长拉斯穆森请求俄方在阿富汗问题上给北约提供范围广泛的帮助,包括北约军用物资可过境俄罗斯运往阿富汗,俄向阿当局提供直升机和枪支等。为此,双方进行了多方面的合作:在空军培训方面,俄罗斯在2012年启动了阿富汗军队直升机养护人员在俄培训计划;在打击毒品走私方面,目前已有上千名阿富汗人接受了俄罗斯的扫毒培训。

在2010年北约里斯本峰会上,北约—俄罗斯理事会29个成员国一致同意,"在相互信任、透明和可预测的基础上,在各方共同致力于建立和平、安全、稳定的共同空间的目标指引下,建立真正的战略和现代化伙伴关系"。③在会上,北约与俄罗斯共同确认阿富汗问题、恐怖主义、海盗、大规模杀伤性武器及其运载工具的扩散、自然与人为的灾难是他们在21世纪面临的共同安全挑战。然而,2014年乌克兰危机爆发后,双方关系再次急转直下。俄罗斯为了阻止乌克兰彻底倒向西方,先是策动克里米亚全民公投并批准克里米亚加入俄罗斯,然后又在乌克兰东部地区支持亲俄罗斯分裂势力,使乌克兰国内陷入了长期动荡。俄罗斯此举的意图不言自明,吞并克里米亚使乌克兰陷入与俄罗斯长期的领土纷争,乌克兰政府与东部亲俄势力的交战使乌克兰随时有与俄罗斯正面冲撞的危险,造成这一局面的最终目的之一就是为了阻止其加入北约。因为在北约看来,乌克兰俨然已成为了一个不敢接纳的"烫手山芋",让乌克兰加入北约意味着与一个世界超级核大国发生冲突的可能,这绝非北约的核心利益所在。

尽管如此,乌克兰危机的持续发酵对北俄关系的全局产生的破坏性影

---

① NATO, "NATO and Afghanistan", http://www.nato.int/cps/en/natolive/topics_8189.htm?.

② 高华:《透视新北约:从军事联盟走向安全政治联盟》,世界知识出版社2012年版,第405—406页。

③ NATO, "NATO-Russia Council Joint Statement", http://www.nato.int/cps/en/natolive/news_68871.htm.

响不言而喻。北约在2014年威尔士峰会上正式宣布,"停止与俄罗斯的一切实际军事与民事合作","对俄罗斯在乌克兰不断升级的非法军事干涉进行最强烈的谴责,要求停止干涉并从乌克兰及其边境撤出军队",因为"俄罗斯的侵略行径根本上挑战了我们对于统一、自由、和平欧洲的愿景"。[1] 为了增加对俄罗斯的威慑能力,北约还同时启动了"战备行动计划",以便应对盟国边界及其关注地区安全环境的变化。冷战结束以来,北俄关系已经经历了数轮紧张与缓和,乌克兰危机虽然再次使北俄关系剑拔弩张,但双方的关系格局并没有发生根本性的改变,只是双方的斗争这次变得更为明显,烈度也更大。由于各种因素的相互交织,双方在传统安全议题上的相互猜忌还将延续,但确保相互摧毁的核平衡的存在使双方不至于走向战争。同时,全球范围内的诸多安全议题需要北俄通力合作才能有效解决,北约虽然暂停了与俄罗斯的安全合作,但也表示对俄罗斯"政治沟通的渠道依然敞开",[2] 相信北俄在各类非传统安全问题上依然会展开实质性的合作。

俄罗斯与北约的关系微妙而复杂。俄罗斯对北约在其亚洲领土南翼的各类活动呈现出不同的行为模式。在格鲁吉亚加入北约问题上,北约和格鲁吉亚都认为通过结盟可以维持外高加索地区的稳定和对俄罗斯进行一定程度的遏制,双方的收益估算为从合作收益估算开始向互助收益估算转化的阶段;俄罗斯认为格加入北约将大大压缩俄罗斯的战略空间直接威胁俄罗斯的领土安全,而且会在独联体国家内部形成示范效应,如果俄罗斯采取旁观或支持的态度,无疑会使俄罗斯安全所失成为北约的安全所得,影响到了俄罗斯的重大战略利益,由此俄罗斯发动了俄格战争,与北约形成了间接的公开对抗。俄罗斯在格鲁吉亚加入北约问题上的行为模式可视为对北约的硬制衡。在阿富汗和中亚问题上,地区的稳定对于北约与俄罗斯都具有重要意义,况且北约与中亚国家的关系进展有限,双方的收益估算都为合作收益>合作成本,俄罗斯在阿富汗与中亚地区事务中追随了北约的战略。从更广泛的全局范围来看,北约与俄罗斯在非传统安全领域进行了密切的合作,但同时在北约东扩和反导

---

[1] NATO, "Wales Summit Declaration", http://www.nato.int/cps/en/natohq/official_texts_112964.htm? selectedLocale = en.

[2] Ibid.

系统部署等问题上分歧明显，形成了和而不同、斗而不破的复杂局面，俄对北约的战略偏好形成了某种程度的牵制，因此俄罗斯对北约与美国实施的是整体上的软制衡战略。

二　北约与外高加索三国的关系

外高加索北与俄罗斯交界，东靠里海，西临黑海，南接土耳其和伊朗。从地缘政治的角度来看，占据这一地区，既可以向北遏制俄罗斯；向南威慑伊朗、控制印巴；向东穿过里海通过中亚挟制中国；向西南经中东控制红海和地中海，扼欧、亚、非三洲交通的咽喉；向西经黑海直抵欧洲。① 北约在 20 世纪 90 年代对外高加索事务并不是非常关注，但随着新世纪的来临，北约开始将外高加索地区置于重要的伙伴关系地位。北约在战略层面对外高加索的日益关注是基于这样一个事实，即北约的安全利益与外高加索的关联性越来越高，对于参与反恐战争的北约成员国尤其如此。北约在中亚和中东的存在，使外高加索的动荡和骚乱对北约在这些地区的利益产生了巨大消极影响。无论是成员国的个体利益还是联盟的集体利益，都要求北约在加强外高加索安全方面发挥更大的作用。在北约成员国中，美国是最早确定外高加索关乎欧洲—大西洋安全利益的国家。首先，美国认为从北非到东南亚存在着一条危及西方利益的"动荡弧"，而外高加索地区是"动荡弧"上的重要一环。其次，虽然外高加索地区处于脆弱的稳定之中，但幸好这一地区被"友好政府"所控制。最后，美国和北约可以利用外高加索和中亚为跳板，应对欧亚大陆腹地所出现的紧急事态。② 因此，北约利用外高加索国家摆脱俄罗斯控制的想法，积极发展与地区国家的关系，通过多年的经营，北约已经与外高加索三国，特别是格鲁吉亚与阿塞拜疆建立了密切的合作关系。

（一）格鲁吉亚

格鲁吉亚在 1999 年就加入了"和平伙伴关系计划"框架下的"计划

---

① 刘侣萍、崔启明：《北约日益重视外高加索地区的战略地位》，《俄罗斯中亚东欧研究》2008 年第 1 期。

② Svante E. Cornell, "NATO's role in South Caucasus regional security", *Turkish Policy Quarterly*, Vol. 3, No. 2, 2004, p. 130.

与评估进程"①（Planning and Review Process）。2002 年格鲁吉亚首次正式表达了加入北约的愿望，并申请加入北约"单独伙伴关系行动计划"②（Individual Partnership Action Plan）。2003 年格鲁吉亚发生"玫瑰革命"后，萨卡什维利政府加快了加入北约的进程，格鲁吉亚在 2004 年成为首个加入北约"单独伙伴关系行动计划"的国家。同时，格还向阿富汗积极派遣国际安全援助部队的战斗人员，如前所述，格鲁吉亚是非北约成员国中派出最多战斗人员的国家，这与格渴望加入北约有着直接的联系。但萨卡什维利的"脱俄入北"政策引起了俄罗斯的强烈不满，加之苏联解体以来北约不断压缩俄罗斯战略空间，现在又将东扩的目标转向了俄罗斯的南翼腹部地带，这引起了俄罗斯高度的战略警觉。

在北约 2008 年 4 月的布加勒斯特峰会上，北约各国首脑做出了同意格鲁吉亚未来会成为北大西洋联盟成员的决定。这成为了俄罗斯反击北约的导火索之一，2008 年 8 月俄格战争爆发，俄罗斯推动南奥塞梯和阿布哈兹从格鲁吉亚分离并成为少数几个承认这两个国家独立地位的国家。战争爆发后，北大西洋理事会召开紧急会议，呼吁在尊重格鲁吉亚独立、主权和领土完整的基础上和平解决冲突。北约谴责了用武力解决冲突的方式，认为这有悖于"和平伙伴关系计划"下和平解决冲突的义务。北约敦促俄罗斯依据欧盟提出的六点方案立即从南奥塞梯和阿布哈兹撤出军队。与此同时，应格鲁吉亚的要求，北约同意帮助格评估民用基础设施的损失和武装力量的状况；支持格鲁吉亚交通系统的重建；为格鲁吉亚的网络防务问题提供咨询。北约秘书长发表声明强调北约不承认在南奥塞梯与阿布哈兹举行的选举，认为举行选举无益于问题的和平解决。③

2008 年 9 月，北约与格鲁吉亚建立了北约—格鲁吉亚委员会，委员会的主要作用是监督俄格战争后北约对格援助的使用情况，以及指导布加

---

① "计划与评估进程"启动于 1995 年，旨在培养伙伴国在训练、演习和行动中与北约军队的协同能力，希望加入北约的国家在加入"成员国行动计划"前必须先参与"计划与评估进程"。

② "单独伙伴关系行动计划"在 2002 年由北约发起，与自愿加入的伙伴国每两年签署一次，旨在将伙伴国与北约的合作项目置于同一框架下，提高项目活动的有效性以更好地帮助伙伴国进行国内改革，内容涉及双方政治与安全合作的各个方面。目前加入此计划的有格鲁吉亚、阿塞拜疆、亚美尼亚、哈萨克斯坦、摩尔多瓦、黑山和波黑七国。

③ NATO, "NATO's relations with Georgia", http://www.nato.int/cps/en/natolive/topics_38988.htm.

勒斯特峰会确立的格鲁吉亚改革进程。在北约—格鲁吉亚委员会框架下，设立了年度国家项目（Annual National Programme），以最大限度地在格民主、制度和防务改革等领域提供咨询和援助，并取代原来的"单独伙伴关系行动计划"。2012年北约芝加哥峰会上，北约再次确认了布加勒斯特峰会上未来准备吸收格鲁吉亚入盟的决定，并欢迎在北约—格鲁吉亚委员会框架下积极与联盟进行合作推动格鲁吉亚改革进程，以使格自身达到加入北约的要求。格鲁吉亚表示会积极支持北约的各项行动，承诺在2014年阿富汗完成安全责任交接后继续派兵驻守阿富汗执行训练及协助等任务，并加入北约在地中海的"积极奋进行动"（Operation Active Endeavour）和反恐海事监视行动。①

（二）阿塞拜疆

阿塞拜疆在地缘政治方面对西方也十分重要，"它是装满了里海盆地和中亚财富的大瓶的瓶塞。如果阿塞拜疆完全被莫斯科控制，中亚各国就无真正的独立可言。阿塞拜疆如果丧失独立，它本身非常重要的石油资源也将被俄罗斯控制。一个独立的、由不穿过俄罗斯控制的领土的石油管道同西方市场连接在一起的阿塞拜疆还将提供一条重要通道，使经济发达的石油消费国能进入能源丰富的中亚国家"。②为此，北约通过各个合作项目，极力拉拢阿塞拜疆，而阿塞拜疆出于本国利益考虑，总体上奉行在北约与俄罗斯之间保持平衡的外交政策。阿塞拜疆于1997年加入"和平伙伴关系计划"的"计划与评估进程"，从2005年开始先后与北约签署了三次"单独伙伴关系行动计划"。双方的改革计划和政治对话主要在"单独伙伴关系行动计划"框架下进行。双方合作的领域主要包括防务安全部门的民主控制与良治、防务计划和预算、以北约的标准重组阿塞拜疆的武装力量结构以及发展阿塞拜疆部队与北约部队的协同能力。③ 阿塞拜疆为北约在科索沃和阿富汗的军事行动提供了兵力。此外，北约鼓励阿塞拜疆与亚美尼亚对具有争议的纳戈尔诺—卡拉巴赫地区通过和平谈判的方式解

---

① NATO, "NATO's relations with Georgia", http://www.nato.int/cps/en/natolive/topics_38988.htm.

② [美]兹比格纽·布热津斯基：《大棋局：美国的首要地位及其地缘战略》，中国国际问题研究所译，上海人民出版社2007年版，第27页。

③ NATO, "NATO's relations with Azerbaijan", http://www.nato.int/cps/en/natolive/topics_49111.htm.

决领土争端。

(三) 亚美尼亚

出于与土耳其的历史积怨,亚美尼亚与北约的关系保持了一定的距离。亚美尼亚是目前外高加索地区唯一一个奉行亲俄政策的国家,但出于应对非传统安全威胁和大国平衡战略的考虑,亚国也积极参加了各项北约合作项目。亚美尼亚于2002年加入"和平伙伴关系计划"的"计划与评估进程",从2005年开始先后与北约签署了三次"单独伙伴关系行动计划"。目前,双方的合作主要在"单独伙伴关系行动计划"和"和平伙伴关系计划"两个框架下展开,其主要目的是增进北约和亚美尼亚的政治对话,以及支持亚美尼亚的民主与防务改革。两个计划下的合作不仅包含防务领域,而且还涉及亚美尼亚与邻国的关系、民主标准、法治、反恐、反腐败、民事应急计划制定、科学和环境、公众信息等内容。北约在这些框架下承诺为亚美尼亚在上述领域的改革提供咨询和援助,而亚美尼亚承诺为北约的域外军事行动提供支持,分别在2004年和2009年为北约提供了科索沃和阿富汗的驻军。[①]

北约与外高加索国家积极发展合作关系与北约成员国对此地区的利益密切相关。北约认为,外高加索地区对大西洋两岸的盟国都具有非常重要的战略价值。美国在该地区的主要利益是反恐、能源安全和地区稳定。"9·11"以后,外高加索地区对美国的价值进一步上升,如果该地区发生动荡,恐怖分子会把它当做天然的庇护所。美国在阿富汗和伊拉克的军事行动同样提升了这一地区的价值,因为行动的后勤补给需要利用该地区以及毗邻海域的领土、领海和领空。能源安全是美国在外高加索的核心利益。美国的主要目标是通过可靠的线路将高加索和中亚的能源运往欧洲。[②]阿塞拜疆—格鲁吉亚—土耳其—欧洲能源管道被美国视为摆脱伊朗和俄罗斯过境依赖的最好选择。对欧洲国家来说,非法移民和能源安全是它们关注外高加索地区的主要原因。欧盟估计约有80%的非法移民来自于外高加索及其毗邻的黑海地区。欧洲国家一直试图实现能源进口及其线路

---

① NATO, "NATO's relations with Armenia", http://www.nato.int/cps/en/natolive/topics_48893.htm.

② Lincoln A. Mitchell, "More Than Location: Crafting a US Policy for the Black Sea Region", *Southeast European and Black Sea Studies*, Vol. 8, No. 2, 2008, p.132.

的多元化，降低对俄罗斯的依赖以确保能源安全。特别是在 2006 年俄罗斯暂停对乌克兰能源供应以及 2008 年俄格冲突后，能源安全成为欧洲国家在这一地区的首要利益。然而，欧洲国家与美国对于外高加索地区存在不同的看法，欧洲国家之所以在对待俄罗斯时整体上奉行比较谨慎的政策，仍然是因为欧洲对于俄罗斯的能源依赖起着关键性的作用。2008 年北约布加勒斯特峰会上，美国敦促其他盟友允许格鲁吉亚直接加入"成员国行动计划"（MAP），但俄罗斯利用能源对法德施压，成功阻止了格加入"成员国行动计划"。"北约在给予格鲁吉亚和乌克兰成员国资格问题上的缺乏决断，被认为是法国和德国等主要欧洲国家反对的结果"。①

2000 年后的能源高价帮助俄罗斯将其能源财富转化为经济财富，俄罗斯成功地借此提升了自身外交能力。② 在此背景下，俄罗斯能够在前苏联地区施加更大的影响力，它在其周边政策中视外高加索地区为俄罗斯具有特殊利益的地带，采取一切"合法手段"追求与前苏联国家的一体化被其视作关键利益，包括对这些新独立国家采取"分化与影响"政策。③"俄罗斯的新政策假设自身是一个大国，本质上是没有朋友的，而且其他大国想看到一个虚弱的俄罗斯以便剥削它。在这样的逻辑下，俄罗斯认为必须重申自己作为一个大国的地位"。④虽然西方和俄罗斯在"9·11"后找到了部分共同利益，并且还成立了北约—俄罗斯理事会，但之后的"玫瑰革命"与"橙色革命"显然加剧了双方的猜疑。在前苏联国家的一系列革命被俄罗斯当局视为西方压制俄罗斯影响力的企图。⑤ 俄罗斯认为这是对西方与俄罗斯发展关系的背叛，如果西方不将俄罗斯纳入其安全安排，俄罗斯将在核扩散、能源安全等一系列问题上倾向于采取更具挑战性的立场。

---

① Özkan, Gökhan, "Georgia's NATO Membership within Context of the Black Sea Dimension of 'The New Great Game'", *Journal of Black Sea Studies*, Autumn2010, Vol. 7, No. 27, p. 8.

② Andrew Monaghan, "Russia's Energy Diplomacy: A Political Idea Lacking a Strategy?", *Southeast European and Black Sea Studies*, Vol. 7, No. 2, 2007, p. 276.

③ James Sherr, "Security in the Black Sea Region: Back to Realpolitik?", *Southeast European and Black Sea Studies*, Vol. 8, No. 2, 2008, p. 145.

④ Dimitri Trenin, "Russia Leaves the West", *Foreign Affairs*, Vol. 85, No. 4, 2006, pp. 87—96.

⑤ Andrey Makarychev, "Russia, NATO, and the "Color Revolutions"", *Russian Politics and Law*, Vol. 47, No. 5, 2009, pp. 40—51.

第四章　北约的亚洲伙伴关系：追随与地区制衡

　　北约与俄罗斯在这一地区的利益冲突是俄格战争爆发的根本原因。俄罗斯与格鲁吉亚在2008年夏天的冲突显示了这一地区稳定的脆弱性，而且根本上改变了这一地区的地缘政治图景。两国的冲突具有超越本地区的全球影响力。俄格冲突以及其后北约的有限回应预示着俄罗斯在这一地区的影响力日益上升。有学者认为，这一局势的发展意味着该地区与全球层面在冷战后的权力政治的回归。俄罗斯的军事行动震撼了西方世界，提醒它们俄罗斯在这一地区特殊的军事与政治分量。通过这一行动，"俄罗斯试图劝阻国际投资者支持巴库—第比利斯—杰伊汉、巴库—第比利斯—埃尔祖鲁姆以及纳布科等管线，因为途经的格鲁吉亚可能会陷入动荡，俄罗斯借此可以垄断里海与中亚通往欧洲的能源管线"。[①] "俄格间的军事冲突威胁到了北约作为一种稳定手段的扩大"。[②] 由于担心北约卷入俄罗斯与格鲁吉亚的冲突，北约东扩的步伐实际上已经就此止步了。

　　外高加索三国对北约的政策是追随和地区制衡行为模式的复合体。一方面，外高加索三国和北约都认为双方的合作有助于维持地区内非传统安全领域的安全；另一方面，三国与北约都有对俄罗斯主导地区事务的忧虑，需要北约作为一个外部力量进入该地区平衡俄罗斯的影响力。与其他两国不同，格鲁吉亚在俄格战争爆发前就由于领土问题已经视俄罗斯为国家安全的最大威胁，希望加入北约来维护自身的国家安全。由于之前的东扩非常顺利，与欧洲国家的谨慎相比，美国认为吸收格鲁吉亚加入北约不会招致俄罗斯的反弹。因此当时北约和格鲁吉亚处于双方合作收益估算向互助收益估算转化的阶段，北约基于这种情况向格鲁吉亚发出了入盟的邀请。但俄罗斯强烈的反应（俄格战争）彻底改变了格北双方的收益估算，格鲁吉亚通过战争更加确信北约是其安全的唯一保证，收益估算变为互助收益＞互助成本。而在北约看来，如果没有获得俄罗斯的默许而吸收格鲁吉亚入盟，将有与俄罗斯发生直接冲突的可能，北约的收益估算退回到原来的合作收益＞合作成本阶段。虽然北约表面上还表示支持格国将会加入联盟，但在目前的收益估算状态下可能性微乎其微。

[①] Stephen Blank, "What Comes After the Russo-Georgian War? What's at Stake in the CIS", *American Foreign Policy Interests*, No. 30, 2008, p. 379.

[②] Jonathan Sireci-Damon Coletta, "Enduring without an Enemy: NATO's Realist Foundation", *Perspectives*, Vol. 17, No. 1, 2009, p. 70.

三 北约与中亚五国的关系

由于中东欧事务占据了北约 20 世纪 90 年代的主要议程,北约在 20 世纪 90 年代对中亚的战略主要局限于两个方面:发展与能源丰富的哈萨克斯坦的关系;阻止俄罗斯成为里海能源管道的垄断者。"9·11"事件以后,中亚与阿富汗地理上的毗邻性提升了其在北约亚洲战略中的地位。[①] 北约于 2004 年 7 月伊斯坦布尔峰会期间同意设置了"高加索与中亚秘书长特别代表"职位,以便加强同这两个对北约具有重要战略意义地区的联系。随后,罗伯特·西蒙斯(Robert F. Simmons)于 8 月被任命为第一任代表,职责是代表北约同这两个地区的伙伴国成员开展合作,监督项目执行情况,向北约组织报告并提出合作建议。[②] 虽然中亚五国都加入了欧洲—大西洋伙伴关系理事会,但它们整体上与北约的合作进展还比较有限。近些年来,中亚国家与北约的合作存在着平衡集体安全条约组织与上海合作组织的意图,北约的中亚战略很大程度上受到北约阿富汗战略的影响。目前,双方主要在三个方面展开合作:第一,欧洲—大西洋伙伴关系理事会框架下的项目合作,哈萨克斯坦、乌兹别克斯坦和吉尔吉斯斯坦参加了"和平伙伴关系计划"架构内的"计划与评估进程",哈萨克斯坦参加了北约"单独伙伴关系行动计划",其他四国分别参加了参与程度不同的各类伙伴关系项目;第二,北约阿富汗行动北方补给线的合作,根据北约与中亚国家的协议,北约物资经俄罗斯或外高加索国家中转中亚,最终运抵阿富汗,由于巴基斯坦与北约/美国的关系一度紧张,北方补给线在 2011 年运送了 60% 的阿富汗战地物资;[③] 第三,"新丝绸之路"的合作,2011 年,为了发展地区经济,美国推出了帮助中亚国家建立贯穿阿富汗联通南亚的交通和石油管道运输线的"新丝绸之路"计划,这一计划得到了北约的支持,但目前尚处于刚刚起步阶段。

(一)哈萨克斯坦

北约与哈萨克斯坦的对话主要在欧洲—大西洋理事会框架下展开。北

[①] Nima Khorrami Assl, "NATO's Central Asia strategy: What next?", http://www.aljazeera.com/indepth/opinion/2012/03/201232594140716265.html.

[②] 张宁:《北约与中亚国家的"和平伙伴关系计划"》,《国际信息资料》2009 年第 3 期。

[③] Alexander Cooley, "NATO and Central Asia", *EU-Central Asia Monitoring Watch*, No.11, February 2012, p.4.

约驻高加索与中亚秘书长特别代表（2013年时任代表为詹姆斯·阿帕苏莱伊）定期与哈萨克斯坦当局（也包括其他中亚四国）进行政治对话。北约中亚联络官同时定期访问阿斯塔纳，并评估与哈萨克斯坦政府的合作。目前，北约与哈萨克斯坦在"单独伙伴关系行动计划"框架下开展了多领域的务实合作，哈萨克斯坦在该框架下制定了改革计划与时间表。以2012—2013年度"单独伙伴关系行动计划"为例，其包含了政治、军事、安全部门的改革等内容。北约同意为使哈萨克斯坦实现这些改革目标提供具体的建议和援助。

此外，哈萨克斯坦还在欧洲—大西洋伙伴关系理事会内及"和平伙伴关系计划"具体项目下开展合作。在安全合作方面，哈萨克斯坦专门划拨了一个步兵营供北约在联合国授权下的和平行动使用。该步兵营已多次参加北约组织的实战演习。从2006年开始，哈萨克斯坦每年都与北约举行代号为"草原之鹰"的军事演习。演习的目的是为了提高哈萨克斯坦步兵营与北约军队的作战协同能力。2010年，哈萨克斯坦连同俄罗斯、乌克兰、乌兹别克斯坦、白俄罗斯与北约签署了关于国际安全援助部队使用这些国家铁路线运输非武器物资至阿富汗的协定。[①] 2012年，该协定进一步扩大为可以返程运送从阿富汗出发的非武器物资。在防务和安全部门改革方面，北约积极支持"单独伙伴关系行动计划"指导下的哈萨克斯坦民主与制度改革进程。特别是在防务和安全部门改革领域，北约及其个别成员国为哈萨克斯坦提供了大量的专业意见。2002年哈萨克斯坦参加了"计划与评估进程"，进程帮助发展了哈军与北约的协同能力，特别是注意发展两军的空中机动力量配合能力。在民事应急计划制定方面，哈萨克斯坦通过参加北约的欧洲—大西洋灾难反应协调中心，来发展自身民事应急与灾难管理能力。在科学与环境合作方面，哈萨克斯坦通过北约的和平与安全科学项目获得了大量科学与环境项目的资金。这些资金主要被用于研究中亚的放射性风险、集中水资源管理和抗震建筑新技术的研发。2010年5月，来自哈萨克斯坦和其他独联体国家的科学家与工程师还接受了北约网络安全的培训。在公众信息方面，北约开展各种活动和项目来提高哈公众对北约的认知及了解北哈关系带来的收益。2007年，北哈联合举办

---

① NATO, "NATO's relations with Kazakhstan", http://www.nato.int/cps/en/natolive/topics_49598.htm.

了培训哈新闻与公众信息官员的研讨班。同年，北约资源与信息中心在阿拉木图阿尔—法拉比国立大学成立，中心成立后举办了一系列以北约为主题的活动。

（二）吉尔吉斯斯坦

北约与吉尔吉斯斯坦通过"单独伙伴关系合作项目"①（Individual Partnership Cooperation Programme）在多领域进行了务实合作，主要包括安全与维和合作（尤其是反恐与边界安全合作）、危机管理、民事应急计划制定。吉尔吉斯斯坦于2007年加入了"计划与评估进程"，使北吉双方在军事协同能力建设和防务计划起草方面的合作更为紧密。在安全合作方面，吉尔吉斯斯坦多次参加和平伙伴关系演习。吉政府单列了若干军事单位供北约和平伙伴关系架构下行动与训练演习之用。这些军事单位包含一个步兵连、一个反恐与维和训练特别国家护卫团和一个边防连。北吉也签署了地面过境吉国土运送物资给国际安全援助部队的协议。② 在防务与安全部门改革方面，吉尔吉斯斯坦通过与北约的磋商，开启了自身武装力量改革的进程，这些改革主要旨在加强吉方参加北约维和行动的能力。在民事应急计划制定方面，北约通过欧洲—大西洋灾难反应协调中心积极帮助吉改善自然灾害与紧急情况反应能力。在科学与环境方面，吉尔吉斯斯坦通过"和平与安全科学项目"获取了北约大量资助。吉科学家与北约各国科学家开展了山体滑坡灾难防治的研究和防止核废料影响当地居民健康的研究。在公众信息方面，北约通过邀请吉方人士访问北约总部、在塔吉克斯坦举办国际研讨会、在北约与吉的学术机构间举行视频会议等方式，加深吉公众对北约的了解及双方合作的意义。

（三）塔吉克斯坦

塔吉克斯坦是最晚加入欧洲—大西洋伙伴关系理事会的中亚国家，它于2002年正式加入"和平伙伴关系计划"。加入"和平伙伴关系计划"

---

① 该项目涉及防务改革、防务政策与计划、教育与培训、演习合作、民事应急计划制定和防灾救灾、环境与科学合作等，内容不及"计划与评估进程"和"单独伙伴关系行动计划"丰富，以下提到的"单独伙伴关系项目"、"单独伙伴关系合作项目"、"单独伙伴关系与合作项目"都与该项目类似。以合作密切程度来划分，参加"计划与评估进程"的国家与北约的合作程度最高，"单独伙伴关系行动计划"次之，仅参加其他项目的伙伴国与北约合作程度最低。

② NATO, "NATO's relations with the Kyrgyz Republic", http://www.nato.int/cps/en/natolive/topics_49607.htm.

后，塔吉克斯坦与北约开展了积极的反恐合作，在其他领域也发展了一定的政治合作关系。"单独伙伴关系项目"（Individual Partnership Programme）是双方进行合作的主要项目载体，内容主要包括安全与维和合作、危机管理与民事应急计划制定。在安全合作方面，塔吉克斯坦通过允许法国空军使用杜尚别机场为驻阿国际安全援助部队提供了有力支持。[①]北约帮助塔吉克斯坦在国防部下属的军事研究所开设了反恐课程，塔方也与北约交流了相关的专业技能和信息。塔军单列了若干军事单位参加"和平伙伴关系计划"框架下的行动与训练演习，包括一个步兵团、一组参谋人员和一组军医。另外，塔方还积极寻求提升与北约的扫雷合作。在防务与安全部门改革方面，塔吉克斯坦意图发展对军队的长期有效民主控制能力，通过与北约的磋商，塔国正在发展一套政府、议会与军队间的协调程序。北约努力为塔国在巩固防务政策、战略和相关立法方面提供咨询。双方的合作还体现在加强边境安全与打击跨境犯罪方面，特别是对毒品走私的打击。在民事应急计划制定方面，双方正合作开发自然灾害早期预警系统，来自塔国的人员参加了北约举办的战术与行动军民合作课程。在科学与环境方面，塔国科学家通过"和平与安全科学项目"获得大量资助。资助主要用于改善关涉双方合作的网络基础设施升级、科学家网络技术培训、铀浓缩与环境安全协调等。在公众信息方面，北约通过举办国际研讨会、邀请塔方人员参观北约总部和加强非政府组织与媒体的联系等方式来构建公共外交网络。

（四）土库曼斯坦

土库曼斯坦是中亚唯一宣布奉行永久中立政策的国家，北土双方的合作主要通过"单独伙伴关系合作项目"（Individual Partnership Cooperation Programme）来展开。项目主要涉及边境控制与安全、民事应急计划制定和防务计划制定等。在安全合作方面，基于永久中立的政策，土国不向北约领导的行动提供武装人员或设施。但是，对于救灾、人道救援和搜救行动，土国可依据具体情势做出是否派兵的决定。土国军方官员每年参加由北约及其成员国开设的培训课程，内容涉及军控、裁军、防扩散、武装冲突法律、反恐技术、走私、边境安全与控制、防务计划制定与预算、语言

---

① NATO, "NATO's relations with Tajikistan", http://www.nato.int/cps/en/natolive/topics_50312.htm.

培训、医疗服务等。在民事应急计划制定方面,救灾和民事应急处置是双方在该领域合作的核心。土国在北约帮助下,正在发展其应对自然和人为造成的紧急情况反应能力。为了帮助土国实现建立紧急状态部的愿望,北约2009年在阿什哈巴德举办了民事应急计划制定研讨会,来自土国防部民事防务司的官员和民事应急计划专家参加了研讨会。① 在科学与环境方面,土国自1996年起就开始参加北约的科学活动,至今土国科学家已经参加了30多次此类活动。在"和平与安全科学项目"资助下,土国科学家获得了8个有关科学、环境和教育的课题及大量资金,具体研究涉及放射物风险、安全处置放射性废物、防止原油泄漏、里海污染治理、敏感自然资源的战略管理等,其中占优先位置的还是有关反恐及安全威胁的研究。

(五) 乌兹别克斯坦

北约与乌兹别克斯坦的合作主要通过"单独伙伴关系与合作项目"(Individual Partnership and Cooperation Programme)与"计划与评估进程"来展开。在安全合作方面,从2002年开始乌国开始在支持联盟阿富汗行动方面扮演重要角色,乌不仅允许德国使用铁尔梅兹机场,而且对联盟武装和供给提供空中走廊与道路运输。乌兹别克斯坦专家还协助北约完成在阿富汗的基础设施建设,如重建了阿北部通往喀布尔的十座桥梁。② 在防务与安全部门改革方面,乌国利用北约的专业技术资源推进本国的防务与安全部门改革。在2002年签署"计划与评估进程"后,双方努力提升相互间武装力量的协调配合能力。在北约的资助下,乌国军人接受了北约的反恐和禁毒培训。在民事应急计划制定方面,双方多次进行了防灾救灾演习,积极发展应对自然和人为灾害的相互协调能力。在科学与环境方面,乌国有50多个与科学和环境相关的课题得到了"和平与安全科学项目"资助,北约还对乌科学家与工程师进行网络安全技术的培训。

俄罗斯在中亚的首要目标是防止地区内国家脱离其地缘政治和经济影响范围,使它的周边地区变成一个对其形成威胁的"安全地带"。自苏联

---

① NATO, "NATO's relations with Turkmenistan", http://www.nato.int/cps/en/natolive/topics_50317.htm.

② NATO, "NATO's relations with Uzbekistan", http://www.nato.int/cps/en/SID-EDBB295B-406B9964/natolive/topics_22839.htm.

解体以来，中亚国家获得了大量俄罗斯的军事援助，俄罗斯军事院校还为中亚军队提供了军官培训，而且向中亚国家出售的武器是以国内价格计价的。俄罗斯在中亚的另一项重要利益是保持对该地区通向欧洲的能源出口线路的垄断。2011年9月，集体安全条约组织成员国以反恐为名进行了大规模军事演习，演习包括了里海内的海军演习，由于恐怖分子不大可能卷入海上战斗，这次海上军演被认为是为了阻止阿塞拜疆和土库曼斯坦之间建设跨里海天然气管道的。[①] 俄罗斯对于中亚国家安全的传统影响力可见一斑，短期内难以撼动。西方中亚政策的主要目标主要包括：增进稳定、应对毒品和有组织犯罪、反扩散、防止非法移民、减少对俄罗斯的过境依赖保证欧洲的能源供应。在北约国家看来，要应对这些问题，与中亚国家加强安全合作是必然选择。

然而，北约由于内部的不稳定因素限制了其在中亚施展手脚。一方面，联盟难以找到适当的动力和活动来满足中亚国家的安全需求；另一方面，北约提供的安全援助项目资金上还比较有限。中亚国家由于地理条件的限制，在对外军事合作中很难忽视俄罗斯因素的存在。同时，自2001年以来，中亚国家一直批评西方对阿富汗干预，认为西方干预本质上是军事性质的而非政治性质的，缺乏社会和经济目标，对北约干预造成大量平民伤亡和摧毁伊斯兰文化也颇有微词。但看似矛盾的是，当西方宣布要在阿富汗撤军时，中亚国家又表达了它们的不满，对中亚国家来说，"国际安全援助部队仓促离开了一项尚未完成的工作"，美国驻军的继续留守也不能让它们满意，因为它们要面对"美国、俄罗斯、中国和伊朗间复杂的地缘政治棋局，它们感到置身之中会成为牺牲品或潜在筹码"。[②] 虽然中亚国家的态度表面上看似矛盾，但实际上都是希望阿富汗稳定和发展，能够为这些国家提供一个安定和平的周边环境，而北约的政策与它们的目标背道而驰。

阿富汗安全状况的恶化、欧洲对俄罗斯的能源依赖以及俄格战争的影响，使得俄罗斯在中亚地区的政治、经济、军事影响力全面上升了。在吉

---

① Arthur Dunn, "NATO in Central Asia", http://www.eurodialogue.eu/nato/NATO-in-Central-Asia.

② Marlène Laruelle, "What does Central Asia's "No-Show" at the NATO Chicago Summit Mean?", http://www.gmfus.org/wp-content/blogs.dir/1/files_ mf/1339176174Laruelle_ CentralAsiaNoShow_ Jun12. pdf.

尔吉斯斯坦和塔吉克斯坦建立的军事基地可被视作俄罗斯在这一地区取得政治军事优势和加强战略地位的表现。在中亚取得军事存在对俄罗斯来说是一种比较廉价和有效(相对于发展地区经济)的主导地区安全方案。同时,随着集体安全条约组织快速反应部队的建立,俄罗斯在其领土的南翼的影响力进一步上升。北约在独联体国家领土上的活动通常被莫斯科视为威胁而非稳定因素或安全合作。因此限制北约在中亚的活动是俄罗斯长期追求的目标。从现实情况来看,俄罗斯目前也的确做到了这一点。

总体而言,中亚国家与北约的合作主要集中在非传统安全领域,对于普遍缺乏防务资金的中亚国家来说,北约的援助和指导有助于其加强防务能力,北约希望帮助中亚国家加强对本国安全的管控能力,从而降低该地区恐怖主义、大规模杀伤性武器和毒品向外扩散的风险,在双方的安全合作中中亚国家扮演的是追随者的角色。不可否认的是,中亚国家与北约的合作也隐含着对俄罗斯与中国进行地区制衡的寓意,虽然与两个强大军事邻国有着难以割裂的历史与现实联系,但引入第三方势力来平衡在历史上都曾统治过这一地区的两个国家似乎是一种必然逻辑。

第二节 地中海对话机制下的亚洲伙伴

苏联的解体和华约的解散使冷战后的北约可以向地中海沿岸国家投注更多的精力。北约发展与地中海东南岸对话的观点在90年代初由北地中海三国西班牙、意大利和葡萄牙提出,时任西班牙外长索拉纳是这一想法的倡导者,希望发展这一对话作为巴塞罗那进程在安全维度上的补充。[1]北约想通过与地中海国家进行对话来构建与该地区国家共同的利益,以维护自身的安全。在北约看来,地中海南岸和东岸的一系列安全威胁,使北约有必要构建某种机制来管控这些威胁,这些威胁包含了:恐怖主义、大规模杀伤性武器、国内的不稳定因素、地区和国家间的冲突。同时,北约也意识到,必须与地中海东南沿岸国家建立互信,避免战略误判。北约前秘书长罗伯逊曾强调,有六个缘由使地中海地区成为北约关注的区域:一是潜在的不稳定因素,过去曾由这一地区引发了影响北约的危机;二是恐

---

[1] Santis, N., "NATO's Agenda and the Mediterranean Dialogue", 2002, http://www.nato.int/med-dial/2003/0304-art.pdf.

怖主义，在考虑到这一地区尚未解决的政治、社会和宗教问题的情况下，尤其如此；三是巴以冲突是阿拉伯国家与西方国家实现关系正常化的障碍；四是地中海区域的某些国家在寻求大规模杀伤性武器；五是能源安全，65%的原油和天然气经过地中海输入欧洲；六是经济差异和与此相关的移民问题，从1986年开始中东和北非的人均收入平均每年下降2%，而人口却每年增长2.5%。① 地中海国家有的为了摆脱内部动荡的困扰，有的为了摆脱国际孤立，有的为了打击恐怖主义，也需要北约的支持与合作。

在1994年布鲁塞尔峰会上，北约正式向地中海沿岸国家发起了"地中海对话"倡议，埃及、以色列、毛里塔尼亚、突尼斯、摩洛哥正式加入了这一对话，约旦和阿尔及利亚分别于1995年和2000年加入了对话。北约有选择地邀请这些地中海沿岸国家加入对话是因为这些国家对西方奉行比较温和的政策，而以色列的加入主要是美国推动的结果。② "地中海对话"的发展大致经历了两个阶段，第一阶段是1995年到2001年，双方进行了频繁的政治对话，通过信息交换和观点交流，提升了对彼此的理解和信任；第二阶段是2001年至今，由于发生了"9·11"事件，北约加大了对这一地区的战略关注和投资，将原来比较务虚的对话提升至比较务实的政治安全合作。

一 地中海对话机制的第一阶段

在第一阶段，双方就未来关系等非重要议题进行了各个层级的对话会议，试图通过这种社会化过程提升相互的理解。会议在多边或双边框架下进行，主要集中在交换意见和传递对地区发展的观点上，如阿以冲突、伊拉克问题等。北约非常热心于向对话国通报自身内部的发展，尤其是自己的转型进程，以及各种安全关切的观点。在对话开展的头两年，双方没有实现任何重大的成果，只是对促进相互的认知和态度的转变起到了一定作用。

---

① "Speech by NATO secretary general, Lord Robertson at the Royal United ServicesInstitute", London, April 29 2002. http://www.nato.int/docu/speech/2002/s020429a.Htm.

② Winrow, G., *Dialogue with the Mediterranean: The role of NATO's MediterraneanInitiative*, New York and London: Garland Publishing, 2000, p.196.

在 1997 年马德里峰会上，北约成立了直接向北大西洋理事会负责的地中海合作小组（Mediterranean Cooperation Group），但除了有一定数量的军事人员被邀请观摩北约演习之外，双方的关系仍没有任何重大进展。1999 年的华盛顿峰会确认了地中海安全的重要性，"作为一个整体的联盟的安全，尤其是欧洲，与该地区（地中海地区）的安全和稳定紧密相连。"① 此后，"地中海对话"的内容扩展至探讨发展军事、民事应急和科学合作的可能性等议题，地中海国家也表达了与北约进一步发展合作的意愿。双方以 19 + 1 或 19 + 7 的形式在各个官员层级开展了频繁的多边或双边会晤，除了原先的政府官员以外，更多地中海国家的记者、学者和议员造访北约机构，北约也一致同意建立地中海国家联络处。除对话与访问外，双方还开展了一定的实务合作，实务合作主要通过年度工作计划项目来展开，总共包含 140 多项活动，通过这些活动，北约将在军事演习、医疗救助、防扩散、边境安全、反恐、空域控制、防务改革、军备管理等领域的经验传授给地中海国家。在这些领域中，北约举行了一系列论坛和课程来丰富地中海国家在危机管理和民事应急计划制定方面的知识。另外，双方还进行了科研活动的合作，例如，2000 年有 108 名来自地中海国家的科学家参加了北约资助的科研培训。② 但总体来说，"地中海对话"在这一阶段的进展非常缓慢，北约没有提供很多实质性的项目和援助，地中海国家除以色列较积极参加对话进程外，其他国家都对北约在该地区的角色心存疑虑，没有投入太多精力发展与北约的关系。尽管如此，第一阶段的对话还是增进了相互的认知，降低了双方误判的风险，为下一阶段双方实质性的合作铺平了道路。

二 地中海对话机制的第二阶段

"9·11"事件彻底改变了北约对地中海国家的态度，布拉格峰会宣言宣称，"我们重申'地中海对话'与包括欧盟巴塞罗那进程在内的国际努力是相互补充和相互助力的关系"。③北约的这一表态其实已经隐含了更

---

① NATO, "The Alliance's Strategic Concept", http://www.nato.int/cps/en/SID - AB109835 - 566E4BAB/natolive/official_ texts_ 27433. htm? mode = pressrelease.
② Mohammed Moustafa Orfy, *NATO and the Middle East*, New York: Routledge, 2011, p. 98.
③ NATO, "Prague Summit Declaration", http://www.nato.int/cps/en/natolive/official_ texts _ 19552. htm? selectedLocale = en.

深一层的含义,即如果想要获得其他地区机制的好处必须以"地中海对话"作为先决条件,不能向先前那样将"地中海对话"机制作为选项之一,而是必须作为地区合作进程的必选项。

2004 年在北约伊斯坦布尔峰会上,北约首脑决定通过建立更具雄心和广泛的框架来提升"地中海对话"的实质性伙伴关系,这大大促进了"地中海对话"的政治合作与实务合作。从那时开始,北约和地中海伙伴国的政治对话在质量上和数量上也有很大提升。双方在部长级、大使级和工作级别上进行了定期双边或多边的磋商。北约和地中海伙伴国的外长分别在 2004 年、2007 年和 2008 年在布鲁塞尔进行了三次会谈。双方国防部长分别在 2006 年和 2007 年在意大利陶尔米纳和西班牙塞维利亚举行了两次会谈,双方国防部的高官也已举行了 10 次会谈。地中海对话伙伴国参与北约活动的次数也有了惊人的增长,尤其是 2005 年,相较于 2004 年增长了 85%。双方还在 2006 年在摩洛哥拉巴德举行了首次"北大西洋理事会 + 7"会议,签署了信息保密协议。首次地中海对话政策顾问团与七个伙伴国的会议也在 2011 年 9 月在意大利圣雷莫召开。北约秘书长和副秘书长多次造访地中海伙伴国,就推动"地中海对话"框架下的各项政治与实务合作进行了高层政治磋商。①

北约采用里斯本峰会提出的《积极参与,现代防御》战略新概念后,把合作安全视为联盟的三大首要任务之一,其中特别提到了"地中海对话"的重要性,"我们坚定地致力于和所有地中海国家友好与合作关系的发展,我们准备在未来进一步发展'地中海对话'。我们将会深化与现在'地中海对话'成员国的合作,并且确保'地中海对话'向地区内的其他国家开放"。②对此,地中海伙伴国予以了积极的回应,它们重申了对提升政治磋商的支持,希望以此使对话更好地符合自身的具体利益并维持各个伙伴国与北约间差别化的合作框架。在具体层面,双方的合作仍然在年度工作项目下进行,年度工作项目的内容包含了武装力量现代化、民事应急计划制定、危机管理、边境安全、轻小武器、公

---

① NATO, "NATO Mediterranean Dialogue", http://www.nato.int/cps/en/SID - 623DA7D3 - 4EA9DC5F/natolive/topics_ 60021.htm?.

② NATO, "The Alliance's Strategic Concept", http://www.nato.int/cps/en/SID - AB109835 - 566E4BAB/natolive/official_ texts_ 27433.htm? mode = pressrelease.

共外交、科学与环境合作、反恐和防扩散等领域的理论与实践活动。在原来观摩北约演习的基础上,地中海伙伴国被进一步邀请参加北约的军事演习,参加北约防务学院的课程与参观北约军事机构等。北约海军曾数次访问了地中海伙伴国的港口,并派出北约专家评估双方进一步军事合作的可能性。

目前,北约明确了"地中海对话"的三大目标:一是促进地区安全与稳定;二是实现更好地相互信任;三是避免双方的误判。为此,北约为发展"地中海对话"制定了七大原则:(1)非歧视性,对于所有伙伴国与北约的合作一视同仁;(2)差异化,北约根据伙伴国的具体需求,提供差异化的合作项目;(3)容纳性,所有伙伴国应该视自身为合作的共同攸关方;(4)双向参与性,不仅北约要为对话机制的成功做出努力,伙伴国也必须作出贡献;(5)非强制性,伙伴国自由选择合作的范围和进度,北约不强制推行合作;(6)互补性和相互助力,"地中海对话"与欧盟"地中海联盟"和欧安组织"地中海倡议"等地区机制是互相补充和互相助力的关系;(7)多元化,"地中海对话"尊重和考虑各个伙伴国的政治文化背景。① 原则上,北约认为"地中海对话"的各项活动应由参加国自筹经费,但事实上北约已经决定全额资助各项对话参与活动,并且把和平伙伴关系信托基金向地中海伙伴国开放。双方开展的活动已经从2004年的100多次上升到2011年的700多次,军事活动约占其中的85%。②

2011年北约柏林外长会议决定,建立单一伙伴关系合作目录,向所有伙伴国开放原来专属于"和平伙伴关系计划"成员国的合作内容。双方的具体内容因此有了巨大拓展,新增的合作内容包括:北约提供用于监督合作活动的电子主数据库;旨在改善与北约危机反应行动配合能力的"行动能力概念"(Operational Capabilities Concept);开放欧洲—大西洋灾难反应协调中心项目提高双方救灾反应协同能力;利用"反恐伙伴关系行动计划"加强双方反恐协同能力;采用"民事应急计划制定行动计划"

---

① NATO,"NATO Mediterranean Dialogue", http://www.nato.int/cps/en/SID-623DA7D3-4EA9DC5F/natolive/topics_60021.htm?.

② Ibid.

提高伙伴国民事应急能力。①

三 北约与以色列、约旦的关系

对以色列而言，加强与北约的合作有三重重要意义：其一，在外交方面，加强与北约的安全合作将极大地提高以色列的政治地位。双方的合作将使阿拉伯国家明白，国际社会并不会避讳与以色列进行广泛的政治合作。即便大多数北约国家不赞成以色列在巴勒斯坦被占领土上的行为以及它的诸多具体反恐政策，但这不妨碍它们与以色列进行军事、政治、经济领域的合作。因此，这会有效缓解以色列面临的孤立处境。② 其二，在军事防御层面，与北约的合作能够提升以色列的威慑能力和行动能力。伊朗、叙利亚等敌国在准备与以色列发生冲突时，必须考虑到以色列已经不像以前那么孤单了。同时，以色列与北约的合作也意味着以色列与土耳其关系的加强，作为伊朗和叙利亚的共同邻国，土耳其无疑会增加以色列的威慑能力。以伙伴国身份而非成员国参与北约事务，既可以使以色列在平时得到援助，也可以在其发动单边袭击时避开北约成员国的牵制，军事上进退自如。此外，参与北约的军事演习可提高以色列应对各类威胁的行动能力。③ 其三，在经济方面，加强与北约的合作有助于促进以色列的军火贸易。作为一个弹丸小国，以色列常年位居世界军火出口大国地位。与北约的合作为展示以色列高科技武器提供了新的舞台，以色列在战争和反恐方面的丰富经验，必然使其武器在欧洲军售市场上获得青睐。

因此，在"地中海对话"各伙伴国中，以色列与北约建立了相对最为紧密的关系。同时，北约认为以色列强大的军力和丰富的反恐经验，有助于其在反恐时代的战略转型。2004年10月，北约前盟军最高司令官约瑟夫·拉尔斯通甚至一度提出了直接将以色列吸收进北约的建议，关于巴以冲突，他认为以色列加入北约后联盟可以派兵驻守巴以边界地区，将冲突的双方隔开。他的建议得到了美国智库的一些人士和西班牙前首相阿斯

---

① NATO, "NATO Mediterranean Dialogue", http://www.nato.int/cps/en/SID-623DA7D3-4EA9DC5F/natolive/topics_60021.htm?.

② Richard Rupp, "Israel in NATO? A Second Look", *National Interest*, No. 86, November/December 2006, pp. 51—54.

③ Zaki Shalom, "Israel and NATO: Opportunities and Risks", *Research Paper*, Tel Aviv: Jaffee Center for Strategic Studies, 2005, pp. 1—4.

纳尔的响应。① 法国和新入盟的东欧国家对此表示坚决反对，认为这会将北约卷入无休止的巴以冲突和以伊（朗）对抗。有趣的是，以色列对此也并不领情，认为加入一个有许多经常批评自己的欧洲国家参加的联盟，会束缚自己的手脚，远没有继续保持美以特殊关系保险。② 正如内塔利亚胡所言，阻止激进伊斯兰国家的扩张和防止伊朗获得核武器是北约—以色列伙伴关系的基础，"寻求建立战略伙伴关系而不是加入北约的中间路线对以色列来说是明智之举"。③

以色列与北约的实质性合作开始于2004年，双方在当年11月草签了北约—以色列联合军事演习的议定书，次年3月双方正式签署了军演合作协议。北约视协议的签署为提升自身反恐和作战能力的工具，以色列认为协议加强了军方对伊朗和叙利亚的威慑能力。此外，以色列在此后对加沙地带等被占领土上的行动都与北约进行了军事磋商和情报共享。④ 2006年以色列首次参加了北约在罗马尼亚和乌克兰举行的黑海军事演习，同年10月北约和以色列宣布双方确定了"单独合作项目"的实施办法和以色列参与北约"积极奋进行动"的具体方式。北约副秘书长就此评价到，"以色列将会成为第一个参加地中海'积极奋进行动'的地中海对话伙伴国，由于以色列的积极参与，我们最终从对话走向了真正的伙伴关系"。⑤ 2008年，以色列和北约续签了"单独合作项目"并对内容进行了适度地扩展，具体内容包括反恐、情报共享、军备合作与管理、核生化防御、军事教育与演习、民事应急计划、救灾等。⑥ 值得注意的是，以色列一直希望在伙伴关系框架内进一步提升合作，但北约作为一个整体认为合作需与"地中海对话"其他伙伴尽量协调一致，同时也不想卷入以色列与邻国的

---

① Jose Maria Aznar, "Israel and NATO", *Congress Monthly*, September/October 2007, pp. 3—4.
② Richard Rupp, "Israel in NATO? A Second Look", *National Interest*, No. 86, November/December 2006, pp. 51—54.
③ Benjamin Netanyahu, "Israel is NATO-we are the West", *Congress Monthly*, September/October 2007, p. 3.
④ Michel Chossudovsky, "Israel: A De Facto Member of NATO", *Global Research*, May 9, 2013.
⑤ Alessandro Minuto Rizzo, "Speech by NATO deputy secretary general, Alessandro Minuto Rizzo at conference on NATO's Transformation, the Mediterranean Dialogue, and NATO-Israel relations", http://www.nato.int/docu/speech/2006/s061023a.htm.
⑥ Tommy Steiner, "NATO-Israel Relations: The Level of Ambition", http://www.comitatoatlantico.it/en/studi/nato-israel-relations-the-level-of-ambition/#_ftn12.

冲突，对以色列的期待没有给予积极的回应。

北约和约旦在反恐、防扩散、失败国家带来的风险等方面享有共同利益，双方宣称在维持国际安全、稳定与和平等方面具有共同期望。双方的合作主要在"单独合作项目"框架下开展，内容涉及政治磋商和实务合作的多个领域，包括军事协同、教育与培训、民事应急计划制定、残留武器和未爆炸装置的销毁等方面。北约认为约旦是地区的重要稳定力量，对于地区内的主要挑战尤其是中东和平进程发挥了建设性的作用。约旦对北约在巴尔干、阿富汗和利比亚的军事行动都给予了支持。[①] 相对来言，约旦与北约的合作还处于比较初级的阶段。

北约与地中海伙伴国的合作是双方收益估算一致的结果（合作收益＞合作成本），北约希望通过地中海对话机制向地中海南岸与东岸国家输出安全，实现稳定北约领土毗邻区的目标。地中海伙伴国大都防务建设比较落后，需要外界的资助来实现防务能力的提升。当然，以色列的参与是个例外，以色列与北约的合作同时考虑到了制衡伊朗与叙利亚的需要。北约为地中海伙伴国提供合作内容的方式与非强制性原则，充分体现了主导型多边联盟与外界行为体进行安全合作时的主导性范式，这是区别于其他联盟的主要标志之一。综上所述，地中海伙伴国在合作框架内采取的是以追随为主的行为模式，而以色列的行为模式综合了追随和地区制衡的手段。

第三节　伊斯坦布尔合作倡议机制下的亚洲伙伴

一　合作的动因

早在1991年北约就对海湾地区予以了特别关注，如前文所述，在北约冷战后首份战略概念文件中就重点强调了"第一次海湾战争证明海湾地区和平与稳定对欧洲的重要性"，该地区的军力建设特别是大规模杀伤性武器和导弹技术的发展对联盟构成了威胁。但北约真正介入海湾地区的事务还是在"9·11"事件以后，尤其是在北约2003年8月接手驻阿富汗国际安全援助部队指挥权之后，与地区内的伊斯兰国家的合作变得更为紧

[①] NATO, "NATO Deputy Secretary General Vershbow visits Jordan", http://www.nato.int/cps/en/natolive/news_88537.htm.

迫。另外，美国入侵伊拉克后虽然削弱了伊拉克的威胁，但客观上增强了伊朗的势力和影响力，伊朗核计划的发展令西方和海湾阿拉伯国家十分担忧。加之，海湾地区的能源安全、附近海域的海盗威胁以及恐怖主义等问题构成了对西方和地区内各国的复合型挑战，使建立地区性的安全合作框架显得更为急迫。在2004年八国集团峰会上美国率先提出了通过合作与对话促进大中东地区经济、政治和社会发展的倡议。① 紧接着，北约提出了主要针对海湾合作委员会六国（其他区内各国也可加入）的"伊斯坦布尔合作倡议"。北约宣称，倡议的目的是"通过新的跨大西洋国家参与，为防务改革、防务预算、防务计划和军民关系提供合理建议，促进双方军事协同合作，以加强情报共享与海军合作促进军事合作，促进防扩散和反走私的合作，最终实现提升地区安全和稳定的目标"。② "伊斯坦布尔合作倡议"最初的制度设计是想实现多边对多边的安全对话合作，即北约作为一方海湾合作委员会作为另一方，但随着现实的发展，最终只实现了多边对单国的合作模式，而且军事领域的合作远远多于政治领域的合作。

伴随合作倡议诞生的还有北约向伊拉克进驻的培训团以及对"地中海对话"伙伴关系的全面升级，利比亚卡扎菲政权也几乎同时宣布了放弃大规模杀伤性武器项目。倡议的出台为北约的历史增添了新一抹阿拉伯世界的色彩，也反映了海湾地区的安全事务与联盟的安全实现了制度化的连接。时任北约秘书长夏侯雅伯在访问卡塔尔时曾感同身受地表示："这一地区面临着令人生畏的安全挑战。地区中的一些国家成为了恐怖袭击的目标。而且你们的近邻是扩散风险和政治宗教极端主义等亟待解决问题的火药桶。"③ 相对于"地中海对话"，"伊斯坦布尔合作倡议"较少关注互相理解和消除误解，而更关注与安全议题更为直接相关的"大中东地区安全与稳定"。从一开始，倡议就对安全领域的合作而非消除猜疑方面投入了更多的精力，这应该部分归因于"地中海对话"在阿拉伯世界了解北约方面有了一定的基础，并且，海湾国家对于安全合作的兴趣显然高于其他

---

① G8 Information Centre, "Fact Sheet: Broader Middle East and North Africa Initiative", June 9, 2004, http://www.g8.utoronto.ca/summit/2004seaisland/fact_mena.html.

② NATO, "NATO elevates Mediterranean Dialogue to a genuine partnership, launches Istanbul Co-operation Initiative", http://www.nato.int/docu/updat e/2004/06-june/e0629d.htm.

③ Jaap de Hoop Scheffer, "NATO's role in Gulf security", http://www.nato.int/docu/speech/2005/s051201a.htm.

领域对话合作的内容。海湾伙伴国的策略是将它们的安全"国家化",它们不仅与美国、英国和法国都缔结了双边协定,而且将北约引入海湾地区,希望借此多一重国际制度保障。不过,海湾国家对北约的角色显然具有疑虑,这最终影响到了倡议机制作用的发挥。

二 合作的内容

"9·11"事件后,北约认识到要在中东地区对付复杂的安全威胁,必须与更多的本地区国家进行合作。2004 年北约时任副秘书长里佐与海湾合作委员会六个成员国进行了紧密磋商,六国均表示了与北约进行合作的兴趣。在同年的伊斯坦布尔峰会上,北约正式发出了"伊斯坦布尔合作倡议",倡议遵循与"地中海对话"类似的七项基本原则,即非歧视性、差异化、容纳性、双向参与性、非强制性、互补性和相互助力、多元化。倡议提供了海湾国家可自主选择的合作领域目录:(1)北约提供在防务转型、防务预算、防务计划和军民关系方面的合理建议;(2)通过参加北约的军事演习和军事课程提高与北约防务力量的协同能力;(3)合作反恐;(4)与北约的防扩散工作进行合作;(5)在涉及恐怖主义、轻小武器和打击走私等方面进行边境安全合作;(6)民事应急计划合作。[①] 北约还为此成立了专门机构伊斯坦布尔合作倡议小组,负责规划合作倡议的内容和具体实施,小组直接向北大西洋理事会负责(2011 年倡议小组并入北约"政治与伙伴关系委员会",该委员负责处理与所有伙伴国的关系)。倡议发出后,里佐副秘书长又与海湾六国进行了第二轮的磋商。最终,巴林、科威特、卡塔尔和阿联酋四国在 2005 年正式加入了"伊斯坦布尔合作倡议"。

在政治对话方面,北约和海湾国家进行了多次高层会议,并且以"北大西洋理事会 + 4"的形式在 2008 年、2009 年和 2010 年举行了三次多边会议。在具体活动方面,北约设立了年度"实务合作目录"作为双方具体合作活动的指导性文件。阿联酋、卡塔尔和巴林分别与北约签署了情报共享协议。北约在 2006 年的里加峰会上发布了补充"伊斯坦布尔合作倡议"合作活动的"培训合作倡议"(Training Cooperation Initiative),为中

---

① NATO, "Istanbul Cooperation Initiative (ICI)", http://www.nato.int/cps/en/natolive/topics_52956.htm?.

东国家提供地区安全课程培训。除了四个伙伴国外,沙特阿拉伯也参加了课程培训。双方合作活动从 2007 年的 328 次上升到 2011 年的 500 多次。①与此同时,北约开放了约 85% 的军事性质的活动供海湾国家参加,但限于四国的军队规模(巴林 8200 人、卡塔尔 11800 人、科威特 15500 人、阿联酋 51000 人②),总体上四国对北约军事活动的参与规模和程度不大。在公共外交方面,北约在海湾四国举行了四次伊斯坦布尔合作倡议大使会议,与会者包括北约秘书长、28 个成员国常驻北约代表、来自海湾四国的高官、政策制定者和意见领袖,集中讨论了北约在海湾地区的形象以及深化发展北约—海湾四国伙伴关系的路径等问题。

在 2010 年北约里斯本峰会发布的战略新概念《积极参与 现代防御》中,也特别提到了"伊斯坦布尔合作倡议":"我们重视海湾地区的和平与稳定,我们准备加强在'伊斯坦布尔合作倡议'框架下的合作。我们将会与海湾伙伴发展更为深层次的安全伙伴关系,并依然欢迎新伙伴的加入。"③另外,海湾国家也加入了北约领导的各项域外行动,巴林和阿联酋为北约驻阿联军提供了军事人员。在对利比亚的空袭行动中,卡塔尔和阿联酋为行动提供了空军设施。在外交互动层面,北约秘书长和副秘书长以及大西洋理事会成员先后访问了海湾四国:2006 年访问了科威特;2008 年访问了巴林;2009 年访问了阿联酋;2011 年访问了卡塔尔。在访问这些国家时所进行的会议中,来自沙特和阿曼的代表,以及海湾合作委员会秘书长都参加了会议。仅 2012 年,海合会秘书长、卡塔尔首相、沙特外长先后访问了北约总部,并与北约进行了磋商。在 2012 年北约芝加哥峰会前夕,北约与"伊斯坦布尔合作倡议"伙伴国专门举行了深化合作倡议机制的座谈会,其后,巴林、卡塔尔和阿联酋外长代表本国政府在芝加哥峰会上与北约举行了多次会议。此外,海湾伙伴国参加了两年一次的国际安全援助部队部长会议,在北约对利比亚的"联合保护者行动"中海湾伙伴国也参加了相关的部长会议。加上包含沙特与阿曼的反海盗与

---

① NATO, "Istanbul Cooperation Initiative (ICI)", http://www.nato.int/cps/en/natolive/topics_52956.htm?.

② The International Institute for Strategic Studies, *The Military Balance* 2011, London: Routledge, 2011, pp. 304—333.

③ NATO, "Active Engagement, Modern Defence", http://www.nato.int/cps/en/SID-AB109835-566E4BAB/natolive/official_texts_68580.htm?.

教育培训的临时会议，显然可以看出双方的政治磋商互动取得了很大进展。① 2011 年，阿联酋在北约总部派驻了使团和大使，成为中东地区第一个向北约派驻使团和大使的国家。

三 合作的障碍

虽然北约和海湾伙伴国面临共同的威胁，但它们在各个具体问题上不能达成一致意见，即便在北约内部和海湾国家内部，它们的分歧也非常明显。对于巴以冲突，美国和它的欧洲伙伴就有明显的分歧，美国表面上支持两国方案解决巴以问题但本质上还是处处站在以色列一边，而欧洲国家在此问题上的立场要相对公允。由于 2010 年以色列袭击了土耳其驶往加沙地带的船只，使土耳其—以色列关系变得非常紧张，这也束缚了北约对以色列施加影响的手脚。另外，北约各国和海湾伙伴国对如何看待伊朗核问题也没有形成一致意见。

阿曼的外交政策传统上通常试图维持在伊朗和阿拉伯半岛邻国之间的微妙平衡，而沙特偏好通过双边途径与西方打交道，而且对外国军事人员在其领土驻扎比较谨慎。沙特想借助海湾国家于 1986 年联合组建的"半岛盾牌部队"作为地区危机管理和解决的工具，而其他国家（除阿曼外，阿曼支持沙特的政策）由于在第一次海湾战争中认识到"半岛盾牌部队"在阻止伊拉克入侵科威特时毫无作用，同时也惧怕沙特通过该部队来主导地区安全事务，都偏向于借助外部力量（尤其是美国）来维护地区的安全。2006 年，沙特又提出解散"半岛盾牌部队"，组建中央司令部，由海湾各国划出一部分部队归海湾合作委员会指挥，建议得到了欢迎；2009 年，沙特又提出组建联合快速反应部队和联合海军部队，但截至目前，这两项倡议都进展缓慢。②

阿曼和沙特的缺席，使本来主要针对海合会六国的"伊斯坦布尔合作倡议"先天不足，同时，在复杂的西亚安全环境中海湾国家之间又缺乏安全方面的有效协调，海合会虽然声称具有安全合作功能，但实质上仍然还

---

① Riccardo Alcaro and Andrea Dessì eds., *The Uneasy Balance: Potential and Challenges of the West's Relations with the Gulf States*, Rome: Edizioni Nuova Cultura, 2013, p. 129.

② "Gulf states launch joint military force for security", *Al-Arabiya*, December 15 2009, http://www.alarabiya.net/articles/2009/12/15/94203.html.

是一个经济合作组织，最终拖累了"伊斯坦布尔合作倡议"的实施效果。在伊朗核问题、恐怖主义、海盗、能源安全、伊拉克问题和叙利亚危机等一系列问题上海湾国家存在着一定程度的共识，但就如何具体处理这些问题上它们存在着明显的分歧。阿联酋等与伊朗存在领土争议的国家主张对伊朗核问题显示强硬，而其他国家如阿曼则主张通过对话和谈判来解决问题。同样，对于伊拉克问题的卷入，海湾国家也有明显的差异。在"阿拉伯之春"到来之际，卡塔尔和阿联酋在外交上和军事上积极参与推动了有关国家的政权更迭，而沙特却给突尼斯逃亡总统本·阿里提供了庇护。[①]

与地中海伙伴国类似，海湾四国采用的是追随主导的行为模式。北约与海湾伙伴国的合作是双方收益估算一致的结果（合作收益＞合作成本），北约希望通过"伊斯坦布尔合作倡议"向海湾地区输出安全，实现稳定西亚地区的目标，防止地区安全威胁外溢。海湾伙伴国军力都比较弱小，需要外界的安全援助来保障自身的国家安全。同样，北约与海湾伙伴国的合作反映了主导型多边联盟对外安全合作的非强制性特点，伙伴国可根据自身的实际安全需要参与北约提供的各类安全合作活动。与地中海伙伴国有所不同的是，海湾四国建立与北约的合作关系同时具有对伊朗和沙特进行地区制衡的明显倾向。

第四节 全球伙伴机制下的亚洲伙伴

20世纪90年代初，北约开始与上述伙伴关系之外的一些国家开展了对话。恐怖主义、大规模杀伤性武器扩散、海盗和网络攻击等全球性安全威胁的兴起，要求北约在全球范围内开展与各国的合作。自1998年开始，北约出台了一系列指导其与全球范围内各国进行合作的文件，为了与当时开展的其他伙伴关系做出区分，北约将这些国家定名为"联系国"（2008年布加勒斯特峰会后改称"全球伙伴"）。指导文件规定北大西洋理事会在逐个批准的基础上，邀请全球范围内的各国参与北约的活动、研

[①] Riccardo Alcaro and Andrea Dessì eds., *The Uneasy Balance: Potential and Challenges of the West's Relations with the Gulf States*, Rome: Edizioni Nuova Cultura, 2013, p. 124.

讨会、演习和会议,这标志着北约区外政策的重大转变。①

"9·11"事件以后,美国的全球战略目标双重化,既要反恐防扩散,又要遏制其他大国,这就造成了美国的全球战略资源耗散。伊拉克战争以后,美国更是明显地感觉到自己的全球行动资源严重不足。在后来的伊朗核问题和朝鲜核问题上,美国事实上都受到了行动能力有限的制约。因此,美国需要更多的能够行动一致的全球合作伙伴。美国看到,以自己为核心的北约还可以在这方面发挥作用,所以一再在北约提出"全球伙伴关系"计划,极力想把自己在亚太地区的盟国日本、韩国、澳大利亚等纳入到北约的合作伙伴中来。这样,美国可以将大西洋、太平洋两大方向上的战略行动资源调动起来,纳入同一个多边军事条约体系,以便在应对世界各地的战略危机时,依托这个全球性的军事联盟体系来指挥更多力量,更快地部署行动。② 美国一些政策分析人士甚至认为北约吸纳亚太国家进入联盟将构成北约扩展为"全球民主联盟"的核心。③ 2006 年北约里加峰会上,布什总统正式建议北约与日本、韩国、澳大利亚、新西兰等"具有共同价值观和安全利益"的国家建立"全球伙伴关系"。但这一建议遭到了法国和德国的反对,它们认为这一抱负过于远大,联盟与这些国家的关系应该限制在国际安全援助部队合作等实务领域之内。

美国提出的"全球伙伴关系"计划尽管在里加峰会上被否决,但美国在之后的历次峰会中一直在不断深化和扩大这种"伙伴关系",加强北约与亚太国家互动的新形态。同时,北约在阿富汗的行动增加了建立全球伙伴关系的紧迫性。2010 年里斯本峰会所提出的新战略概念将合作安全确定为联盟的三大核心任务之一,并且强调了联盟具有全球视野和全球伙伴的重要性,宣称"在全球范围内,发展与各国和相关组织的政治对话和实务合作"。这不仅明确了与已有亚太联系国的长期合作,更为未来与中国、印度和东盟等亚洲国家或组织的合作铺平了道路。2010 年版北约战略概念还宣称要给予参与北约行动的伙伴国"在塑造战略和决策中的结构

---

① NATO, "NATO's relations with partners across the globe", http://www.nato.int/cps/en/natolive/topics_ 49188.htm?.

② 高华:《透视新北约:从军事联盟走向安全政治联盟》,世界知识出版社 2012 年版,第 207—209 页。

③ Ivo Daalder and James Goldgeier, "Global NATO", *Foreign Affairs*, Vol. 85, No. 5, September/October 2006, pp. 105—113.

性角色"。① 2011年4月,北约外长柏林会议决定向所有伙伴国开放"单一伙伴关系合作目录"(a single Partnership Cooperation Menu),这意味着全球伙伴在参与北约活动时与北约其他伙伴关系国已基本没有差别,标志着北约联系国机制全面升级为全球伙伴机制。

目前,北约正式与阿富汗、巴基斯坦、伊拉克、日本、韩国、蒙古、澳大利亚和新西兰建立了全球伙伴关系(由于阿富汗与北约的关系已在上一章详细阐述,本节将不再赘述)。② 当前,北约全球伙伴机制的运转动力主要来自伙伴国对阿富汗行动的贡献。随着北约阿富汗撤军期限的临近,如何为机制注入新动力的问题被提上议事日程。国际战略格局重心向亚太的转移,使区域内的伙伴国愈发关注本地区的安全。北约迄今未在亚太地区扮演重要的角色,地理上的遥远性也使这种可能性在可见的未来并不大。但这不意味着北约会削弱与全球伙伴的关系,一方面,北约和一些全球伙伴国自2001年以来对发展双方关系投入了巨大精力;另一方面,在财政紧缩时代的北约需要发展可靠的全球伙伴网络,以实现其2010年战略概念定下的全球战略抱负。③ 简言之,北约全球伙伴机制不仅让北约经济上受益,更可以增加北约全球行动的合法性。

一 北约与伊拉克的关系

北约与伊拉克的关系正式开始于2004年,当时在联合国安理会1546号决议授权下和伊拉克过渡政府的要求下,北约组建了驻伊拉克训练团(NATO Training Mission-Iraq)来帮助伊拉克发展民主化和长期性的武装力量。伊拉克的安全形势使最初的培训营没有设在巴格达,培训中心设在科威特、约旦、挪威等国。④ 训练团除了为伊拉克军警提供培训与指导外,还通过北约训练与装备协调小组(NATO Training and Equipment Co-ordina-

---

① NATO, "Active Engagement, Modern Defence", http://www.nato.int/cps/en/SID-AB109835-566E4BAB/natolive/official_texts_68580.htm?.
② NATO, "NATO's relations with partners across the globe", http://www.nato.int/cps/en/natolive/topics_49188.htm?.
③ Benjamin Schreer, "Beyond Afghanistan: NATO's Global Partnerships", *Research Paper*, Rome: NATO Defence College, 2012, p.1.
④ Nasser Eskandari, "The strategic importance of the Middle East in future approach", *Life Science Journal*, Vol.10, No.3, 2013, p.399.

tion Group）为伊方提供装备并进行协调。具体而言，一方面北约为伊拉克中高层官员提供战略层面的专业化培训；另一方面，通过在伊拉克境内或境外的指导和建议，以及相关武器装备的供应，重建战后伊拉克的军事领导能力和促进伊拉克国防、安全部门的发展。

2007 年，北约决定扩大对伊拉克训练援助的范围，将宪兵培训的内容纳入培训的范围，填补了伊拉克警务活动与军事行动之外的能力空白。2008 年 12 月，应伊拉克总理马利基的请求，北约进一步将培训范围扩大至海空军领导能力培训、防务改革、防务制度建设、轻小武器核查等领域。2009 年 7 月，北约与伊拉克政府签署了训练伊拉克安全力量的正式协议，该协议为北约在 2011 年底前为伊拉克提供培训提供了法律保障。北约承诺在 2011 年培训授权到期后，继续致力于在实体合作框架下发展与伊拉克的长期关系。2012 年后北约在伊拉克组建了过渡机构作为连接训练团向双方长期关系转型的桥梁，同年伊拉克向北约提交了"单独伙伴关系与合作项目"（Individual Partnership and Cooperation Programme）草案，期望为双方的定期对话与军事训练合作提供一个长期框架。从 2004 年至 2011 年北约驻伊训练团活动期间，北约共为伊拉克培训了 5000 多名军事人员和 1 万多名警务人员，伊拉克共接受了来自北约的价值 1.15 亿欧元的军事装备和 1750 万欧元的捐助资金。[①]

二 北约与巴基斯坦的关系

北约与巴基斯坦的关系始于 2005 年的南亚地震，地震发生后北约空运了大量急需物资和工程医疗人员抵达巴基斯坦，帮助巴基斯坦进行抗震救灾。此后，双方政治合作因为北约对巴基斯坦官员开放培训课程变得日益密切。从 2009 年开始，北约为巴基斯坦量身定制了许多教育与培训的活动项目，巴基斯坦军方高层与北约当局的接触在此背景下得到加强。另外，北约通过组织各种活动着力塑造在巴民众及精英心目中的正面形象。2010 年巴基斯坦发生洪灾后，应巴基斯坦政府的请求，北约成员国及其伙伴关系国捐助了数百吨的发电机、食物、船只、帐篷、衣物、医疗设

---

① NATO, "NATO's assistance to Iraq", http://www.nato.int/cps/en/natolive/topics_51978.htm.

备、净水系统等人道主义援助物资。① 北约欧洲—大西洋灾难反应协调中心（Euro-Atlantic Disaster Response Coordination Centre）具体负责了人道主义援助物资的海空运输任务。

北约的慷慨援助与驻阿北约联军的补给通道密切相关，自 2001 年阿富汗战争爆发以来，驻阿联军的后勤给养基本上都是通过巴基斯坦运至阿富汗。巴基斯坦作为最经济、最便捷的通路，供应了驻阿联军 75% 的军火、运输车辆、食品、50% 左右的燃油，为驻阿联军的军事、生活提供了重要的保障。联军物资用集装箱装载，首先经海路抵达巴基斯坦，在巴最大港口卡拉奇港卸船，被装上载重卡车，然后分两条线路运往阿富汗。一条是途经开伯尔—普什图瓦赫首府白沙瓦和靠近阿富汗边境的开伯尔山口的小镇托尔库姆，进入阿富汗，抵达喀布尔。另一条是途经南部俾路支省的杰曼，这条路线直通阿富汗南部最重要城市—塔利班曾经的老巢坎大哈。平均下来每天有约 300 辆重型车辆、200 辆集装箱拖车、100 辆油罐车（每辆可运送 4.5 万升汽油），满载武器与后勤给养进入阿富汗。可以说，阿富汗十年战争，巴基斯坦在后勤保障方面发挥了重要作用。② 然而，北巴关系由于 2011 年 11 月发生的北约战机空袭阿边境哨所事件降至冰点，事件发生后巴基斯坦宣布关闭为驻阿北约联军提供服务的后勤补给线。同时，阿富汗的反叛势力以普什图族人为主，而巴境内的普什图族人口多达 2500 万，比阿境内普什图族人口还多一倍，他们及其武装（如巴基斯坦塔利班）是包括塔利班和"哈卡尼网络"在内的阿富汗反叛势力的潜在盟友，巴方担心一味军事强攻并不能保证阿富汗的永久稳定，反而会将动荡拓展到巴境内。③ 后经北约与美国的多方协调，巴基斯坦于 2012 年 7 月同意重新开放补给线。

目前，北约与巴基斯坦合作的重点围绕阿富汗问题来展开，具体涉及北约过境巴基斯坦的补给通道、维持阿富汗的稳定、打击阿富汗毒品犯罪和阿富汗难民的安置等。北约各国领导人在 2012 年芝加哥峰会上声称，"该地区的国家中，特别是巴基斯坦，在维持阿富汗的和平稳定与安全方

---

① NATO, "NATO's relations with Pakistan", http://www.nato.int/cps/en/natolive/topics_50071.htm?.

② 杜冰：《美巴关系：切断的不仅是运输线》，《世界知识》2011 年第 24 期。

③ 同上。

面，以及促进交接程序（北约向阿富汗武装力量转交安全责任）的完成方面，扮演着重要角色"。①北约与巴基斯坦、阿富汗组成三方委员会来讨论阿富汗军事安全问题，体现了在阿富汗问题上联盟与巴基斯坦军事合作的重要性。三方委员会经常举行不同级别的定期会晤来讨论各方的安全关切和交换意见。三方委员会的议题主要涉及四个方面：情报共享、边界安全、清除临时爆炸装置和情报作战的动议。2007 年三方在喀布尔开设了改善相互间情报磋商的联合情报作战中心。②最后，特别值得一提的是，巴基斯坦在配合北约阿富汗战略的行动上都有相当程度的保留。

三　北约与东亚三国的关系

（一）　日本

日本自 1990 年与北约进行首次官方接触以来，已经发展出了与北约比较紧密的对话与合作关系。双方合作领域涵盖了维和与危机管理活动、民事应急计划制定、网络防御、反恐、防扩散和军事活动参与等领域。过去十年，双方合作的焦点是阿富汗问题，日本为北约驻阿联军的行动提供了巨额财政支持。2013 年北约秘书长拉斯穆森访问日本期间，双方发表了旨在加强相互合作的联合宣言，足见双方的关系已经达到一定深度。北日联合宣言声称，双方在通过追求以法治为基础的国际秩序来促进全球和平、稳定与繁荣方面，享有共同战略利益。宣言还勾勒出了未来北日进行更紧密合作的主要领域：危机管理、维和行动、救灾、应对来自导弹、海盗或网络空间的新兴威胁。2014 年 5 月，日本首相安倍晋三回访了北约总部并发表演讲，在访问期间日本加入了"单独伙伴关系与合作项目"（Individual Partnership and Cooperation Programme），标志着双方关系的进一步正式化。几乎同时，2014 年 7 月，随着日本政府解禁集体自卫权，日本扫除了派兵参加北约军事行动的最后制度障碍，相信在未来的北约与伙伴国的行动中我们将越来越多地看到日本自卫队的身影。

日本对北约的军事合作早在 20 世纪 90 年代就已经开始，日本是北约

---

①　NATO, "Chicago Summit Declaration", http://www.nato.int/cps/en/SID-55097EDB-CE57C446/natolive/official_texts_87593.htm.

②　NATO, "NATO's relations with Pakistan", http://www.nato.int/cps/en/natolive/topics_50071.htm?.

在巴尔干历次维和行动的主要捐助国,日本为北约帮助中亚国家销毁武器提供了资金。最近的例子是,日本海上自卫队协助北约在亚丁湾执行打击海盗的任务。截至目前,日本对北约军事行动助力最大的举措是日本对驻阿富汗北约联军的财力支持。日本为北约驻阿国际安全援助部队及阿富汗的重建提供了重要支持。2012年7月日本在东京召集了阿富汗问题国际会议,在会上日本承诺2009—2013年向阿富汗捐助50亿美元。① 在这之前,日本通过向阿富汗和平与安置项目捐款5200万美元,来帮助北约遣散安置阿富汗前武装人员。自2007年以来,日本向阿富汗广大地区的人员安全项目提供财政支持,这些援助覆盖的具体地域由北约省级重建队确定。为了更好地协调人员安全项目援助,日本直接向北约高级民事代表办公室派驻了人员。而且,日本还资助阿富汗国民军改善武器装备和供养人员,其中专门拿出2000万美元为阿富汗军队提供扫盲教育和医疗供给。② 日本虽然没有向阿富汗直接派遣部队,但是它与北约的一系列合作增强了国际安全援助部队的能力。截至2011年5月,日本共向阿富汗提供了价值24.9亿美元的援助物资,向阿富汗派遣了100多名援助工作人员。③

2014年之前,受和平宪法的限制,日本难以对北约的行动进行武装人员上的支持,但日本的资金支持和项目合作为北约在巴尔干和阿富汗的行动作出了巨大贡献。日本视北约为提升西方世界(尤其是欧洲)对东北亚安全态势和中国崛起关注的有力工具。④ "日本精英们普遍认为中国正在寻求成为亚洲的新霸主"。⑤日本希望加强与北约的合作来助力其提出的"自由与繁荣之弧"外交战略,但北约内部对"全球民主联盟"的分歧使双方的合作缺乏政治动能。日本一再强调双方关系应该讨论中国崛起对地区和全球秩序的影响,北约认为讨论本身是有益的,但对北约在亚太

---

① NATO, "NATO cooperation with Japan", http://www.nato.int/cps/en/natolive/topics_50336.htm.

② Ibid.

③ NATO, "NATO and Afghanistan", http://www.nato.int/cps/en/natolive/topics_8189.htm?.

④ Michito Tsuruoka, "Asia, NATO and its partners: complicated relationships?", http://www.nato.int/docu/review/2009/Asia/nato_partner_asia/EN/.

⑤ Michael Paul, "NATO Goes East", *SWP Comments*, Berlin: German Institute for International and Security Affairs, 2013, p. 2.

地区发挥何种作用尚无清晰概念。① 另一方面，北约在2010年版新战略概念中建议俄罗斯将核武器进一步移向东边部署，这似乎没有考虑到日本的诉求。这迫使日本降低了与北约的合作期望，2010年日本防卫省《防卫计划大纲》明确了与北约（和欧盟）进行海洋安全、网络空间、裁军和防扩散的合作目标。② 由于欧洲国家对传统安全领域的合作缺乏兴趣，日本未来与北约的合作更可能集中在非传统安全领域，但从日本的角度来讲，这样的合作显然是很不充分的。

（二）韩国

北约与韩国的对话与合作开始于2005年，双方关系由于2012年签署"单独伙伴关系与合作项目"（Individual Partnership and Cooperation Programme）而进一步加强。阿富汗稳定是双方近年合作的焦点，韩国为驻阿北约联军提供了驻扎部队。北—韩签署的"单独伙伴关系与合作项目"涉及反恐、多国维和行动、提升相互协同以及在北约"和平与安全科学项目"下进行合作等内容。

从2010年至2013年，韩国派出并领导了一支470人组成的军民复合省级重建队驻扎阿富汗帕尔旺省，帮助阿地方政府建设管理医疗、教育、农村发展的能力。随着使命的完成并向阿当局移交安全责任后，这支重建部队又移师巴格拉姆开始新的使命。在2011年4月的驻阿国际安全援助部队外长会议上，韩国宣布将在未来5年向阿富汗捐献5亿美元，以支持阿富汗国家安全力量和阿社会经济的发展，截至2012年韩国已向阿富汗国民军信托基金汇入7500万美元。③ 另外，韩国海军向非洲之角派出了海军，为通过这一海域的商船提供护航，在共同打击亚丁湾海盗威胁中韩国与北约开展了合作。

朝鲜和东北亚的稳定是韩国的核心利益，韩国希望借助与北约的政治

---

① Benjamin Schreer, "Beyond Afghanistan: NATO's Global Partnerships", *Research Paper*, Rome: NATO Defence College, 2012, p. 6.

② The Japanese Ministry of Defense, "National Defense Program Guidelines for FY 2011 and beyond", http://www.mod.go.jp/e/d_act/d_policy/pdf/guidelinesFY2011.pdf.

③ NATO, "NATO cooperation with the Republic of Korea", http://www.nato.int/cps/en/SID-C0CE9B4B-A5790656/natolive/topics_50098.htm.

对话来影响朝鲜的政策。① 北约对朝鲜发展核武器目前只有宣示性的谴责，并无明确的具体措施。2013 年 4 月北约秘书长拉斯穆森对韩国进行了为期三天的访问，期间与韩国总统朴槿惠以及其他韩政府高官商讨了双方扩展合作的可能性。拉斯穆森在韩国重申了对朝鲜挑衅言论与行动的强烈谴责，认为朝的行为严重威胁了国际和平与地区稳定。因此，双方目前的合作也只停留在实务层面的合作。

（三）蒙古

2012 年 3 月，北约与蒙古国正式签署了"单独伙伴关系与合作项目"协议，旨在促进双方行动的相互协同、应对全球问题与发展危机预防管理机制，这标志着蒙古国与北约关系取得重大突破，为进一步拓展双方合作关系奠定了法律基础。蒙古国与北约的合作关系早已开始。在美国的主导下，蒙古国自 2003 年开始至今共派出 13 批 265 名培训人员参与阿富汗国民军培训计划，负责为阿军培训高炮和直升机人才；2005 年至 2007 年派出 2 批 72 名军人参加北约框架内的科索沃行动。从 2009 年开始，蒙军 150 人前往阿富汗参与美国和北约主导的反恐行动，成为第 45 个正式向阿富汗派兵的国家。至今蒙军已先后向阿富汗派出 1400 多名军人，与美德等国军人配合共同在阿富汗反恐行动中执行任务。2011 年 5 月，正式访问蒙古国的北约负责安全政策和伙伴关系的副秘书长在会见蒙古国总统额勒贝格道尔吉时对蒙给予了高度评价，并感谢蒙支持北约在科索沃和阿富汗的军事行动。② 除了在阿富汗，蒙古还正在或准备与北约在培训、新兴安全威胁、公共外交与维和行动等领域展开合作。为了提升与北约军队的协同能力，蒙古计划参加北约一系列的课程及训练活动，并正考虑参加北约发起的"作战能力概念"（Operational Capabilities Concept）项目。蒙古还打算提供"五座山维和行动训练基地"作为北约伙伴关系训练教育中心的下属基地。在新兴安全挑战合作领域，双方尤为重视反恐、防扩散和网络防卫的合作。在科学技术领域，双方通过"和平与安全科学项目"（Science for Peace and Security（SPS）Programme）帮助蒙古修复原有的军

---

① Benjamin Schreer, "Beyond Afghanistan: NATO's Global Partnerships", *Research Paper*, Rome: NATO Defence College, 2012, p.6.

② 吴鹏：《北约"灵巧防卫战略"背景下的蒙古国外交安全政策走向》，《当代世界》2012 年第 6 期。

事基地和提高信息通信技术的可靠性与安全性。

据蒙古国学者分析,蒙在遵循"开放"、"多支点"平衡外交的原则下,在利用政治、外交手段保障国家安全的新国家安全思想指导下,除平衡发展与两大邻国中国和俄罗斯的关系外,还将发展与美国、日本、德国以及欧盟、北约等"第三邻国"的外交关系作为保障其国家安全的重要战略之一,蒙古国视包括北约在内的"第三邻国"为其国家安全的重要支柱。同时,希望在蒙军军事改革过程中获得美国和北约的援助。此外,在美国和北约支持下参与更多的国际维和行动,以扩大其在国际舞台上的影响。[1]

北约各国与亚洲全球伙伴的战略利益有一定的交集,但也存在各自期望的差异。例如,北约许多国家与日本看待中国的态度就存在明显的差异。2013年1月,日本首相安倍晋三公开邀请北约在东亚发挥更大的作用,要求北约在东亚的安全、稳定和繁荣中变得更为活跃,同时还声称中国日益上升的海军力量和朝鲜的行为加剧了东亚的紧张局势。[2] 在北约方面,秘书长拉斯穆森一再强调北约没有视中国为威胁,而且希望与中国这个崛起中的大国建立制度化的对话。在可预见的将来,无论是作为整体的北约还是其许多成员国,都无意与它们的主要贸易伙伴为敌。另一个阻碍北约进一步卷入亚太事务的问题是多个安全机制的连接。美国既是北约成员,也与日本和韩国缔结了双边军事联盟。如果北约与这两个国家建立了更为深度的关系,一旦在朝鲜半岛爆发战事或中日因钓鱼岛发生战争的情况下,美国就更倾向于启用《北大西洋公约》第四条(共同磋商)甚至第五条(集体防御),将北约其他国家以某种形势拖入东亚的战事。况且,日本与韩国、俄罗斯还存在着独岛(日本称竹岛)和北方四岛的领土纷争,虽然因这些领土争议爆发战争的可能性非常小,但北约的欧洲成员显然不希望被卷入万里之外的大规模冲突中去。拉斯穆森也坦承,万一朝鲜对美国发动袭击,北约会讨论局势并根据具体情势做出决策,从而为欧洲国家提供了很大的政策空间。

尽管联盟与其亚洲全球伙伴存在着以上利益分歧,但双方的确存在着

---

[1] 霍文:《蒙古国与北约建立准同盟关系》,《人民日报》2012年5月17日,第21版。

[2] Miha Hribernik, "The Path Ahead for NATO Partners in the Asia-Pacific", *Atlantic Voice*, Vol. 3, No. 8, 2013, p. 6.

一些可以开展合作的领域,这些合作既不会引起争议也不会挑战地区之内现存的安全结构。具体而言,这些合作领域包括:打击国际恐怖主义和有组织犯罪、保证海地通讯电缆的安全、防扩散、提升网络防卫能力等。另外,管控朝鲜弹道导弹与核威胁的议题也易于在北约内部和地区内国家间达成共识,虽然目前针对朝鲜导弹与核威胁的合作主要在美日、美韩等双边层面展开,但北约所拥有的丰富反导与防核专业知识将有助于北约和相关伙伴展开合作。

本质上而言,北约仍将是一个跨大西洋两岸的联盟,亚太地区的日益重要性以及该地区威胁的扩散将吸引北约持续投入资源,在后阿富汗时代确保其在亚太地区的一定存在。但两个方面的因素将制约北约在亚太的战略:一是成员国防务开支的状况将限制北约的能力,并进而抑制北约在亚太地区的谋划。防务预算捉襟见肘的现实以及在亚太有限的利益,很难让北约在亚太有大规模的合作倡议和实质干预。二是任何北约的亚太政策必须限制在非传统安全领域之内,从北约的资源投入能力和中国等地区大国的顾虑来看,这也是北约最现实的选择。诚如拉斯穆森所言,北约的首要目标是"与亚洲国家的交流,而非成为一个积极卷入该地区的军事联盟"。[1] 唯有如此,北约的全球伙伴才可能不断扩展,北约各国的安全利益才能获得更好地保障。

北约的全球伙伴机制由于没有统一的合作框架,与各亚洲全球伙伴国的合作存在着较大差别。伊拉克、阿富汗、巴基斯坦三国与北约的合作出发点更多的是集中在提升本国的安全能力方面,北约对这三国的安全援助更多的是希望稳定三国内部的局势,防止三国内部问题成为全球性的威胁。三国与北约的合作显示了它们行为模式上的追随偏好。东亚三国与北约的合作一方面出于共同应对全球非传统安全威胁的考量;另一方面希望借助北约对地区内大国(特别是中国)实现制衡,而北约与东亚三国的合作更多的是考虑借助三国资源来消除非传统安全威胁的需要。尽管如此,东亚三国的行为模式的初衷仍然兼具了追随与地区制衡的双重意图。

---

[1] Miha Hribernik, "Toward a global perspective: NATO's growing engagement with Japan and South Korea", *EU-Asia at a Gance*, Brussels: European Institute for Asian Studies, May 2013, p. 5.

小　结

　　北约亚洲伙伴关系网络的构筑经历了偶然性关联到主动性塑造的巨大转变。"9·11"事件是北约主动塑造亚洲伙伴关系网络的转折点。亚洲地区各类复杂的非传统安全威胁对北约领土构成了现实或潜在的挑战，不仅要求北约跨出传统防区介入亚洲地区的安全治理，而且需要借助亚洲地区国家充当北约介入亚洲事务的安全助手来共同应对挑战。亚洲国家出于自身安全能力的缺陷和平衡地区大国影响力的考量，也试图借助北约这样一个庞大的安全机器来实现自己的安全利益。基于这样的考虑，亚洲伙伴国在与北约的合作中意图采取追随和地区制衡的行为模式，通过追随北约亚洲国家普遍获得了自身防务能力的提升，北约获得了在各类域外行动和亚洲地区事务中亚洲国家的安全支持。虽然北约整体而言没有帮助亚洲国家制衡地区大国的意图，但与亚洲伙伴国的合作本身就已经具有了明显的地区制衡内涵。当然，俄罗斯是一个例外，俄罗斯认为北约与其南翼伙伴国的合作已经危及俄国家安全利益，尽管俄罗斯与北约在非传统安全领域有着巨大的共同利益，但比之俄在传统安全领域的利益这些利益显然微不足道，在正面硬制衡会进一步损害俄国家安全利益的情况下，俄对北约采取了整体性的软制衡战略。

第五章

北约介入亚洲的评估与展望：
有限追随及其延续

北约介入亚洲不可避免地给联盟内部关系及亚洲地区的安全格局带来了影响。本章将评估北约介入亚洲战略的两大组成要件：北约阿富汗战略与北约的亚洲伙伴关系网络，希望以此探究北约介入亚洲对北约的功能与域外行动产生了何种影响，以及北约介入亚洲为联盟内部关系形态与北约和亚洲国家关系带来何种变化。在评估的基础上，本章将对北约的阿富汗战略与北约亚洲伙伴关系网络的未来作出预测，具体分析北约未来参与亚洲事务的可能深度与规模，为结论部分讨论北约全球化的前景奠定实证基础。同时，本章还将研究北约介入亚洲事务对中国带来的影响，确定中国面临的机遇和挑战，为结论部分相关对策的提出提供事实依据。

第一节 北约介入亚洲的评估：有限追随

一 北约阿富汗战略的评估：联盟内的有限追随

北约在阿富汗碰到的问题与其之前的域外行动有着巨大差别，复杂的地理环境、多民族的社会、武装派别的割据、猖獗的毒品种植、长期的战乱和贫穷让北约面临的不仅仅是塔利班和基地组织的敌人，还有更深层次的政治、社会、经济、宗教、文化等方面的挑战。虽然美国和北约在阿富汗扶植起了虚弱的阿富汗政府，但阿富汗政府和国际社会在建立阿富汗和平、安全和发展的目标上进展不大。北约在阿富汗的境遇被北约自称为"战略僵局"，北约无法用军事手段消灭穿梭于阿富汗与巴基斯坦间的塔利班，民事重建也没有带来能让人对未来乐观的成就。面对现实，北约不得不招抚塔利班等反叛势力及其同情者，希望以此实现停火和组建联合政府。然而,反叛势力并不是一个有严密组织体系的运动,它的散点化状态很难让美国和北约与其达成实质性的协议。由于北约阿富汗战略还远未结束,现在评判它的成败还为时尚早,但就目前的进程来看,阿富汗战略已经对于联盟的未来产生了深远影响。总体而言,北约阿富汗战略会在三个方面影响北约未来的发展。

首先,北约阿富汗战略暴露了北约诸多域外行动能力的缺陷。阿富汗的国内状况是北约实施阿富汗战略的一个重要障碍。卡尔扎伊政府所面临的问题是显而易见的:军阀势力的不满、严重的贪腐、猖獗的毒品交易、塔利班等反叛势力、原始的经济和基础设施。美国前任驻阿富汗大使卡尔·艾肯伯里曾评价道:"我们面临的敌人不是特别地强,但阿富汗的国家制度仍然相对地弱。"[1] 北约试图以一种既尊重阿富汗政府又使它改善治理能力的政策来实现自身的战略意图。北约国家普遍认为不是塔利班的反叛,而是阿富汗政府糟糕的治理能力是这个国家的中心问题。2009年阿富汗大选期间,许多原卡尔扎伊政府的高官都阵前倒戈反对卡尔扎伊再次参选。美国和北约不得不在与阿政府合作打击塔利班的同时,保持各参选阵营之间微妙的平衡。北约国家一致认为发展良治和重建是阿富汗的立国之基。各国政府都纷纷指出建设全国性的交通网络和基础设施是发展阿富汗经济的必备要素。北约领导人也意识到阿富汗需要的并不是更多地驻军,而是更多的经济援助。一些省级重建队在建设阿富汗基础设施方面显然具有一定成效,但另外一些省级重建队只不过是展示盟友参与的橱窗。许多北约国家认为在阿富汗建立市场经济和完善的治理至少需要五年时间,相关的经济援助则需要持续更长时间。[2] 虽然很多国家承诺为阿富汗的国家发展战略提供资金支持,但在全球金融危机的大背景下它们的实际支付能力存在疑问。北约做出了对阿富汗稳定的长期承诺,但越来越多的民众质疑本国军队待在遥远的阿富汗的意义。目前,阿富汗现在的局势并不是不可逆转的,北约2014年撤军后,如果有朝一日塔利班再次卷土重来,阿富汗政府又无力抵御,北约能否再次发起远征就很成问题了。

---

[1] The Atlantic Council of the United States, "Saving Afghanistan: An Appeal and Plan for Urgent Action", *Issue Brief*, The Atlantic Council of the United States, March 2008.

[2] Kenneth Katzman, "Afghanistan: Post-Taliban Governance, Security, and U.S. Policy", *CRS Report for Congress*, Washington, DC: Congressional Research Service, June 25, 2013, p. 58.

北约帮助阿富汗政府禁毒也是北约在阿富汗遇到的困境之一。一方面,联军要打击与叛乱力量有着密切联系的毒品工业;另一方面,联军要提供给阿种植毒品的民众合适的替代品来维持他们的生计,以赢得他们对北约和阿富汗政府的支持。受北约自身能力的限制,北约不可能扮演解决阿富汗经济民生问题的主角,对毒品的打击只能造就越来越多的塔利班。即便北约在很多情况下依赖阿富汗军队和警察完成扫毒任务,但种植毒品的农民清楚地知道联军提供了情报、培训与后勤供给。[1]

军事装备的缺乏让联军不能有效地发挥功能,例如许多国家军队缺乏直升机、夜视仪和路边炸弹探测设备,全球金融危机更是让改善装备的想法化为泡影。很多国家派遣稳定部队和战斗部队的比例远远不能适应平叛的需要,即使历次北约峰会的呼吁,也没能改变这些国家不愿把部队派往与塔利班对垒的战场的做法。一些国家认为,执行战斗任务和扫毒行动能够阻止塔利班和基地组织的复兴,避免伊斯兰极端势力再次威胁西方的利益。而对另一些国家来说,阿富汗政府越早通过发展经济和提供有效服务赢得民心,阿富汗的国家稳定就会越早实现。

北约阿富汗战略在北约自身方面和阿富汗方面都碰到了诸多难题。北约成员国在维持阿富汗稳定的总体任务上具有共识,同时也支持美国的阿富汗战略,但很多成员国对于如何实现这个总体目标的手段存在分歧。因此,北约在征召成员国军队和相关设备等问题上碰到了一系列麻烦。总之,北约阿富汗战略是北约域外干预能力的一次全面检验,作为一个仍然以军事功能为主的安全组织其很难全面担负起阿富汗长期复杂的稳定与重建任务。

其次,北约阿富汗战略加强了北约的危机管理能力。从阿富汗十多年的域外行动中得出的经验不可避免地将对北约制定和实施危机管理的路径产生影响,特别是涉及距离大西洋—欧洲遥远地域的未来行动时尤其如此。即使可预见的未来北约承担的任务不可能都规模如此巨大,但这一影响将成为联盟总体行动逻辑的一部分。具体而言,阿富汗的经验将对联盟危机管理的四个方面产生影响。第一,危机管理的实现路径。在阿富汗的行动(特别是塔利班势力再度复兴以后)表明,仅仅依赖军事手段很难

---

[1] Vincent Morelli and Paul Belkin, "NATO in Afghanistan: A Test of the Transatlantic Alliance", *CRS Report for Congress*, Washington, DC: Congressional Research Service, December 3, 2009, p. 33.

实现稳定的目标,联盟需要发展包含政治、经济、军事等综合手段的全面路径来实现危机管理的任务。经过起初的争论,全面路径现已成为美国、英国、德国、法国、意大利等主要北约成员国的官方军事战略,这些国家现在都强调北约在危机地区需要同时使用军事和民事的资源,并与当地政府、国际组织、非政府组织和地区邻国等相关方密切合作。因此,里斯本峰会决定了"发展合理与适度的民事能力,以更好地实现与其他行为体进行对接和执行合理的危机管理计划"。[1] 驻阿国家安全援助部队正是这一全面路径的现实载体,其在阿富汗重建中所积累的政治、民事、经济经验必然会丰富北约未来危机管理的"工具箱"。国际安全援助部队在执行战斗任务的同时,也执行稳定和重建任务,这是联合国和欧盟等国际组织所难以胜任的。北约驻阿联军司令部被北约赋予了战略司令部的责任,参与政治事务的处理。[2] 联军司令部是阿富汗政府的主要战略磋商对象,控制着北约与联合国、欧盟、非政府组织以及国际安全援助部队参与国之间的民事—军事合作。虽然联军司令部名义上承认联合国驻阿援助使团的领导地位,但联军司令部掌握了事实上的领导权。北约驻阿富汗高级民事代表常常代表联盟与其他国际行为体进行政治和外交合作,体现了北约在危机地区的政治功能。另外,省级重建队的实践也为北约未来执行危机管理任务积累了有益的经验。因此,多重复合任务的执行无形中锻炼了北约在危机管理中的政治和民事能力。第二,伙伴国的参与。北约与非成员国共同执行北约任务虽然不乏巴尔干这样的先例,但在阿富汗执行如此大规模的成员国与非成员国的联合行动尚属首次,50个参与国中有22个是北约的正式伙伴国或非正式伙伴国,这些非成员国的参与不是战术层面的而是战略层面的,在2011年的高峰期人数曾达到5000人。[3] 这必将使北约内部和外部国家感受到北约巨大的危机管理组织动员优势,为北约国家增强内聚力和向外增加吸引力增添新的砝码。第三,军事能力转型。国际安全援助部队的经验对于加速和塑造北约军事转型进程起到了重要作用,对欧洲

---

[1] NATO, "Lisbon Summit Declaration", http://www.nato.int/cps/en/natolive/official_texts_68828.htm.

[2] Alexander Mattelaer, "How Afghanistan has Strengthened NATO", *Survival*, Vol. 53, No. 6, December 2011, p. 129.

[3] Riccardo Alcaro and Sonia Lucarelli eds., *Dynamic Change: Rethinking NATO's Capabilities, Operations and Partnerships*, Rome: Institute of International affairs, 2012, p. 79.

成员国尤其如此。阿富汗的经验激起了欧洲军队从本土防御到远程投送的战术变革,欧洲国家每年至少在阿富汗部署2.5万—3万人,而且由于部队轮换的影响规模事实上更大,行动对于欧洲军界的观念冲击不容低估。① 并且,阿富汗行动暴露了北约军事装备的缺陷,例如,早期的行动暴露了联军空军战略和战区运送能力的不足;探测设备的缺乏使联军难以应对临时爆炸装置的袭击;法国战机无法与其他盟国战机直接交换数据等。在联军转型司令部的监督下,北约已启动了提供反临时爆炸装置技术和相关人员培训的计划,联盟直升机部队对没有采购运输直升机的国家给予了援助。第四,培训能力和相关制度建设。2009年斯特拉斯堡/凯尔峰会后,北约决定在阿富汗成立培训部队,此后培训阿富汗国家安全力量成为联盟的主要任务之一。培训部队的建立是北约厘清国际安全援助部队复杂指挥体系的一个部分,培训指挥部的缺乏被认为是联军表现欠佳的主要原因。② 虽然联盟先前已在科索沃和伊拉克开展过培训任务,但联盟在阿富汗的培训任务与之前的培训任务有很大不同:一是超大的培训规模,2009—2011年间北约对阿富汗国家安全力量约30万新兵提供了培训;二是新兵文化素质很低,大约86%的新兵是文盲;三是与欧盟合作首次进行警务培训。③ 与培训相伴的司法等制度建设,也让北约的培训能力得到了检验。制度建设不仅使北约的培训能力得到了提升,而且让北约体会到培训当地武装力量既能改善危机地安全状况,又能减轻北约维和负担。

最后,北约阿富汗战略检验了成员国执行域外行动的意志。北约在阿富汗的行动不仅影响了北约的具体功能,而且对联盟内部的团结产生了影响。责任分摊不均的问题几乎与北约本身一样历史悠久,但很少发展到像在阿富汗那样严重的程度。随着阿富汗局势的恶化,美国曾不停地呼吁盟国给予更大的支持,然而盟友们应者寥寥。很多盟友选择在阿富汗维持着有限的军事力量,并且给予这些部队诸多行动限制。尽管后来盟友们对增兵有了共识,但这已然激起了美国的失望情绪。美国前防长盖茨曾严厉警

---

① Alexander Mattelaer, "How Afghanistan has Strengthened NATO", *Survival*, Vol. 53, No. 6, December 2011, p. 132.

② Ibid., p. 129.

③ Riccardo Alcaro and Sonia Lucarelli eds., *Dynamic Change: Rethinking NATO's Capabilities, Operations and Partnerships*, Rome: Institute of International affairs, 2012, p. 77.

告欧洲盟友,"责任分担不均迟早有一天会使北约失去活力,直至最后变成废物"。① 欧洲国家的种种逃避或者不作为显然不是机会主义在作祟,而是有更深层次的原因。首先,大多数欧洲盟友并不认为国际安全援助部队属于自己,而是觉得这是一项美国任务。北约并没有真正参与战略计划的制定,奥巴马的阿富巴新战略并没有与盟友作过多地磋商,而主要是在华盛顿讨论通过的。② 结果是国际安全援助部队越来越美国化,不光美国军队构成了驻阿联军的主力,而且2007年后联军最高司令官一直由美国人担任。③ 加之漫长的任务期,使欧洲与"9·11"后美国的团结大大弱化,引发了民众要求撤军的强烈要求。其次,阿富汗任务性质的多变性让欧洲盟友无所适从。联盟是以维和名义进驻阿富汗的,但随着越来越多的区域交接到联军手里后,盟友们发现他们面临着的是包含着反恐、平叛、重建、缉毒等的一系列艰难繁重的任务。更糟糕的是,随着联军完成全国性部署,反叛力量兴起了,联军必须投入比预期更多的资源执行战斗任务。再次,对威胁的不同认知。美国在阿富汗的核心利益是摧毁基地组织和阻止阿富汗再次成为恐怖分子的庇护所。总体而言,北约的欧洲主要盟国在这方面与美国享有一定的共同利益,但欧洲国家对于打击阿富汗叛乱分子来维护国家安全的做法与美国的意见相左。对于一些欧洲国家来说,是否直接参与打击叛乱分子与自身的国家安全几乎没有任何联系。因此,许多欧洲盟国在联盟的要求与不满的民众之间走了一条中间道路:既保持在阿富汗的军事存在,又在增派兵力上十分谨慎,而且对部署部队的行动施加限制。这样的策略不能消除联盟内部的争吵,而且会影响联军的行动能力。④ 然而,这是面对日益不满的民意而继续在阿富汗驻军的最好办法。值得注意的是,北约阿富汗战略尽管充满争议,但联盟内部目前为止还没有出现真正意义上的背叛。许多盟国的驻军实际上在撤军前夕的2011年都达到了人数顶峰,这一现象是在各国国内民意支持达到最低点

---

① Thom Shanker, "Defense Secretary Warns NATO of 'Dim' Future", *New York Times*, June 10, 2011.

② Bob Woodward, *Obama's Wars*, Washington, DC: Simon & Schuster, 2010, p. 124.

③ "International Security Assistance Force", http://en.wikipedia.org/wiki/International_Security_Assistance_Force.

④ Riccardo Alcaro and Sonia Lucarelli eds., *Dynamic Change: Rethinking NATO's Capabilities, Operations and Partnerships*, Rome: Institute of International affairs, 2012, p. 82.

的情况下出现的，而且很多国家也是在这一时期进一步放松了军队的行动限制。

如何来理解这一悖论事关北约的未来。对于欧洲国家而言，它们参与国际安全援助部队并不是主要出于国家安全的需要，而是一项与美国合作的议程。它们对恐怖主义威胁的关注远不及它们对美国承担在欧洲安全责任的关注。因此，北约的全球行动是欧洲国家与美国安全交易的产物，美国希望北约全球化，协助美国实施全球干预；欧洲国家希望美国坚守欧洲—大西洋地区的集体防御职责。为了换取美国为欧洲提供保护伞的承诺，欧洲国家愿意有限度地参与北约的全球行动。这也解释了美国在2001年阿富汗战争后没有继续使用"志愿者联盟"的原因，"志愿者联盟"可以避开北约烦琐的磋商决策程序和部队快速反应的缺陷做到速战速决，"志愿者联盟"的弊端在于没有制度性的束缚的志愿者可随时退出联盟，但要执行长期的地区稳定任务，分摊维稳成本而又不被盟友抛弃，北约无疑是美国最好的选择。从北约成员国身份获得的安全红利以一种"系统动力"的方式，驱动着各盟国政府采用矛盾的，有时甚至是不受欢迎的决策—比如让数千名士兵在一个遥远的国度待上十多年。[①] 北约阿富汗战略检验了联盟域外集体行动意志，美国看到了欧洲国家能为北约在非毗邻地带的域外行动中能投入安全资源的数量和意愿，欧洲国家看到了美国对于它们在全球域外行动中贡献的容忍底线，从而为未来的共同行动提供了参考指标。

北约阿富汗战略体现了联盟内部其他成员国对主导国的有限追随。在联盟内部，其他成员国为了获取主导国的集体安全保障和抵御非传统安全威胁，对主导国采取了追随战略，但在整体追随的前提下采取了控制成本的策略，以避免主导国将联盟变为实施其全球战略的工具，因此说，欧洲国家在北约介入亚洲过程中对美国采取的是有限追随战略。北约在接手国际安全援助部队指挥权之时，各国的域外干预收益估算都为域外干预收益＞域外干预成本，对美国来说可以借助盟友力量赢得反恐战争的胜利，对欧洲国家来说一方面可以获得美国的安全保证，另一方面可以消除可能

[①] Sarah Kreps, "Elite Consensus as a Determinant of Alliance Cohesion: Why Public Opinion Hardly Matters for NATO-led Operations in Afghanistan", *Foreign Policy Analysis*, Vol. 6, No. 3, July 2010, pp. 200—201.

波及欧洲的非传统安全威胁。然而,随着阿富汗稳定任务的深入,欧洲国家发现阿富汗的安全问题是政治、经济、军事、文化、民族、宗教等多重因素相互交织相互影响而产生的复合型安全问题,它们不仅要面对军事层面的挑战,更有经济、民意等方面的压力,为了控制域外干预成本,欧洲各国普遍限制了对美国的追随行为。尽管如此,在欧洲成员国的有效控制下,它们参与阿富汗行动的域外干预收益估算仍然为域外干预收益 > 域外干预成本,所以大多数盟国维持了对美国一定限度的支持。

二 北约亚洲伙伴关系的评估:联盟外部伙伴的有限追随

"9·11"事件使北约各国意识到在越来越全球化的世界,它们面临的威胁会来自欧洲之外,特别是北约领土的东翼和南翼。正如时任北约秘书长罗伯逊所言,如果要对新挑战做出有效反应,那么联盟必须从"地理路径"转向"功能路径"。[1] 换言之,北约伙伴关系的发展至少表面上是"9·11"事件驱动的结果。虽然北约在"9.11"后继续强调自由民主价值观在构建伙伴关系中的重要性,但它在中东和中亚的伙伴关系已经与其在90年代在中东欧的伙伴关系有了根本性差别。亚洲伙伴国中绝少有成为北约成员国的目标,使北约很难享有像在中东欧那样的国内改革影响力。[2] 相比于过去欧洲的伙伴关系,北约在与亚洲伙伴的关系中不再是单纯的安全供给者,同时也要求亚洲伙伴对欧洲—大西洋地区的安全作出贡献。因此,北约的大多数亚洲伙伴关系对双方而言都是实用主义的结果,直接目标都是应对共同的威胁,而非自由民主价值观的共同理想。

由于北约与俄罗斯对于安全和威胁的不同认知,双方在俄罗斯领土南翼的博弈动态呈现出两条彼此平行的轨道。在地缘安全方面,当俄罗斯还热衷于冷酷的地缘政治思维时,北约的战略认知已经从严格的地缘政治思维转变为对安全的更为广义的理解。[3] 俄罗斯希望成为欧洲—大西洋俱乐部的一分子,并希望影响北约的决策过程。北约希望通过鼓励日常的接触

---

[1] Lord Robertson, "NATO: A Vision for 2012, Speech at GMFUS Conference, Brussels, 3 October 2002", http://www.nato.int/docu/speech/2002/s021003a.htm.

[2] Rebecca R. Moore, "Lisbon and the Evolution of NATO's New Partnership Policy", *Perceptions*, Vol. 17, No. 1, 2012, p. 61.

[3] Róbert Ondrejcsák and Beata Górka-Winter, *NATO's Future Partnerships*, Warszawa: Polish Institute of International Affairs, 2012, p. 24.

逐渐积累互信，最终建立与俄罗斯长久的信任关系。然而，俄罗斯统治阶层和一些北约国家内部那种根深蒂固的冷战情节，葬送了双方全面合作的前途。俄罗斯总统普京曾在北约—俄罗斯理事会布加勒斯特会议后明确表示，"北约接近俄罗斯边界将被视为对俄罗斯联邦安全的直接威胁"。[①] 2010年最新的俄罗斯军事战略也确认了普京这一说法，认为北约及其在欧洲部署导弹防御系统是俄罗斯面临的首要军事危险。与此相反，北约在2010年版战略概念中强调"北约对俄罗斯不构成威胁"，拉斯穆森进一步认为，"我们不认为俄罗斯是北约国家、北约领土和北约人民的威胁，俄罗斯也不应认为北约是俄罗斯的威胁"。[②] 不可否认，西方在冷战结束后屡次对俄罗斯进行战略欺骗，这让俄罗斯很难相信北约文件和领导人言辞宣示的真正价值。双方安全观的差异，或者说双方的互不信任，导致北约在外高加索和中亚的活动通常被俄罗斯认为具有地缘政治的寓意。在非传统安全威胁方面，北约与俄罗斯在反恐、防扩散、禁毒、打击有组织犯罪、反海盗等方面的确存在着诸多共同利益，需要双方开展合作。这一领域的合作主要集中在阿富汗问题上，北约通过过境俄罗斯通道协议成功地获得了俄罗斯对北约阿富汗战略的支持，俄罗斯不仅在阿富汗问题上获得了经济收益，而且借助了北约之力阻止了阿富汗非传统安全威胁向中亚的渗透。特别需要指出的是，尽管俄罗斯与北约在阿富汗问题上进行了合作，但其依然用浓厚的地缘政治思维来理解这一合作。总之，无论北俄双方的具体的对话与合作多么频繁，地缘政治考量仍然是贯穿双方关系的一条主线。

北约与外高加索三国的关系是北约亚洲伙伴关系中目前相对来说最为成功的一组关系。首先，北约通过邀请格鲁吉亚加入北约恶化了俄格关系，成功地在俄罗斯自认的势力范围内打入了一个"楔子"，对俄罗斯来说，阿布哈兹和南奥塞梯或许是要挟格鲁吉亚的两张王牌，但俄格战争已经使格鲁吉亚不可能发生根本性的国内政治逆转。在2012年的格鲁吉亚议会大选中，萨卡什维利领导的"统一民族运动"党输给了伊万尼什维

---

① Róbert Ondrejcsák and Beata Górka-Winter, *NATO's Future Partnerships*, Warszawa: Polish Institute of International Affairs, 2012, p. 25.

② Anders Rasmussen, "Statement by NATO Secretary General at the press point following the NATO-Russia Council meeting in Foreign Ministers session, 19 April 2012", http://www.nato.int/cps/en/natolive/opinions_86234.htm, 20.7.2012.

利领导的反对派联盟"格鲁吉亚梦想",伊万尼什维利明确表示,格鲁吉亚在外交政策上将继续融入欧洲—大西洋大家庭的进程,争取早日加入北约。① 俄格战争已经造就了格国坚实的反俄民意基础,未来无论谁上台,北约与格鲁吉亚的紧密关系将不会改变。其次,通过发展与阿塞拜疆的关系,北约成功地实现了两大通道建设:巴库—第比利斯—杰伊汗石油管线使西方减少了对俄罗斯能源过境运输的依赖,有效削弱了俄罗斯对外高加索和中亚国家的影响力;黑海—外高加索—里海—中亚补给线使北约阿富汗联军获得了第三条后勤补给通道。最后,北约与外高加索三国都建立了深度的安全合作关系。三国都同时加入了北约"计划与评估进程"与"单独伙伴关系行动计划",通过北约的"社会化"进程,三国的防务计划与改革都深受北约影响,并且成为北约域外行动的积极贡献者,三国都参加了北约的阿富汗行动。

与高加索国家相比,北约的中亚伙伴关系更多的是政治意义上的合作,实体的安全合作还非常有限。即便是与北约合作程度最深的哈萨克斯坦,仍然是莫斯科在前苏联地区中的主要盟友,它对俄罗斯在中亚地区整合努力的支持是北约所不能比拟的。② 哈萨克斯坦对北约的态度,很好地证明了北约在中亚只能扮演俄罗斯主宰地区传统安全事务之外非传统安全提供者的角色。事实上,北约在中亚地区的非传统安全利益远比传统安全利益重要,由于北约对这一问题认识不清,使其一直没能建立起与集体安全条约组织和上海合作组织的合作框架。俄罗斯正是通过这两个多边组织建立起了对中亚安全事务的绝对主导地位。北约在中亚目前的合作造成了这样一种局面,俄罗斯和中国对北约的意图心存怀疑,中亚国家与北约的合作谨小慎微。在安全合作方面,北约与中亚的合作大都停留在反恐、禁毒、培训、边境管理等"低端"安全领域,北约在中亚国家的投入不足使中亚国家缺乏与北约在域外进行共同行动的意愿,相比于其他北约"和平伙伴关系计划"伙伴国,身为阿富汗邻国的中亚五国竟然没有派一兵一

---

① 俄罗斯新闻网:《议会大选后的格鲁吉亚:变与不变》,http://rusnews.cn/xinwentoushi/20121010/43587729 - print.html.

② Alexander Cooley, "NATO and Central Asia", *EU-Central Asia Monitoring Watch*, No. 11, February 2012, p. 5.

卒前往阿富汗,①表明了它们在北约伙伴国中的"消极者"的角色。在北方补给线的合作上,北约曾许诺补给线会为过境国带来相关进出口贸易的增长和本地物资的采购。但据世界银行的统计,2008—2011年中亚地区的进出口贸易并没有明显的增长,2008—2012年北约联军中亚本地物资的采购总额也仅有1.55亿美元,与当初预期的每年10亿美元相去甚远。②并且,由于缺乏统一的物资运输规划,中亚国家间为了多赚过境费出现了彼此阻挠物资运输的情况。关于"新丝绸之路"的建设,北约还缺乏具体的统一实施蓝图,各个项目间毫无联系地在中亚各国分别展开,受北约2014年撤军大限影响,中亚各国担心西方到时会减少对"新丝路"项目的热情,纷纷争取一些国内急需的短平快项目,对跨境基础设施的建设严重不足。另外,"新丝路"的建设也引起了中国和俄罗斯的担忧,中国已经明确表示了对"新丝路"的关切,而俄罗斯更希望在它的主导下在中亚建立一个共同经济空间。最明显的例子是,中俄都强烈反对美国提出的土库曼斯坦—阿富汗—巴基斯坦—印度油气管道项目。

"地中海对话"的发展经历了两个阶段,由于受"9·11事件"影响,两个阶段呈现出巨大的反差。在第一阶段,北约和地中海伙伴国都对进程没有予以太多关注,对话对于稳定地区局势和降低安全威胁几乎没有起到实质作用,北约的形象在地中海伙伴国家中尤其是在普通民众中仍然是美国的军事工具,中东和平进程反而在对话开始后长期停滞不前,整个对话进程主要只进行了交换信息和增进各方了解的工作。但对话也有积极的方面,对话为北约和地中海伙伴提供了一个信息共享和对话的平台;构建了一个建立彼此互信的制度框架;为下一步走向实质性合作打下了基础;增强了双方地中海安全相互依赖和不可分割的意识。③"地中海对话"在第一阶段之所以表现不佳,主要有以下几个原因:第一,地中海伙伴国并非任何意义上的政治、经济和军事集团,它们内部之间存在着诸多的纷争,而北约通常将它们作为一个整体看待,这有悖于现实;第二,北约的目标过于模糊,只是宽泛地将目标定义为增进地区的稳定和安全,没有将目标

---

① NATO, "ISAF 'placemat' (Contributing nations and troop numbers) -24 June 2013", http://www.nato.int/nato_static/assets/pdf/pdf_2013_06/20130624_130624-mb-isaf-placemat.pdf.

② Alexander Cooley, "NATO and Central Asia", *EU-Central Asia Monitoring Watch*, No. 11, February 2012, p. 4.

③ Mohammed Moustafa Orfy, *NATO and the Middle East*, New York: Routledge, 2011, p. 101.

进一步细化分解执行；第三，西方国家在该地区的殖民历史和美国长期袒护以色列的政策，使阿拉伯国家对北约的角色具有防范心理；第四，北约国家内部也对地中海政策存在分歧，加拿大、北欧国家和德国对"地中海对话"缺乏热情，甚至英国都表达过对对话进程资金成本的关注；[①] 第五，北约主导了对话议程的设定，没有太多考虑对话伙伴国的具体需求；最后，对话缺乏具体的项目载体和相应的资金支持。

对第二阶段的评估，必须根据北约所要达成的目标来评判，北约对"地中海对话"所期望实现的三大目标：反恐、防扩散、推动民主化和增进双方军事协同。经过大量的军事合作和课程培训，地中海伙伴国在反恐的军事操作层面显然有巨大的提高，但在消除恐怖主义根源问题上并不是只靠军事手段在短期内可以解决的，相反，由于21世纪以来巴以冲突的加剧以及美国入侵伊拉克，伙伴国的恐怖主义问题变得更加复杂。在防扩散问题上，除以色列外的其他伙伴国都拒绝将其纳入双方合作或对话的议题，使这方面的进展非常有限。[②] 在推动民主化议题上，由于惧怕阿拉伯伙伴国的抵制影响其他目标的实现，北约在这方面一直无所作为。2010年以来西亚北非的"阿拉伯之春"也没有任何迹象表明与北约的努力有任何关联。在增进双方军事协同方面，由于地中海伙伴国也有军事现代化和提升非传统安全威胁反应能力的需要，双方在这方面的合作取得的成果最大。总之，北约虽然在"9·11"事件后对"地中海对话"投入了巨大的资源，实现了双方军事联系的加强，而整体上没有实现其所希望达到的目标。究其原因，主要有两方面的失误：一是北约"地中海对话"的具体目标存在着自相矛盾之处，一方面要求阿拉伯国家打击恐怖主义和销毁大规模杀伤性武器；另一方面对以色列拥有核武器和以色列对阿拉伯人的国家恐怖主义视而不见（特别是美国）。二是没有对地区内普遍的美国等于北约的错觉进行有效纠正，加之美国入侵伊拉克和其在"9·11"后对以色列打击法塔赫与哈马斯的支持，让阿拉伯国家很难在真正意义上建立起与西方联盟的伙伴关系。[③] 三是对恐怖主义的打击主要依靠军事手段来

---

① Winrow, G., *Dialogue with the Mediterranean: The role of NATO's Mediterranean Initiative*, New York and London: Garland Publishing, 2000, p. 186.

② Mohammed Moustafa Orfy, *NATO and the Middle East*, New York: Routledge, 2011, p. 124.

③ Ibid., p. 126.

实现,但阿拉伯—伊斯兰世界之所以成为恐怖主义的主要发源地,有其深刻的政治、经济和宗教文化根源,并且美国不改变其袒护以色列的中东政策,恐怖主义很难根除。

关于"伊斯坦布尔合作倡议",经过多年的发展,"伊斯坦布尔合作倡议"机制被证明仍然很不成熟,有巨大的潜力亟待开发,机制建立之初面临的主要威胁没有消除,而且限制了机制本身的完善,甚至可以说北约和海湾国家的共同威胁与挑战没有孕育出相应的合作。① 海湾国家没有在海湾合作组织内建立起与北约类似的安全合作水平,甚至在地区安全合作中存在着相互提防的心理,这显然阻碍了"伊斯坦布尔合作倡议"机制设计者的初衷,即以多边对多边的合作来抵御海湾甚至中东地区的共同威胁,目前的多边对单边的合作模式是一种碎片化的安全合作,让北约这个庞大的战争军事机器和只有几千军人的巴林等小国逐个进行合作磋商,其效率极其低下,况且没有海湾第一大国沙特的支持,北约要在该地区处理安全问题极其艰难。海湾伙伴国和北约对彼此的定位也存在巨大的错位,海湾伙伴国把北约作为美国在该地区存在的有益补充,甚至有海湾国家的官员表示,北约能够进入海湾地区是美国游说各阿拉伯君主国的结果,而北约把海湾四国视为在这一区域开展合作安全的支柱伙伴。简言之,北约对海湾国家是可替代品,而海湾国家对北约来说是必需品。

严格来说,北约的全球伙伴关系并不是一项国际机制。由于北约与全球伙伴采取多边对单边的合作方式,北约官方文件对全球伙伴的准入门槛没有明确的标准,与每个国家的合作目的存在巨大差异。例如,与阿富汗和伊拉克的伙伴关系是为了帮助两国培训安全力量,实现地区稳定;而与日韩的关系是为了更好的实现北约所期望的合作安全,争取更多的国际支持。北约目前和亚洲全球伙伴的合作动力主要来自阿富汗行动。对于亚太伙伴而言,它们参与阿富汗行动的主要作用是支持其盟友美国打击国际恐怖主义。② 大体而言,它们基本满足于当前与联盟的合作现状。北约针对全球伙伴所推出的"单独伙伴关系与合作计划"可以使各伙伴国根据自

---

① Riccardo Alcaro and Andrea Dessì eds., *The Uneasy Balance*: *Potential and Challenges of the West's Relations with the Gulf States*, Rome: Edizioni Nuova Cultura, 2013, p.113.

② Benjamin Schreer, "NATO's Partnerships: Asia-Pacific", http://www.nato-pa.int/Docdownload.asp?ID=1BFFAD049306000402E0.

己的利益偏好选择和联盟合作的范围与深度。然而，这更像是北约提供给亚太伙伴的安全消费菜单，双方的长期合作并没有将亚太伙伴的安全关切纳入其中。因此，北约与亚洲全球伙伴的合作至少存在三个问题：一是缺乏政治对话，北约的亚洲全球伙伴只是工具性的使用对方安全力量的伙伴或是北约安全输出对象，部分伙伴国甚至将对北约域外行动的支持视为对美国为其提供保护伞的回报，因此双方并不存在政治合作的共识；二是缺乏利益共识，多数亚太国家希望北约在地区传统安全领域发挥作用，而北约中的欧洲国家更关注地区非传统安全领域事务；三是缺乏地区大国的信任，尽管北约在亚太及印度洋地区并没有明确的战略，但由于缺乏与中国和印度等地区大国的正式机制渠道沟通，北约与亚太国家伙伴关系本身就引起了不必要的猜疑。

在联盟与外界国家的关系中，双方在非传统安全威胁领域有着一致的合作收益估算，都希望通过安全合作来提升彼此的安全。由于不少亚洲国家自身有安全能力的缺陷，同时为了引入第三方来平衡地区大国影响力，它们试图借助北约来实现自己的安全利益。基于这样的考虑，亚洲伙伴国在与北约的合作中意图采取追随和地区制衡的行为模式，但鉴于俄罗斯等大国的强烈反应，亚洲国家在与北约的合作中目前主要限制在非传统安全领域，没有采取实质性的地区制衡行为。由于许多亚洲国家与北约的合作没有包含传统安全领域的内容，所以它们的主流行为模式也是有限追随。通过追随北约，亚洲国家获得了自身防务能力的一定提升，北约获得了在各类域外行动和亚洲地区事务中亚洲国家的安全支持。对于一些亚洲国家利用北约进行地区制衡的意图，客观上的确能起到一定威慑作用，而由于欧洲国家对亚洲事务中的传统安全问题缺乏兴趣，事实上不能真正实现地区制衡的效果。

第二节　北约介入亚洲与中国：面对一个谨慎的中立者？

北约秘书长拉斯穆森认为，中国不是北约的威胁，相反，中国和北约具有许多共同利益,希望看到双方建立密切的合作关系。① 北约参与亚洲事务直接或间接地对中国的国家安全产生了影响。在中国西部,国际安全援助部队的行动首次将北约带到了中国的西部边界。中亚与阿富汗在地理上的毗邻性,以及北约在中亚构筑了支持阿富汗行动的北方补给网络,北约的阿富汗行动很大程度上决定了北约与中亚地区的关系。因此,阿富汗和中亚成为了北约与中国开展合作与竞争重要区域。在安全合作方面,除了在阿富汗和巴基斯坦具有共同的反恐利益,北约与中国在亚丁湾的反海盗问题上已经进行了初步的合作。自2008年以来,北约和中国都参加了非洲之角的反海盗行动,双方通过"分享共识与避免冲突"多国论坛展开了在印度洋的海洋安全合作。北约与中国在反海盗领域的合作对未来双方在非传统安全领域的合作有诸多启示。此外,北约在亚洲缔结的庞大伙伴网络对中国也产生了复杂的影响。

一 双方的互动

中国和北约在冷战时期与20世纪90年代早期没有发生过直接接触。双方的直接接触是以一种不幸的方式开始的,北约轰炸我驻南联盟大使馆造成了双方关系的极度紧张。"9·11"以后,美国在阿富汗的军事存在加剧了双方进行接触的紧迫性。2002年中国驻比利时大使关呈远受邀访问了北约总部,与时任北约秘书长罗伯逊就双方关心的问题交换了意见。自此以后,双方开始进行较为正式的互动,在交换信息与合作安全等议题上开展了政治对话,内容涵盖恐怖主义、海盗、国际安全、大规模杀伤性武器扩散和危机管理等。② 2003年,中国驻比利时大使馆的外交人员应北约邀请访问了北约欧洲盟军司令部。同年8月,北约在接手驻阿国际安全援助部队指挥权之前,主动向中国驻比大使馆通报了相关情况。与此同时,双方从2002年开始了司级的政治磋商,目前已经开展了五次磋商。

2007年,中国外交部军控司司长访问了北约总部,标志着双方高级别官员政治对话的开始。同年5月,北约军事委员会主席雷·埃诺表示,

---

① 新华网:《专访拉斯穆森:我不认为中国对北约是个威胁》,http://news.xinhuanet.com/mil/2011-09/20/c_122058480.htm.

② Assen Agov, "The Rise of China and Possible Implications for NATO", *Political Committee*, NATO Parliamentary Assembly, October 2011.

第五章　北约介入亚洲的评估与展望：有限追随及其延续　193

除了政治联系外，北约希望与中国军方建立军事联系。北约负责政治事务和安全政策的助理秘书长曾两次到访中国，寻求与中国建立伙伴关系。2009年11月，北约副秘书长毕索尼耶罗访问中国，与中国外交部副部长张志军就阿富汗与中亚稳定、反恐、防扩散、海盗等问题交换了意见，双方的政治对话得到了进一步加强。

从2010年开始，双方在军事领域的互动也逐步展开。2010年6月，一个解放军高级将领代表团访问了布鲁塞尔北约总部，这是中国军方代表团首次访问北约总部，标志着双方建立军事联系的开始。2011年3月，中国海军与北约在亚丁湾的反海盗"大洋盾牌行动"建立了联系，北约反海盗海军指挥官西曼斯在北约反海盗部队的旗舰接待了中国海军护航编队指挥员韩小虎，此后的2012年和2013年双方的指挥官都对对方的旗舰进行了访问。中国目前已在信息共享等方面与北约开展了反海盗合作，并表示了愿意承担北约等组织划定的亚丁湾海域国际运输走廊的防区任务。2012年2月，北约国际军参部主任博内曼受中国军方邀请率领北约代表团访华，中国人民解放军副总参谋长马晓天接见了博内曼一行。访华期间，双方就北中军事合作、中国军力改革、北约改革、北约行动、亚太局势等问题进行了讨论。双方在这次访问后就反海盗、培训与教育、建立年度军事参谋对话等方面加强合作达成了共识。

二　对中国的机遇

北约发展与中国的关系有多重动力。在防务开支不断缩减的情况下，北约希望以一种前摄性的方式来塑造国际安全环境，以使某些地区的安全问题不至于恶化至需要北约干预的程度。同时，透明和交流可以降低北约与其他行为体误判的风险，提升和平解决分歧的可能性。北约秘书长拉斯穆森多次表示，希望北约成为一个对国际安全关切进行磋商的论坛，将中国、巴西和印度等新兴大国纳入其中。在2010年的慕尼黑安全会议上，拉斯穆森进一步表示，希望建立一个"永久性磋商与合作的网络，以北约为节点连接中国、印度等主要大国，共同讨论观点、想法和最好的行为模式或者进一步进行联合训练和规划"。①

中国经济利益的日益全球化使我们不得不考虑与北约进行合作，以维

---

① "NATO Chief Eyes Closer Ties with China, India", *China Daily*, February 8, 2010.

护主要国际贸易通道的安全与海外利益的保护。即使不考虑（也不可能）将北约作为维护这一利益的唯一依托，也需要将其纳入中国全方位安全战略的视野。与北约进行合理的对话与合作，可以更好地维护中国的全球战略与经济利益。中国与北约进行危机管理与合作安全方面的合作可以向国际社会显示中国和平发展的决心与意图。从技术层面来讲，与北约加强交流与合作，可以了解世界上最大的军事联盟的战术、技术、设备和各种程序，增加反恐、反扩散、防灾救灾、反海盗等非传统安全领域的知识，有利于中国实现国防现代化。从战略层面来讲，与北约的合作可以提升中国军力的远程战略投送能力，更好地保护已经遍及全球的海外利益。就目前的情况来看，双方至少在以下四个方面可以开展合作。

首先，阿富汗问题的合作。对于北约而言，中国对国际安全援助部队的支持是构成北约阿富汗行动合法性的要件。如果没有中国在联合国安理会内对北约授权的支持，北约在阿富汗的行动将难以为继。中国在整个地区战略图景中的相关性，以及与巴基斯坦的密切关系，与北约在阿富汗的利益紧密相关。北约还将从中国在阿富汗发挥更大作用中获得收益，中国加大对阿富汗重建和安全的投入，无疑会减轻北约在阿富汗的负担。总之，北约内部一致认为，中国参与阿富汗事务将有助于北约在阿富汗的稳定任务。就中国方面而言，北约的阿富汗战略一方面有利于阿富汗的稳定，可以阻止阿富汗成为恐怖主义分子的天堂，减轻"三股势力"对中国西北边疆地区的危害；另一方面，一个稳定的阿富汗将成为中国绝佳的投资目的地和商品销售市场，阿富汗丰富的自然资源还将为中国的能源/资源多元化战略提供一个新选择。阿富汗丰富的资源矿藏和巨大的经济潜力，以及其自身安全对整个中亚和南亚的影响，都将对中国的西部特别是新疆地区产生重大的战略影响。

在安全方面，阿富汗和巴基斯坦的动荡局势加强了新疆和境外恐怖分子的力量。两国境内的反叛势力通过给"东突厥斯坦伊斯兰运动"和"土库曼斯坦伊斯兰党"等恐怖组织提供训练基地和物质支持，加强了这些对中国国家安全造成威胁的恐怖组织的破坏能力。[①] 同时，阿富汗与巴基斯坦持续的动荡将危及中国在中亚日益增长的能源利益，特别是会威胁

---

① Elizabeth Wishnick, "There Goes the Neighborhood: Afghanistan's Challenges to China's Regional Security Goals", *Brown Journal of World Affairs*, Vol. 19, No. 1, 2012, p. 88.

第五章　北约介入亚洲的评估与展望：有限追随及其延续

到油气管道的安全。中国政府正在考虑建设一条从土库曼斯坦开始穿越阿富汗和塔吉克斯坦最终到达新疆的油气管道，进一步完善中国在中亚的油气管道网络。由于阿富汗和中亚国家存在着大量跨界民族人口，加之共同的伊斯兰教信仰，阿富汗的动荡也有可能波及中亚国家特别是塔吉克斯坦和乌兹别克斯坦的稳定（塔吉克族和乌孜别克族都是阿富汗主要民族之一），最终影响我国的能源安全。阿富汗的毒品问题也是对中国的一大挑战，据统计，目前在中国缴获的海洛因中有三分之一来自阿富汗、巴基斯坦、伊朗三国交界的"金新月"地区，相对于2008年的8.8%的比例已经有巨大的增长，乌鲁木齐市有70%的海洛因来自"金新月"地区。[①]

在经济方面，中国对阿富汗的最大两笔投资来自几家国有企业，中国石油天然气集团公司和中国冶金科工集团公司（中冶）—江西铜业投资联合体已经对位于阿富汗北部的阿姆河（Amu Darya）油田以及位于喀布尔东南部的艾娜克（Mes Aynak）铜矿进行了投资。然而，这些投资结果喜忧参半。中石油的阿姆河油田何时投产目前还是未知数，中冶和江西铜业两家投资阿富汗南部的中国企业所遇到的困难则体现了中国在阿富汗投资所遇到的问题和不确定性。遭遇这些困难的部分原因在于在南方运营的公司有安全顾虑。这些顾虑有的源于当地人的怨愤，因为他们认为自己的土地受到矿场的影响却没有得到合理的补偿，也有的源于塔利班附属组织的侵扰，这些组织热衷于破坏经济发展以惩罚阿富汗中央政府。但是这些公司也常常感到对其所投资的环境缺乏充分了解。例如艾娜克铜矿，项目中的各方一开始有良好的愿景，并投入大量资金，但之后发现地方政府对项目反应困惑，因此深受此影响。当这些项目未能落实原合同中应包括的部分时，当地政府的困惑便成为了愤怒。例如，阿富汗地方政府最初认为中冶集团和江西铜业会在阿富汗南部建造铁路。但是这两家公司则声称合同仅仅规定进行可行性研究。虽然还不清楚停工是否确实还在发生，但他们指出阿富汗恶劣的安全形势致使中国工人拒绝在工地上工作。[②] 中国参与修建了2700公里长的连接喀布尔和阿富汗其他主要城市的环阿公路，

---

① Zhang Yongan, *Asia, International Drug Trafficking, and U. S. -China Counternarcotics Cooperation*, Washington D. C.：The Brookings Institution, February 2012, p. 5.

② 潘睿凡：《中国在阿富汗发挥领导作用的机会》，http：//www. carnegietsinghua. org/2013/04/02/中国在阿富汗发挥领导作用的机会/fyrz.

中国建筑工人由于屡次遭到杀害、绑架和袭击，曾几度停止了这条价值25亿美元公路的修建。① 另外，阿富汗的持续动荡还会影响到中亚与中国新疆的贸易。新疆与中亚国家的贸易对于新疆的发展十分重要，从2006年到2010年新疆的外贸总额达760亿美元，比上一个四年增长了230%，而中亚国家与新疆的贸易额占到新疆对外贸易总额的60%以上。②

目前，中国和北约在阿富汗问题上开展了初步的合作。中国驻阿富汗大使与北约驻阿富汗高级民事代表定期举行会晤，内容主要涉及在阿中国工人的安全问题。安全方面和经济方面的利益使中国有必要与北约在阿富汗展开一定的合作。同时，中国政府除了对阿富汗进行一定程度的援助外，还帮助阿富汗进行了警察与扫雷培训，在联合国与上海合作组织架构内参与阿富汗的禁毒活动，这说明中国政府有意愿在未来阿富汗安全局势中发挥更大的作用。在未来，上海合作组织与北约有可能进行更多的协调，中国与俄罗斯已经认识到北约可能作为未来阿富汗的安全保证，一方面，中国要很大程度上依靠全球性大国在阿富汗的安全投资；另一方面，俄罗斯也承认了北约在阿富汗长期存在的令其不快的结果，并将会支持美国在一个温和民主的阿富汗实现安全。③ 因此，上合组织与北约的合作也具有一定的可能性。

其次，危机管理领域的合作。中国虽然通过联合国渠道向外派出了大量的维和人员，但在复杂的危机地区开展行动的指挥与执行能力仍然非常薄弱，而北约在这方面具有丰富的经验，同时它需要中国这样的主要国际行为体的帮助。双方在这方面的合作可以在观念与实践上实现相互提升的目的，合作将对危机地区的和平与稳定作出重要贡献。事实上，中国已经表达了对参加北约危机管理相关课程的兴趣。通过与北约的交流，中国人民解放军可以在力量投送的指挥、控制和后勤保障等各个方面获取北约积累的丰富经验和教训，为未来执行危机管理和维护海外利益等任务储备相关知识和能力。中国危机管理能力的提升，可以彰显中国作为负责任大国

---

① Philip Smucker, "Afghanistan's Road to Somewhere", *Asia Times*, June 20, 2009.

② Elizabeth Wishnick, "Afghanistan and China's Approach to 'Greater Central Asia'", *Paper prepared for the PONARS Eurasia Academic Workshop*, Bishkek: American University of Central Asia, 2011, pp. 6—8.

③ Muhammad Saleem Mazhar, "Post 2014 - Afghanistan", *A Research Journal of South Asian Studies*, Vol. 28, No. 1, January-June 2013, p. 80.

第五章 北约介入亚洲的评估与展望：有限追随及其延续

维护世界和平的决心和意志，减少中国军力发展带来的疑虑。对北约而言，将中国纳入北约危机管理合作的范围，可以增加未来北约域外行动的合法性，分摊北约危机管理活动的成本和风险。

再次，人道主义援助和救灾的合作。作为一个自然灾害频发的国家，中国军队在灾难中通常在人道主义援助和救灾方面扮演了主要角色。与执行国际危机管理任务相伴，中国军队必然要与其他维和部队共同担负起当地的人道主义援助和救灾任务。中国自2002年以来已经在14个国家开展了人道主义援助和救灾行动。[1] 但2004年的印度洋海啸反映出中国在国际人道主义援助和救灾方面的能力不足，中国2013年发布的《中国武装力量的多样化运用》白皮书中明确表达了在国际救灾行动中加强与外军合作的意愿。[2] 北约设有欧洲—大西洋灾难反应协调中心，在欧洲—大西洋伙伴关系理事会各国范围内协调救灾工作。但是，北约的救灾工作并不局限于上述的地理范围。从2004年开始，北约已经先后参加了印度洋海啸、巴基斯坦南亚大地震和美国卡特里娜飓风等自然灾害的救灾工作。因此，中国和北约在人道主义救援和救灾方面具备巨大的合作空间。另外，北约设有"和平与安全科学委员会"，主要工作是为民用科学和创新提供实际支持，目的是通过更好地利用专业技术知识解决问题，以促进各国的安全、稳定和团结。中国有资格参与北约民用科学工作，在这个领域开展合作也符合双方的利益。[3]

最后，海洋安全合作。中国对海外自然资源的巨大需求，需要保证国际海上通道等国际公域的安全和畅通无阻。众所周知，中国在这方面已经遇到了很多挑战，例如在亚丁湾和马六甲地区的海盗袭击。中国与北约在海事安全领域的接触其实早在2002年就已开始。俄罗斯"库尔斯克"号战略核潜艇沉没事件警示中国需要学习一些潜艇救援的新技术。2002年5月中国派观察员观摩了北约在丹麦卡特加特举行的潜艇逃生与救援演习。2009年11月，北约海军司令部军事人员赴北京参加了中国国防部主办的反海盗国际会议。会议的目的旨在加强在亚丁湾及索马里海域进行护航任

---

[1] Ian Storey, "Hospital Ships Can Be China's 'Diplomats'", *The Straits Times*, April 8, 2009.
[2] 中华人民共和国国务院新闻办公室：《"中国武装力量的多样化运用"白皮书（全文）》，http://www.gov.cn/jrzg/2013-04/16/content_2379013.htm.
[3] 吴云：《中国有必要重新考虑北约》，《世界知识》2007年第9期。

务的各国海军之间的协调。① 但会议最后只发表了措辞模糊的声明,没有就北约和中国的具体合作作出规划。中国海军护航编队巡航亚丁湾打击国际海盗势力标志着主要海上国际贸易通道的安全已经与中国的国家安全息息相关了,中国政府愿意向此类安全问题投入巨大的资源。这为中国与北约进行合作共同维护主要国际海上贸易通道的畅通注入了基本动力。同时,北约具有世界上最强大的海军舰队,具备丰富的处理海洋危机的经验和能力,与北约的合作可以有效提升中国海军的远洋作战能力,尤其是打击海上非传统安全威胁的能力。对于北约而言,与中国合作一方面可以降低维护海洋安全的成本,另一方面通过信息交换可以了解中国海军的能力和战略意图。总体而言,北约与中国的海事安全合作目前尚处于低层次的技术性合作,有巨大的潜力等待开发。

不过,双方的合作目前还存在着一些内部阻力。在北约方面,发展进一步合作的主要障碍来自于东欧的一些成员国,这使得联盟与中国发展广泛深入的合作缺乏共识。另外,北约在阿富汗的危机管理以及利比亚的空袭行动使其投注了巨大资源,很难抽出更多精力来重点发展与中国的关系。② 在中国方面,中国传统上偏好通过双边途径与外国打交道,除了在联合国和亚太的一些地区多边组织中较为活跃外,中国较少通过多边组织与别国发展关系。"北京视北约为一个地区性的组织,而且中国没有在欧洲领土的安全利益,因此中国领导人没有把北约当做外交优先对象来对待"。③

三 对中国的挑战

其一,北约的阿富汗战略使中国陷入战略困境。北约实施阿富汗战略以来的历史证明,北约必须得到地区国家的协助才能完成稳定和重建阿富汗的使命。如前所述,中国在稳定阿富汗局势方面与北约享有共同利益。中国需要北约稳定阿富汗局势,为中国的经济发展创造一个安定的周边环境,双方具有合作的可能性。同时,尽管具有联合国的授权,但北约在阿

---

① NATO, "NATO Military Visits Beijing to Discuss Piracy Operations", http://www.nato.int/cps/en/natolive/news_ 59000.htm.

② Tania M. Chacho, " Potential Partners in the Pacific? Soft Power and the SINO-NATO Relationship", *Journal of Contemporary China*, Vol. 23, No. 87, 2014, p. 399.

③ Ibid. , p. 400.

富汗的存在本身就构成了中国国家安全的严重威胁。一方面,北约在阿富汗的存在是反叛势力不断发动袭击的重要原因,塔利班领导人奥马尔在多个场合曾表示,他的首要目标是打击阿富汗的占领者(西方军队),"直到他们像苏联一样被击败"。① 北约对阿富汗的持续军事干预既在消灭威胁,也在不稳定中创造新威胁,这些威胁所影响的对象不仅仅是北约和阿富汗政府,而且包括周边国家。阿富汗的恐怖主义、伊斯兰好战分子、有组织犯罪和毒品网络等威胁的跨国特性,既对上海合作组织国家构成了严重的安全挑战,也为上海合作组织与北约/美国在阿富汗进行维稳合作提供了机会。② 另一方面,北约通过占据阿富汗这个欧亚大陆十字路口获得了巨大的地缘战略优势。在东面,北约可以对中国的西部构成直接的威胁;在南面,北约已经对中国事实上的唯一盟友巴基斯坦进行了狂轰滥炸;在西面,北约配合土耳其与伊朗接壤的便利和海湾的伙伴关系网络,实际上已经对中国重要的安全伙伴伊朗实现了战略合围;在北面,北约既可以通过北方补给网和伙伴关系影响中亚国家的安全战略,也可以直接威胁中国在中亚的油气管道网络。因而,中国在应对北约阿富汗战略的选择上陷入了进退维谷的境地。

根据维基解密披露的 2009 年外交电文,中国外交部曾考虑过美国提出的过境中国向阿富汗地区运送后勤物资的提议,但很有可能遭到了中国国防部的反对,最终中国政府拒绝了这一提议。③ 阿富汗和美国都希望中国能够开放瓦罕走廊帮助联军运送后勤物资,但从现实的条件来说,这种可能性很小。由于中阿边境地处高海拔的山区,一年中的大多数时间大雪封山,再加上中阿之间目前没有相互连接的公路,使联军物资通过中国运抵阿富汗的自然地理障碍难以逾越。即使这一现实问题得到解决,中阿边境开通将会为北约进入中国西部开辟一大战略通道,其对中国国家安全的压力可想而知。一些分析人士提醒,北约/美国的阿富汗战略是自越战以后美国军队第一次抵近中国边境。另外,中国拒绝参加联军北方补给网也

---

① Bill Roggio, "Full Transcript of Mullah Omar's Message for Eid-al-Fatir", *The Long War Journal*, November 10, 2010.

② Simbal Khan, "Stabilization of Afghanistan: U.S.-NATO Regional Strategy and the Role of the SCO", *China and Eurasia Forum Quarterly*, Vol. 7, No. 3, 2009, p. 14.

③ Elizabeth Wishnick, "There Goes the Neighborhood: Afghanistan's Challenges to China's Regional Security Goals", *Brown Journal of World Affairs*, Vol. 19, No. 1, 2012, p. 89.

有顾及巴基斯坦利益的考虑。① 中国内部在补给线问题上的分歧,真实地反映出中国目前面临的困境。

北约阿富汗战略的未来无外乎三种前途:一是北约各国不堪重负,最终抛弃阿富汗政府,逃离这个"帝国坟场",这将对中国在非传统安全领域内带来重大负面影响;二是北约通过将塔利班等势力纳入阿富汗政治进程,最后"功成身退",彻底离开阿富汗,美国可以抽身投入更多资源到亚太实现其"再平衡"战略;三是北约与阿富汗反叛势力的对抗长期处于焦灼状态,北约(以美军为主)长期驻军阿富汗,类似目前的动荡状态继续对中国国家安全带来一定压力。回顾历史,苏联在1989年撤出阿富汗后,继续维持了对纳吉布拉政权的经济支持,直至1991年苏联解体后经济援助中断才导致了纳吉布拉政权的垮台,阿富汗最终逐渐演变成了恐怖主义的天堂。相信北约和美国一定会"以史为鉴",在未来将继续保持对阿富汗政府的支持,但无论北约阿富汗战略如何演变,都会对中国的国家安全产生不同程度的不利影响。

其二,北约亚洲伙伴关系网络使中国在亚洲安全格局中有被边缘化之虞。自阿富汗战争以来,北约就不断扩大和强化在亚太的伙伴关系网络。因此,一旦北约将其在外高和中亚的影响联合起来,这将打通中亚与东欧之间的地缘政治隔离带,打通北约从东欧到外高,再到中亚,到蒙古,再到日本、韩国的军事地缘走廊,将俄罗斯和中国实现某种技术性隔离,冲淡上海合作组织的作用。② 中国和许多中国周边的北约亚洲伙伴国存在着历史纠葛和领土纷争,北约的欧洲成员国对亚洲特别是东亚国家间的历史问题和领土争议并没有深刻的认识,如果亚洲国家将本国对这些问题的认知通过政治对话渠道传递给北约成员国,势必造成中国对这些问题的国际话语权缺失,甚至会陷入外交孤立。最后,北约与亚洲伙伴的实务合作将有效提高亚洲伙伴国的军事能力。虽然目前北约与亚洲伙伴国的合作主要停留在非传统安全领域,但是北约与亚洲伙伴的合作提升了相互的军事协同能力和对彼此战略战术的了解,有利于未来共同应对它们所认为的共同威胁。同时,亚洲伙伴可以通过参与北约行动提升自身的海外作战能力,

---

① Rafaello Pantucci, "China's Afghan Dilemma", *Survival*, Vol. 52, No. 4, 2010, p. 24.
② 刘侣萍、崔启明:《北约日益重视外高加索地区的战略地位》,《俄罗斯中亚东欧研究》2008年第1期。

并且它们在危机地区的行动将被国际社会认为是安全提供者的活动，有利于提升它们的国际影响力。

其三，北—中军事合作带来的风险。中国与北约的军事合作，一方面会带来中国军事能力的提升，但同时也可能造成中国防务情报和军事技术的泄漏。一是与北约直接合作的风险。联合军事行动一般要求共享情报和机密信息，联合进行监视和侦察，在这一过程中如何既顺利地完成任务，又使行动伙伴不能掌握本方的核心机密成为了中国与北约进一步加强合作的重要障碍。所以，中国与北约在亚丁湾的反海盗合作目前只主要局限于对话和协调层面。二是向第三方泄漏的风险。与北约的合作有可能使中国的重要情报和技术被泄漏给日本、韩国、台湾地区、越南、菲律宾等有可能与中国发生冲突的第三方，削弱中国对这些国家和地区的威慑能力。三是中国与北约成员国双边军事合作带来的风险。例如，中国空军在2010年远赴土耳其与土空军进行了联合训练，中国派出的是三代战机苏—27参加训练，而由于受到美国的压力，土耳其只派出了二代战机F—4参与了训练。① 从军事技术的角度看，显然是土耳其获得了更有价值的情报，而且不能排除土耳其将这些情报泄露给其他北约国家的可能性。

中国因为上述的种种顾虑和风险，目前尚未与北约建立正式的合作关系，在已经开展的合作中也处于萌芽状态。对于北约介入亚洲事务，中国一方面与北约有着许多共同利益，特别是在非传统安全领域，双方的利益已经高度契合，存在合作的基础。另一方面，北约由美国主导这一现实，使中国官方高层不得不将北约仍视为一个传统的军事联盟，对北约介入亚洲的解读必然掺杂着较为浓厚的地缘政治思维，因而在与北约的交往中不得不有所顾虑。但同时，北约在亚洲的存在目前无任何迹象表明存在着遏制中国的意图，因此中国也报之以既非制衡也非追随的模糊态度。

第三节　北约介入亚洲的展望：有限追随的延续

一　北约阿富汗战略的未来：联盟内有限追随的延续

2014年底，国际安全援助部队在阿富汗的任务暂告一段落，阿富汗

---

① 新华网：《土媒：中土空军联合训练意义何在？》，http://news.xinhuanet.com/mil/2010-10/15/c_12661300.htm.

的安全职责将完全交到阿富汗安全力量手中。但这并不意味着北约阿富汗战略的终结,北约只是不再参加阿富汗的战斗行动,而将重心转移至为阿富汗政府提供培训、咨询和协助等任务。2010 年,北约里斯本峰会开启了让"阿富汗全面承担安全责任和领导权"①的序幕,在建立与阿富汗长期伙伴关系的基础上,联盟承诺将与其他国际行为体一道为 2014 年后的阿富汗继续作出贡献。2012 年芝加哥北约峰会决定,北约在阿富汗的任务将从战斗转向新的培训、咨询和协助任务。② 2014 年威尔士峰会又对 2014 年后的安排做了进一步的明确和细化。③ 在双边层面,阿富汗和美国已在 2012 年 5 月签订长期战略伙伴关系协议,允许美军一直驻扎到 2024 年,用来培训阿富汗安全力量和打击基地组织残余势力。④ 尽管北约盟国对阿富汗的未来做出了长期承诺,但不可否认的事实是,经过 10 多年的战争,联盟国家已经被阿富汗拖得筋疲力尽。⑤ 盟国间普遍有一种"退出的冲动","一个实质性和雄心勃勃的长期伙伴关系几乎已经不可能"。⑥ 盟国所能做的只是在大规模撤军前为阿富汗带来一些变化。鉴于在阿富汗 70% 的转型项目都遭遇到了失败,⑦ 加之国际金融危机对各国的普遍打击和乌克兰危机的持续发酵,可以预见北约阿富汗战略的未来将更多地包含一些宣示性的政治内容,但其实质内容将主要限制在训练、咨询和协助这

---

① NATO, "Declaration by Heads of State and Government of the Nations contributing to the UN-mandated, NATO-led International Security Assistance Force (ISAF) in Afghanistan", http://www.nato.int/cps/en/natolive/news_68722.htm.

② NATO, "Chicago Summit Declaration", http://www.nato.int/cps/en/natolive/official_texts_87593.htm? mode = pressrelease.

③ NATO, "Wales Summit Declaration on Afghanistan", http://www.nato.int/cps/en/natohq/news_112517.htm? selectedLocale = en.

④ U. S. Department of State, "Enduring Strategic Partnership Agreement between the United States of America and the Islamic Republic of Afghanistan", http://www.whitehouse.gov/sites/default/files/2012.06.01u.s.-afghanistanspasignedtext.pdf.

⑤ Sten Rynning, "After Combat, the Perils of Partnership: NATO and Afghanistan beyond 2014", *Research Paper*, Rome: NATO Defence College, 2012, p. 6.

⑥ Ibid., p. 1.

⑦ Rune Todnem, Thomas Diefenbach, and Patricia Klarner, "Getting Organizational Change Right in Public Service: The Case of European Higher Education", *Journal of Change Management*, Vol. 8, No. 1, 2008, pp. 21—35.

些功能性的任务之内,而且将保持较小的规模。

虽然里斯本峰会、芝加哥峰会、威尔士峰会都表达了北约2014年撤军后对阿富汗的长期承诺,但具有更重要意义的是,这向阿富汗人民、阿富汗反叛势力和阿富汗的邻国发出了一个明确的信号:北约不会抛弃阿富汗。然而,里斯本峰会曾提出在实务和政治两个方面来加强与阿富汗的长期伙伴关系,但到了芝加哥峰会北约只提出了实务合作的内容,联盟内显然对与阿富汗的政治合作存在分歧。[①] 到了威尔士峰会,联盟进一步对实务合作设定了诸多限制条件,如为阿富汗提供的培训、咨询与协助任务"视美国与阿富汗的双边安全协议和北约与阿富汗武装力量地位协议而定",这反映了美国以外的成员国不愿过度卷入阿富汗的普遍愿望。目前,北约及其伙伴国达成的只是一个宽泛的阿富汗问题框架文本,能有何种行动还要看阿富汗未来具体的情势才能决定。阿富汗内外部安全环境的复杂性以及美国/北约力量的介入和退出,将使阿富汗的国内和地区安全生态急剧地发生变化。

在地区层面,阿富汗的邻国在维持地区稳定方面享有共同利益。反毒品贸易、阻止伊斯兰极端主义的蔓延、防止部族冲突以及扩展经贸往来也是它们的重要利益。随着西方影响力在2014年后的相对下降,这些地区棋手将扮演相应的重要角色。

巴基斯坦在阿富汗的利益主要是保持对阿富汗的特殊影响力。在印度对阿富汗影响力越来越大之际,巴基斯坦对阿富汗的政策将更具有进取性,既与美国进行合作,同时又支持塔利班和哈卡尼网络。对巴基斯坦而言,印度正在施展手段,最大限度地与阿富汗进行商业合作和提供援助。巴对美鼓励印参与阿重建深感疑虑,不愿印在其西侧太过活跃,因此拒绝向印(对阿)开放贸易通道便利,并一再指责印利用阿国土暗中支持巴基斯坦俾路支分离运动。[②] 阿富汗人显然更欢迎印度的合作而非巴基斯坦的干涉。日益上升的印阿合作将影响巴基斯坦在阿富汗的战略估算。

印度在阿富汗的利益主要有两点:一是防止极端势力威胁国家安全;

[①] Sten Rynning, "After Combat, the Perils of Partnership: NATO and Afghanistan beyond 2014", *Research Paper*, Rome: NATO Defence College, 2012, p. 4.

[②] Qandeel Siddique, "Pakistan's Future Policy Towards Afghanistan", *DIIS Report*, Copenhagen: Danish Institute for International Studies, August, 2011, p. 10.

二是联合阿富汗挤压巴基斯坦战略空间。在美国和北约的鼓励下,印度和阿富汗建立了紧密的关系,"以至于让夹在它们之间的邻国十分沮丧"。两国在 2011 年 10 月签署了战略伙伴关系协议,由于阿富汗前总统拉巴尼在当年 9 月被巴基斯坦塔利班刺杀,卡尔扎伊停止了与塔利班的谈判,巴基斯坦认为协议的签署旨在孤立巴基斯坦。协议签署后,100 多名阿富汗官员参加了印度军事学院的培训,而且人数一直在上升。在经济方面,印度已经成为了阿富汗最大的伙伴之一。在过去 10 年,印度总计为阿富汗提供了近 20 亿美元的援助,帮助阿发展基础设施和水电站,甚至阿议会也得到了援助。此外,印度在国内还为阿行政官员、教师、医务人员、军队学员提供培训。虽然目前印度私人部门的投资只有 2500 万美元,但有 100 亿—120 亿美元的计划投资正在酝酿之中。除了两面夹攻巴基斯坦的企图外,印度还想把阿富汗打造成为通向中亚的门户。①

伊朗在阿富汗的利益主要是防止西方军队在阿伊边境的存在、支持和保护同属什叶派的阿富汗第三大民族哈扎拉人、打击毒品、友好的贸易关系和地区稳定。在经济方面,2012 年伊阿签署了《经济合作协定》和《贸易便利化协议》。协议规定,双方将合作开发伊朗的恰巴哈尔港,伊朗将在港口附近为阿划出 50 公顷土地发展港口贸易,阿富汗将在恰巴哈尔港设立陆路运输办公室。阿伊贸易额由 2010 年的 5200 万美元增至 2011 年的 10 亿美元。② 2013 年两国又签署了电力供应合作协议。根据协议,伊朗将向阿富汗赫拉特等省提供更多电力,并向阿捐赠了 25 台发电机组。截至 2013 年,伊朗已为阿富汗提供了 6 亿美元的重建资金。③ 在政治方面,为了扩大什叶派的影响力,伊朗牵头组织了波斯语三国(阿、伊和塔吉克斯坦)地区合作;推动伊朗—巴基斯坦—阿富汗三边领导人对话机制,强化伊朗在阿富汗问题上的话语权。伊朗对塔利班的和谈态度也发生了显著变化,阿富汗"和平高级委员会"成员表示,伊朗已允许塔利班

---

① Muhammad Saleem Mazhar, "Post 2014 – Afghanistan", *A Research Journal of South Asian Studies*, Vol. 28, No. 1, January-June 2013, pp. 71—72.

② Zabihullah Jhanmal, "Afghanistan, Iran Sign Economic Cooperation Pact", *Outlook Afghanistan*, January 30, 2012.

③ UNAMA, "Afghanistan and Iran sign electricity supply agreement", http://reliefweb.int/report/afghanistan/afghanistan-and-iran-sign-electricity-supply-agreement.

在德黑兰和马什哈德进行公开活动。① 作为地区性大国，伊朗虽然不能主宰喀布尔政府的政治考量，但必定起到重要影响，很有可能成为阿富汗平衡其他邻国的重要棋子。

俄罗斯在阿的主要利益是加强其在疆域周边地区的地位，② 其次是反恐和禁毒。为此，俄罗斯无偿向阿富汗提供了警察部队武器装备，免除了阿富汗110亿美元的债务，对阿富汗和中亚军事人员提供禁毒培训。未来，俄罗斯将进一步扩展在该地区的经济联系和相关的通信设施，利用北约的后勤补给与运输通道对西方国家施加影响。

中亚国家在阿富汗的主要利益是反恐和禁毒。塔吉克斯坦和乌兹别克斯坦与阿富汗的边界分布着众多跨界民族，中亚国家普遍担心阿富汗局势动荡会传导至本国境内。中亚国家受阿富汗毒品之害已经相当严重，2006年以来从阿富汗入境的毒品不断增长，且高纯度海洛因所占比例不断增大。北约对阿富汗的"安全责任转移"和与阿富汗伙伴关系的确立，为未来北约更加深入和大规模介入中亚事务提供了条件，是美国与西方国家通过调整对阿富汗的介入方式，进而更为长久持续地影响欧亚大陆核心板块安全稳定的重要举措。③ 中亚国家想借阿富汗问题提升地区地位，密切与美国/北约的安全合作，实现安全与军事合作多元化。④

中国的主要利益是在保持阿富汗稳定的同时，避免阿富汗成为外国军队威胁中国国家安全的基地。中国目前对阿富汗的主要影响集中在经济方面，中国在阿富汗的铜矿投资和石油投资已达30亿美元，中国将成为阿富汗未来最大的潜在投资者。⑤ 2012年6月，双方签署了战略合作伙伴关系宣言，决定将政治、经济、人文、安全与国际地区事务合作作为伙伴关

---

① Ernesto Londoño, "Iran intensifies efforts to influence policy in Afghanistan", *Washington Post*, January 04, 2012.
② NATO Defense College, "The NATO Mission in Afghanistan Post – 2014", *Conference Report*, Rome: NATO Defense College, June 13—15, 2012, p. 4.
③ 高华：《北约："灵巧转型"与全球伙伴》，《世界知识》2012年第14期。
④ 胡仕胜等：《阿富汗重建：地区性挑战与责任》，《现代国际关系》2012年第6期。
⑤ NATO Defense College, "The NATO Mission in Afghanistan Post – 2014", *Conference Report*, Rome: NATO Defense College, June 13—15, 2012, p. 4.

系的五大支柱，宣言明确了"不允许各自领土用于从事反对对方的任何活动"，① 这反映中国对阿富汗的外国驻军与阿富汗可能成为"疆独"势力庇护所的关切。中国希望北约撤军后的阿富汗成为一个温和中立的经济伙伴。

在国内层面，阿富汗政府与北约也面临着长期的严峻挑战。首先，阿富汗重建取得了一定进展，但仍然需要大量的援助资金。经过十多年的重建，阿富汗依然是全世界最贫穷的国家之一，粮食不能够实现自给。除防务资金外，阿政府至少需要每年30亿—40亿美元的资金以维持正常运转，阿富汗政府另外要求国际社会在2015年至2024年向其提供1200亿美元的发展援助，② 但阿政府贪污腐败盛行，缺乏一个透明高效的金融系统，这阻碍了国际社会对阿进行援助的意愿。如果联军撤出阿富汗后阿局势恶化，援助的可能将更小。其次，以塔利班为首的反叛力量有可能卷土重来。经过十多年的战争，主要的反叛组织遭到了严重打击但结构仍然完整，反叛组织的高级领导层和后勤补给基地在巴基斯坦被完好地保存下来。即使不能对驻阿联军和阿富汗军队形成直接挑战，但仍能造成有效地袭击，使阿富汗长期处于动荡之中。它们无论如何不可能放弃其政治目标和极端主义的意识形态，与他们达成和解短期内还没有可能。反叛势力的底层士兵往往是迫于生计才参加反叛武装，如果阿富汗政府能够发展经济改善民生，相信反叛武装的民间基础将被大大削弱。目前塔利班在阿境内17个省中还存有基本完整的组织体系，主要依靠简易爆炸装置、袭击主要军政目标和暗杀政府高官等非对称手段与政府和联军对抗。据联合国的报告称，阿政府各级官员在2011年上半年遇袭死亡的人数高达191人。③ 第三，阿武装力量能力堪忧。阿武装力量虽然人员庞大，但装备落后、资金匮乏、忠诚度不高。阿国防部长瓦尔达克指出，阿安全部队主要是轻装步兵，急需直升机、战斗机等装备以提升独立作战能力。④ 而且，根据芝

---

① 中国新闻网：《中国与阿富汗建立战略合作伙伴关系联合宣言（全文）》，http://www.chinanews.com/gn/2012/06-08/3948964.shtml.

② NATO Defense College, "The NATO Mission in Afghanistan Post-2014", *Conference Report*, Rome: NATO Defense College, June 13—15, 2012, p. 5.

③ "Afghan civilian casualties rise 15%: UN report", http://news.Xinhuanet.com/english2010/world/2011-07/14/c_13985723.htm.

④ "Afghan General Sounds Alarm", *The Wall Street Journal*, February 20, 2012.

加哥峰会的计划，阿安全力量将从目前的 352000 人缩减至 2017 年的 228500 人，未来供养阿富汗军队每年需要 41 亿美元的军费。[①] 2014 年后，阿富汗部队的战斗力、合法性和军费都是北约需要考虑的问题。第四，省级重建队的功能如何替代。北约组建的省级重建队虽然存在诸多不足，但不可否认其为阿富汗的稳定和重建作出了一定贡献。鉴于至 2014 年为维护阿政府的权威，所有省级重建队已经最终解散，而阿地方政府到时是否能够切实担负起地方稳定和重建任务，目前也不得而知。最后，严峻的禁毒形势。阿富汗毒品问题与塔利班等叛乱组织有着千丝万缕的联系，而且阿富汗毒品的扩散还将影响到周边国家甚至全球的公共安全。在北约采取各种措施治理毒品问题无效的情况下，如何指望 2014 年后一个虚弱的阿富汗政府能承担这一重任。

综上所述，阿富汗的地区环境和国内情势需要撤军后的北约在这两个层面努力，以实现稳定阿富汗的战略目标。在地区层面，北约可能会利用其伙伴关系与中亚五国、巴基斯坦进行非传统安全领域的合作，帮助这些国家提升打击毒品犯罪能力、反恐能力和边境控制能力，防止毒品经济继续资助反叛势力和塔利班在阿巴边境的穿梭。北约有可能与上海合作组织展开合作，共同应对非传统安全挑战。一方面，北约国家与地区国家在维持阿富汗稳定、反恐、禁毒、有组织犯罪、能源安全等方面存在共同利益，存在合作空间；另一方面，北约与上合组织在成员与伙伴上已经实现了相互覆盖，俄罗斯、哈萨克斯坦、吉尔吉斯斯坦、塔吉克斯坦、乌兹别克斯坦、巴基斯坦、阿富汗、蒙古、土耳其既是上海合作组织框架下的成员国、观察员国或对话伙伴国，又是北约的伙伴国或成员国，阿富汗问题的复杂性需要一个包含北约与上合组织的新框架来进行治理，北约需要借助上合组织的力量来实现阿富汗的稳定与重建，上合组织国家也需要北约继续承担稳定阿富汗的任务。在阿国内层面，根据阿国内的局势，北约预计会在以下几方面做出努力：第一，鼓励北约成员国、伙伴国和国际组织继续为阿富汗重建投入资金。但这里面涉及一个重大前提，即美国能够履行对阿富汗安全与重建的长期责任，如果美国追求的目标只是体面地从阿富汗撤军，撤军后抛弃阿富汗，很可能引起阿富汗目前局势的逆转，盟国

---

① NATO Defense College, "The NATO Mission in Afghanistan Post – 2014", *Conference Report*, Rome: NATO Defense College, June 13—15, 2012, p. 6.

和伙伴国在这种情况下不可能再向动荡的阿富汗注入资金。第二，在未来培训、咨询和协助任务中，突出民事任务的作用。阿富汗政府治理能力、腐败问题、金融系统建设、司法系统建设、打击毒品等问题都需要北约与欧盟等国际组织合作，提升阿政府民事治理能力。第三，努力促成阿富汗全国性和解。目前喀布尔政权中塔利班等势力的缺席显然是阿富汗稳定的重大隐患，是否能将塔利班纳入国家和解进程将决定阿富汗的未来。第四，强化阿富汗武装力量的行动能力。未来北约在军事方面的任务将主要转向培训与咨询，战斗协助任务将主要由美国直接指挥的部队来执行。据北约防务学院的专家预测，2014年撤军后，北约在阿富汗将留驻500—3500人的军事人员，每年为阿富汗安全部门提供40亿—50亿美元的援助。[1] 另据2013年北约会议的消息，联盟倾向于在阿富汗留守的人员数量在8000—10000人之间，其中三分之二由美国提供。[2]

在后阿富汗时代的北约，各成员国显然不希望看到一个充斥着暴力和动荡的阿富汗。出于控制域外干预成本的考虑，大多数欧洲国家（包括加拿大）在阿富汗问题上与美国的分歧仍将继续存在。但很难想象大西洋两岸的任何一方会彻底抛弃阿富汗，坐视其再次成为国际恐怖主义的温床，如果这样的状况发生，北约成员国不但会面临现实的恐怖主义威胁，联盟的威望也会受到致命的打击。当然，北约作为主要以军事和政治功能为主的多国安全联盟，在应对阿富汗问题时必须借助外界国家和国际组织的合作与支持。可以想见，美国并不会因国力衰弱而放弃阿富汗，而欧洲国家只要美国还愿意在阿富汗担负责任必定会以某种形式予以支持。因为从长期来看，美国对阿富汗的域外干预收益估算仍将是安全收益＞安全成本，其在阿富汗维持一定程度的存在是一种必然选择。同样，由于欧洲国家可以采取措施维持安全收益＞安全成本的域外干预收益估算，它们延续对美国有限度的追随也是必然的逻辑。

二 北约亚洲伙伴关系展望：联盟外伙伴有限追随的延续

众所周知，北约的亚洲伙伴关系存在着许多问题，但这些问题都不足

---

[1] NATO Defense College, "The NATO Mission in Afghanistan Post-2014", *Conference Report*, Rome: NATO Defense College, June 13—15, 2012, p. 7.

[2] Kenneth Katzman, "Afghanistan: Post-Taliban Governance, Security, and U. S. Policy", *CRS Report for Congress*, Washington, DC: Congressional Research Service, June 25, 2013, p. 24.

以阻碍北约继续发展与亚洲伙伴的关系。在安全全球化的时代，亚洲作为诸多地区危机和全球性威胁的发源地，迫使北约将继续履行自身2010年战略概念确定的危机管理与合作安全的联盟使命。所以，北约与亚洲伙伴的关系必然会继续向前发展，但基于联盟内部和国际环境的制约，亚洲伙伴关系的发展进度和重点将不可避免地受到联盟内外部因素的塑造。未来，三大因素将直接影响北约亚洲伙伴关系的发展。

首先，防务开支紧张的影响。受国际金融危机影响，北约必须在保证可靠的军事能力与美欧各国防务开支普遍削减之间掌握平衡。受欧债危机影响，欧洲国家普遍削减了防务开支。作为北约的盟主—美国，仅2012年就削减了300亿美元的防务开支，相比于2011年下降了6%，2013年的下降幅度达到9%，约合460亿美元，并且到2021年的总体削减目标是4900亿美元。① 在此背景下，北约提出了"巧防御"的概念，希望在维持低预算水平的情况下保持相当的军事能力。可是，许多成员国担心防务开支的削减必然会带来军事能力和指挥效率的下降，"巧防御"并不能弥补资金缺乏的不足。虽然北约2014年威尔士峰会上各国同意了在未来十年扭转防务开支缩减的趋势，使各国的防务开支的比例均达到北约规定的占国内生产总值的2%的标准（欧洲大多数国家目前没有达到这一标准），② 但一方面这一标准是否能够最终落实还是未知数；另一方面即使该目标最终落实，根据各国防务的现实以及俄罗斯与西方的关系，各国的资金也将主要用于集体防御上的开支，而非合作安全与危机管理方面。此外，欧美双方由于防务开支的巨大差距，使美国对欧洲国家的防务支持情况长期不满。在美国削减开支的情况下，欧洲国家如果防务支出增长不力，势必会使北约的行动能力大打折扣。

其次，美欧战略重点的差异。随着美国战略视角的东移，美国对亚太地区利益的重视将高于欧洲—大西洋地区，未来将有更多的欧洲驻军将移师亚太，因此，美国必然希望北约在亚太地区帮助其实现"亚太再平衡战

---

① Róbert Ondrejcsák and Beata Górka-Winter, *NATO's Future Partnerships*, Warszawa: Polish Institute of International Affairs, 2012, p. 85.

② NATO, "Wales Summit Declaration", http://www.nato.int/cps/en/natohq/official_texts_112964.htm?selectedLocale=en.

略",但这可能会使欧洲国家在面临可能的威胁时更加脆弱。① 欧洲国家希望美国仍然把欧洲—大西洋地区及其周边作为首要战略重点,并认为北约在防区以外的地方主要执行的是抵御非传统安全威胁的使命。

最后,北约域外行动的经验。联军在阿富汗所暴露出的承担复杂维和任务的缺陷,将影响联盟未来承担域外使命的规模和限度。② 联盟阿富汗战略所产生的有限作用以及惨重人员伤亡,带给欧洲国家和社会巨大的挫败感。即使像英国这样有长期海外干预传统的国家,也不得不承认多年的阿富汗行动导致了英军军力的过度扩张。③ 况且,北约的阿富汗战略还远未结束,未来的动态不仅会影响联盟的战略走向,而且会塑造联盟与伙伴之间的关系。相反,2011 年的利比亚行动证明了北约在其周边区域执行军事打击任务的巨大优势,利比亚行动对联盟具有两点启示意义:一是联盟最大的优势仍然是军事作战而非危机管理;二是欧洲国家更愿意在欧洲及周边地区而非遥远的地域采取行动,甚至愿意承担行动的领导权。

以上三大因素将是未来北约处理广泛伙伴关系的基础性条件,防务开支的紧张为北约与伙伴国的合作提供了分摊负担的动能,欧美战略重点的分歧将使联盟与大多数伙伴国的合作集中于非传统安全领域,近 10 年来域外行动的经验将使联盟的域外行动在伙伴国支持的基础上限定在一定限度之内。复杂的安全环境以及北约自身的缺陷,毫无疑问地将会使北约加强与伙伴国的合作成为联盟必然选择,而且北约还会进一步与新兴大国和具有重要地缘战略地位的国家建立伙伴关系。北约 2011 年柏林外长会议决定设立向所有伙伴国开放"单一伙伴关系合作目录"(a single Partnership Cooperation Menu),不仅会促进伙伴国之间扩大对话,更为所有伙伴国提供了与北约进行实务合作的平等机会(许多合作项目以前只对"和平伙伴关系计划"伙伴国开放)。④ 此外,根据北约的承诺,伙伴国在参

---

① Piotrowski and Wiśniewski, *Strategic Defence Guidance of the United States Assumptions, Background, Implications*, Warsaw: Polish Institute of International Affairs, 2012, p. 341.

② Górka-Winter and Beata, "NATO in Afghanistan: An Enduring Commitment?", *The Polish Quarterly of International Affairs*, No. 1, 2012, pp. 43—61.

③ Róbert Ondrejcsák and Beata Górka-Winter, *NATO's Future Partnerships*, Warszawa: Polish Institute of International Affairs, 2012, p. 86.

④ Rebecca R. Moore, "Lisbon and the Evolution of NATO's New Partnership Policy", *Perceptions*, Vol. 17, No. 1, 2012, p. 56.

与未来北约的行动中将具有更大的决策权。

在外高加索和中亚地区,北约与俄罗斯的关系将继续沿着两条平行的轨道行进。俄罗斯将继续透过地缘政治的棱镜观察北约与外高加索、中亚国家的关系,必要时会予以冷酷的回应。在北约方面,它在亚洲地区的活动将更加注重与俄罗斯在阿富汗、反恐、禁毒和反海盗等方面的合作,地缘政治的意图将居于次要地位。俄格战争后,格鲁吉亚加入北约的希望已经十分渺茫,联盟就格鲁吉亚加入北约已经分裂成两大阵营,美国、波罗的海国家、大多数中欧国家主张吸收格鲁吉亚进入北约,而德国、法国和意大利持反对立场。[1] 尽管北约历次峰会一再声称将吸收格鲁吉亚加入北约,但这只能被解读为北约为防止格国再度投向俄罗斯的言辞安抚。由于俄罗斯已经通过俄格战争发出了明显的警告,吸纳格国很有可能会让欧洲重返冷战时代,这是很多欧洲国家所不愿意看到的。因此,北约未来应该会满足于现在外高加索所取得的成就,通过继续强化现有的安全合作实现遏制俄罗斯与消除非传统安全威胁的双重目的。与此类似,在没有取得俄罗斯和中国谅解的情况下,北约与中亚国家的合作只能停留在"低端"安全领域。

在中东地区,"阿拉伯之春"彻底改变了整个地区的政治图景。利比亚军事干预的成功并不意味着北约将长久的将战略眼光投向南部和东南部毗邻地区。事实上,在也门、叙利亚和伊拉克的国内冲突中,北约更多表现出的是审慎。北约目前表现出的倾向似乎是在与中东地区伙伴国合作处置地区安全挑战的同时,又不至于卷入过深的策略。在未来,北约与中东伙伴的关系将保持有限合作的水平,具体而言将仅包括军事实务层面的合作,如果要提升双方合作的层次必然会触及阿拉伯君主国的极权政体,这势必导致双方关系的紧张。因而,从现实主义角度出发,北约最有可能在两大方面发展与中东伙伴的关系:一是整合"伊斯坦布尔合作倡议"与"地中海对话",形成 28 + 11 机制。由于 2011 年柏林外长会议的决定,各个伙伴国与北约的关系已趋于雷同,加之西亚与北非地缘、民族、宗教、文化上的亲缘性,使这一整合方向成为可能。更重要的是,中东地区到目前为止仍然缺乏一个以色列和阿拉伯国家都参与的多边安全机制,两个伙

---

[1] Róbert Ondrejcsák and Beata Górka-Winter, *NATO's Future Partnerships*, Warszawa: Polish Institute of International Affairs, 2012, p. 51.

伴机制的整合无疑会加强北约对中东和平进程的影响力。另外，这一机制的形成会吸引更多的地区国家参与北约的伙伴关系。二是就伊朗核问题与地区伙伴展开合作。北约与海湾四国在阻止伊朗发展核武器问题上享有共同利益，北约可能会通过提供安全承诺和联合部署导弹防御系统等措施，与海湾四国共同应对伊朗核威胁。

对于关系发展相对滞后的"伊斯坦布尔合作倡议"伙伴国，根据北约 2011 年柏林外长会议的精神，"伊斯坦布尔合作倡议"伙伴国可参与的北约活动大大增加，未来双方的合作将集中于事关海湾伙伴国切身利益的领域，特别是能源、海事和网络安全等。北约会更注重海湾伙伴国的安全需求，与包括沙特及阿曼在内的所有海合会成员加强磋商和政治对话，在北约和海合会层面建立更为密切的多边对多边的工作联系。北约会继续致力于双方互信的建立，特别是加大公共外交的投入：不被视为一个侵入者或试图对现在正在发生的中东国家民主变革的趁火打劫者。① 因为这样的错误知觉会破坏包括"地中海对话"的北约与中东国家的合作，最终影响地区的安全与稳定。

在亚太地区，北约可能在四个方面发展与亚洲国家的伙伴关系。一是深化政治安全对话。打击海盗、网络防御、能源安全、人道主义灾难救援是北约与亚太国家面临的最直接的共同安全威胁。北约不仅需要与现有亚太伙伴国就这些问题展开对话，更需要邀请印度和中国等地区大国的参与。中国和印度已经参加了在北约总部举行的有关打击海盗与网络防御等议题的讨论，未来有望在非致命武器的技术合作方面展开讨论。② 欧洲国家出于自身利益的考虑，会尽量使北约避免对话涉及传统安全领域，即使涉及非传统安全领域的讨论也会争取中国、印度的加入或尽量透明开放，以免与亚太伙伴国的合作被误解为战略遏制行为。二是建立与亚洲多边安全机制的联系。出于前述参与亚太事务主要目标的考虑，北约未来最为现实的选择是建立与东盟防长扩大会议（10 + 8）的联系，或直接加入该机制。2010 年建立的东盟防长扩大会议机制包含了东盟十国和澳大利亚、中国、印度、日本、韩国、新西兰、俄罗斯和美国，旨在应对新兴安全挑

---

① Riccardo Alcaro and Andrea Dessì eds., *The Uneasy Balance: Potential and Challenges of the West's Relations with the Gulf States*, Rome: Edizioni Nuova Cultura, 2013, p. 132.

② Robert Karniol, "Nato looks to counter new threat", *The Straits Times*, November 9, 2011.

战展开政治对话。北约与该机制内诸国合作将带来应对新兴安全挑战的意识与合作的提升。① 北约如果将组织多边安全机制和进程的丰富经验与亚太国家共享，必将有助于东盟防长扩大会议机制的成熟与发展。三是加大公共外交的投入。相对于其他亚洲伙伴关系机制，北约对亚太伙伴的公共外交投入极其有限。目前亚太国家对北约的认知非常有限，以中国为例，除少数精英外，普通民众对北约的了解非常少，即使对北约有所了解，也大都停留在北约轰炸南联盟大使馆时代的描述中，认为北约是美国或西方列强的战争工具。因此，北约内部的一些研究人员建议，北约在新加坡开设联系点性质的大使馆，负责对亚太国家开展公共外交。四是伙伴关系的扩充。北约与中国、印度等地区内大国在短期内建立伙伴关系还尚无可能，但借鉴前述全球伙伴的模式建立相应的伙伴关系来扩大亚太伙伴的努力应该不会停止，即通过邀请某个国家参与北约的某项行动，进而提升双方政治对话水平，最后建立正式的伙伴关系。马来西亚是北约未来在亚太建立伙伴关系的优先选择之一，双方已经在阿富汗等一系列行动中建立了合作关系。新加坡是另一个潜在的候选者，新加坡军队也在2007年加入了在阿富汗乌鲁兹甘省的国际安全援助部队。②

俄格战争和乌克兰危机后，俄罗斯已经明显地表现出其维护在前苏联地区影响力的决心，任何与外高加索和中亚的安全合作如果超过了非传统安全领域的界限，都会遭到俄罗斯严厉的报复。在此背景下，外高加索和中亚伙伴与北约的合作事实上已经受到了严格的规范。北约特别是其中的欧洲国家不会冒着与俄罗斯直接冲突的危险，发展与这些国家的无限度合作。在中东，欧洲的长期利益主要仍是非传统安全威胁，它们对制衡地区大国缺乏兴趣。在亚太，另一个崛起中的超级大国——中国，让北约发展与其伙伴的传统安全合作变得不可想象，与亚太伙伴的合作也将长久限定在非传统安全领域之内。由于北约未来可以提供的合作菜单将仅包括非传统安全领域的内容，加之不少亚洲国家并无发展全面合作的打算，双方总体上的安全关系也不会发生革命性的变化，亚洲伙伴国主流上也将继续对联

---

① Michael Ruhle, "NATO and Emerging Security Challenges, Beyong the Deterrence Paradigm", *American Foreign Policy Interests*, Vol. 33, No. 6, 2011, p. 81.

② Miha Hribernik, "The Path Ahead for NATO Partners in the Asia-Pacific", *Atlantic Voice*, Vol. 3, No. 8, 2013, p. 8.

盟采取有限追随的战略。

小　结

　　北约的介入亚洲战略是其全球化战略的最重要组成部分，北约介入亚洲战略的成败将影响北约全球化的未来。通过本章的分析，我们可以认识到北约的阿富汗战略全面检验了北约的全球性域外行动能力，阿富汗战略既暴露了北约域外行动的能力限制也加强了北约的危机管理能力，欧洲国家在阿富汗战略中采取了对美国的有限追随战略，这为北约未来远离欧洲的域外行动奠定了一个基础模式。"9·11"事件后北约对亚洲伙伴关系倾注了许多资源，亚洲国家通过与北约的合作在防务能力方面获得了一定的提升，北约在域外行动中也获得了亚洲伙伴的一定支持，但由于北约内部的分歧与亚洲国家各自的利益诉求，整体的合作还停留在非传统安全合作领域，亚洲国家对北约的追随也局限在一定限度之内。由于各方的收益估算在短期内不可能有大的变化，北约未来在阿富汗将会保持有限的存在，与亚洲国家的安全合作仍然会主要局限于非传统安全合作范围之内，同时，亚洲伙伴关系网络会进一步适度扩大。北约介入亚洲对中国产生了复杂的影响，一方面北约介入亚洲事务为中国应对非传统安全威胁提供了一个新的伙伴；另一方面北约全球化战略的不确定性使中国对其意图不得不小心防范，中国有必要思考对北约介入亚洲进行"反塑造"的新战略，而不应仅仅满足于长期扮演旁观者的角色。

结　　论

冷战的结束是 20 世纪末最为重要的国际政治事件。就国家安全而言，冷战的结束开启了一个安全全球化的时代。在此背景下，作为世界上最主要的政治军事联盟—北约，必须对旧安全威胁下降新安全威胁上升的新局面做出全面调整。北约同时采取了功能的转型、成员的扩大、伙伴关系的构筑、行动地域的延伸等步骤来因应新安全世界的各类挑战，由此，其走上了一条全面转型升级的不归路。在转型过程中，"9·11"事件使北约国家认识到地理阻隔已不再是维护国家安全的决定性因素了。相比过去，高山、大海、遥远的距离对于国家的防御作用已不那么明显。一个城市会成为来自那些难以预知和预防的万里之外攻击的目标。[①] 北约意识到其面临的安全挑战已不再限于欧洲一隅，全球各地的多元化威胁使北约必须走出传统防区，肩负起抗击全球性威胁的新使命，在区外威胁当中，亚洲地区的威胁是北约面临的最紧迫和最现实的威胁，在"9·11"事件的触动下，北约迈出了系统性全面介入亚洲事务的步伐。

作为总结部分，本书在此将首先回顾研究的主要内容，得出本书研究的基本结论。在此基础上，本书将以北约介入亚洲事务的研究为依据，探讨北约全球化的未来。然后，作为一项关涉中国国家安全的国际安全问题研究，本书将提出中国应对北约介入亚洲事务的粗浅愚见，以求为中国的安全政策提供些许参考。当然，由于研究者的能力与学识有限，本书的研究肯定存在许多缺陷与不足，在本书的最后部分还将呈现目前研究者所意识到的需要进一步研究的问题。

---

① AlessandroMinuto-Rizzo, "The Crisis in Central Asia, NATO, and the International Community", *Mediterranean Quarterly*, Vol. 21, No. 4, Fall 2010, p. 22.

一　内容综述和研究结论

本书开篇首先确立了一个分析北约联盟行为的理论分析框架。紧接着介绍了冷战后初期北约的转型进程，对欧美国家在亚洲面临的威胁和共同应对威胁的伙伴进行探讨，在此基础上找寻北约转型与北约介入亚洲的内在联系，以此为本书的案例分析与评估提供一个全局性的宏观历史背景。此后，本书分别论述和分析了北约介入亚洲的两个指标性案例：北约的阿富汗战略与北约的亚洲伙伴关系网络。在阿富汗案例的探讨中，本书认为，阿富汗战略是北约首次跨出欧洲所执行的一项重大危机管理行动，行动的成败将对北约未来的域外行动产生重大影响。案例回顾了北约阿富汗战略的基本进程；分析了北约阿富汗战略的问题与挑战；探讨了北约内部由阿富汗战略引发的各类分歧。由此来判断北约实施阿富汗战略的动因与战略演变的轨迹、北约阿富汗战略是否能够有效稳定阿富汗局势、北约各国成员在阿富汗战略上产生分歧的原因。在论述分析的基础上，本书最后得出了在阿富汗战略中欧洲国家对美国进行了总体性追随的初步结论。在第二个案例中，本书描述了"9·11"事件发生后北约日益觉察到亚洲地区的安全问题将对欧洲—大西洋地区的安全稳定形成直接或间接的挑战。同时，亚洲地区许多国家出于满足各种利益诉求的需要，对于北约的各类伙伴关系邀请予以了积极的回应。北约由此在亚洲构建起了庞大的伙伴关系网络，为北约广泛介入亚洲事务铺平了道路。案例研究对涉及亚洲国家的四个北约伙伴关系机制进行了逐一考察，探究每个机制下亚洲国家与北约安全合作的深度与广度，确定各个机制内各方的地位与角色，并最终解释了亚洲国家与北约合作中的联盟行为模式。最后，本书评估了北约介入亚洲的两大主要案例：北约阿富汗战略与北约的亚洲伙伴关系网络，希望以此探究北约介入亚洲对北约的转型产生了何种影响，以及北约介入亚洲为联盟内部关系形态与北约和亚洲国家关系带来何种变化。在评估的基础上，对北约的阿富汗战略与北约亚洲伙伴关系网络的未来作了简要展望，具体分析了北约未来参与亚洲事务的可能深度与规模。此外，本书还研究了北约介入亚洲事务对中国带来的影响，明确了中国面临的机遇和挑战，为结论部分相关对策的提出提供了事实依据。同时，本书理论分析框架最终明确了北约介入亚洲过程中存在着联盟内外的双重有限追随行为。

基于对以上内容的研究，本书得出如下几个基本结论。

首先，北约介入亚洲事务是北约冷战后转型的必然结果。安全威胁的全球化和美国在北约中的主导地位，使北约不可避免地走上了跨出传统防区之路，北约介入亚洲是联盟内外收益估算相互作用的必然结果。美国想使北约成为其实施全球战略的服务工具，而欧洲国家更多地希望北约在域外执行非传统安全领域的使命。北约介入亚洲体现了联盟内其他成员国对美国采取了集体追随行为。然而，"2003年的跨大西洋危机的影响证实，诸如法国和德国这样的盟国需要积极支持一项可以适应各种类型的盟国的议程。将这些盟国排除在外，任何的均衡都不是最好的，因为它极大地减少了新使命的合法性"。[1]"9·11"事件是北约大规模系统性介入亚洲事务的直接导火索，美国在联盟中的主导地位使美国的全球反恐战争也成为联盟任务的首要议题，欧洲国家出于维护自身安全的需要以及巩固美国对欧洲的安全承诺考虑，积极推动了北约任务的亚洲化。应该说，"9·11"事件加速了北约跨出欧洲的步伐，是北约介入亚洲事务的一个分界点。当然，毋庸置疑的是，即使没有"9·11"事件的发生，按照北约转型的逻辑，北约的行动和伙伴也会逐渐延伸到亚洲地区。

其次，北约目前的能力不能胜任在安全状况复杂地区的大规模域外行动。在执行使命之初，北约国家普遍认为，阿富汗行动只不过是一次普通的维持稳定任务。但随着任务的深入，北约发现国际安全援助部队明显不同于此前的维和或强制和平行动，尤其是20世纪90年代在前南斯拉夫执行的那些任务：北约对开展和支持打击叛乱分子从来都没把握，而且在这种行动中的经验非常有限。大多数老成员国和新成员国拥有的能力有限，难以处理新的稳定行动问题。尽管北约一直在提高协作能力和多国团队的合作，北约成员国在阿富汗没有能达到预期的效果。北约在阿富汗的经历显示，主导国和其他成员国之间在责任分摊方面存在重大问题，其他成员国控制域外干预成本的努力引发了主导国一系列的不满。并且，行动中暴露的联盟功能缺陷有些是可以努力克服的，而有些并非是联盟能力所及的。总而言之，在复杂安全地域执行域外任务中其他成员国对主导国美国的有限追随战略，使行动最后演变为一项美国化的任务。

再次，北约需要联盟外伙伴的协助。与20世纪90年代相比，北约发

---

[1] [美]伊万·迪内夫·伊万诺夫：《转型中的北约：新联盟、新任务和新能力》，赵文亮译，世界知识出版社2013年版，第299页。

展伙伴关系的价值观色彩已经严重淡化，联盟发展与外界伙伴的关系更多的是现实利益的考量。北约的伙伴关系与合作政策对于联盟的目标和任务是必不可少的。只有与欧洲—大西洋伙伴关系理事会伙伴国、地中海对话伙伴国、伊斯坦布尔合作倡议伙伴国和全球伙伴国发展出强有力的伙伴关系，北约的危机管理与合作安全政策才具有持久的价值，才能为欧洲—大西洋地区以及其他地区的稳定与安全作出贡献，北约的使命和行动也证明了这些伙伴关系的政治与行动价值，因为有 22 个伙伴国或准伙伴国为北约的阿富汗行动提供了军力。北约阿富汗战略证明，没有伙伴国和地区国家的支持，北约的阿富汗战略将步履维艰。许多联盟外伙伴国在国际安全援助部队的贡献远远大于一些通常被认为兵员相对充裕的成员国。没有俄罗斯、外高加索—中亚国家和巴基斯坦的过境许可，很难想象北约能够在一个欧亚大陆腹地执行一项长达十年之久的域外行动。相对于国际金融危机的影响，北约各国长期普遍紧缩的防务开支对北约的伙伴关系政策更具有长远的影响。虽然北约提出了"巧防御"的概念和 2024 年达到国内生产总值 2% 的目标，希望在维持预算不足的情况下保持相当的军事能力。然而防务开支的不足必然会带来军事能力和指挥效率的下降，"巧防御"并不能弥补资金缺乏的不足，而欧洲国家即使履行军费占国内生产总值 2% 的承诺也将主要用于欧洲本土的集体防御。在这种情况下，要抵御全球性威胁，最好的办法是进一步发展和加强北约的伙伴关系网络，分摊共同维持全球安全的成本。联盟外国家为了维护自身的利益，当然不会唯北约马首是瞻，在与北约的合作中只会进行有限的追随。

最后，北约未来将有限介入亚洲事务。北约的阿富汗战略全面检验了北约的全球性域外行动能力，阿富汗战略既暴露了北约域外行动的能力限制也加强了北约的危机管理能力，欧洲国家在阿富汗战略中采取了对美国的有限追随战略，联盟的阿富汗行动目前和可预见的将来都不太可能达到预期的稳定目标，这将为北约未来的域外行动奠定了一个门槛模式，即北约不会再介入与阿富汗类似的域外行动。在可预见的未来，北约将有选择性地介入亚洲地区的安全事务，在联盟能力无法完全解决问题的地区（类似阿富汗需要派驻大规模地面部队又需要承担重建任务的地区），北约将选择整体性不介入的战略。例如，在 2013 年 8 月底爆发的叙利亚化武危机中，北约坚信叙利亚政府使用了化学武器，并对叙利亚政府予以了强烈谴责，但拉斯穆森排除了北约作为一个整体打击叙利亚的可能性，认为此举不能解决叙境内的安全问题。叙利亚政府较强的军事实力、人口规模、经济状况,使叙利亚问题不能像采用利比亚模式的打击方式得到解决,而必须派驻大量的地面部队进入才能彻底击垮叙政府军队,在扶植反对派政府上台后还必须提供大量的重建资金,而这些都是北约所难以承受的,同时,利比亚战后的乱局进一步证明,北约单纯使用军事手段并不能真正实现一国的持久和平。另一个证明北约无意在亚洲进行再次大规模干预的例子是伊拉克,当伊拉克兴起"伊拉克和黎凡特伊斯兰国"势力后,北约仅表示了口头的谴责和关注,没有采取进一步的干预措施。由于欧洲国家只希望北约与亚洲伙伴的合作主要局限于非传统安全合作领域,即使美国有试图借助联盟实现其制衡亚洲国家的目的,但碍于北约决策制度中的全体一致原则,其目的将很难实现。因此,一些亚洲国家妄图借助北约实现地区制衡的意图也很难实现,它们与北约的合作热情将相应受限,与联盟的关系同样表现出有限追随的行为模式。

二 北约全球化的未来

北约全球化的概念虽然早在20世纪的90年代就已提出,但一直没有一个明确的概念,过去关于北约全球化的讨论通常与两个主题联系起来:一个是北约是否会变成一个全球性的战略行为体(功能全球化);一个是北约的成员国是否会实现全球化(制度全球化)。[1] 如果以功能全球化为定义,北约很大程度上已经是一个全球性的战略行为体了,或者说北约至少已经处于全球化的进程之中了;而如果以北约制度全球化为定义,那么它仍然是一个地区性的政治军事组织。本书认为北约在全球范围内的活动已经远远超出了地区意义,对全球战略格局造成了重要影响,而且未来短期内可以排除欧洲以外的其他国家加入北约的可能性,因此目前北约的全球化应该以其功能来定义。

北约在全球范围内的伙伴关系以及多次域外行动为北约下一步的全球化之路铺平了道路。经历了过去多年的努力,北约在全球范围内的活动呈现以下几种特征。首先,北约已经成为一个全球安全论坛。作为扩展在全球范围内伙伴关系的结果,北约近年的历次峰会和各类外长或防长会议的

---

[1] Emiliano Alessandri, "Global NATO: Its Place in the Evolving Atlanticist Tradition", *Politics & Policy*, Vol. 37, No. 1, February 2009, pp. 241—247.

参加者不仅包括北约成员国的代表,更包含了众多非成员国或国际组织的代表,联盟内外的代表在北约会议上就广泛的安全问题进行讨论和磋商。例如,2008 年的布加勒斯特峰会上,除了北约 26 个成员国的代表外,还有来自 48 个国家或国际组织的领导人参与了会议。于是,北约逐渐成了一个各国间就各自关心或利益关切的安全问题展开讨论和对话的渠道。其次,北约已经发展成为一个全球性的安全网络。在各类北约域外行动中,大量非成员国与北约进行了密切的合作。无论是在巴尔干,还是在阿富汗,或是利比亚,联盟都受到了诸如澳大利亚、新西兰、约旦、摩洛哥、阿联酋和格鲁吉亚等分布于世界各地的国家的帮助。利比亚行动证明了北约伙伴关系网络的重要性,在利比亚危机开始之初,人们普遍认为北约在阿拉伯世界存在着形象问题,但北约利比亚行动成功地获取了阿联酋等阿拉伯国家的支持,使最初对北约形象问题的担忧显得多余。第三,北约在全球范围内的活动日益注重其合法性。为了加强对外军事干涉的合法性,北约十分注意与战略伙伴进行机制性协调,其中以与欧盟及俄罗斯的协调为重点。北约对利比亚的军事行动,在形式上得到联合国安理会授权,并且得到了欧盟以及北约的其他战略伙伴的支持。最后,北约初步构建起了以其为中心的民主国家安全网络。虽然北约官方没有正式宣称要追求这一目标,但事实上北约已经将世界上大部分主要的民主国家纳入了成员国体系或伙伴关系网络体系,在多次域外行动中开展了积极的合作。在民主国家间的合作中利益仍然是第一位的,但西方自由民主价值观的黏合作用仍然不可忽视。

  北约介入亚洲事务对于北约全球化战略具有指标性意义。通过对北约介入亚洲事务的分析,我们可以以此作为了解北约未来全球化战略的一个窗口。阿富汗行动反映了欧美对于北约的域外行动存在重要分歧。美国愿意投入巨大的资源来进行远征干预行动,希望北约作为其战略工具服务于美国反恐战略的需要。欧洲国家对于维持危机地区的和平与美国存在一定共识,但是不愿意投入过多资源来消除与自身关联性较弱的域外威胁。双方对域外行动的不同认知也导致了行动意愿上巨大的差距,"一国民众对该国历史上战争的记忆将影响他们是否会支持未来政府主导的海外军事干预。由于不同的地理环境和综合国力,美国、法国和英国的历史战争经验很明显是不同的。美国的地理和综合实力有效地使美国远离战争的恐怖,美国的精英和民众因而要比法国人和英国人更可能支持政府的海外军事干预。"① 阿富汗行动的教训告诉北约各国，虽然联盟目前是全球最强大的战争机器，但要完成复杂危机地区的政治、经济、社会、文化和安全的综合使命，北约还存在着诸多能力缺陷。北约的亚洲伙伴关系网络延伸了北约进行域外干预的触角，分摊了域外行动的成本。在许多可能产生威胁的亚洲伙伴国内，北约前摄性的安全输入一定程度上降低了北约国家可能面临的全球性风险。作为同时标榜价值观联盟的北约，与诸多亚洲民主国家伙伴关系的建立，也有效加强了东西方民主国家的联系，强化了各国对自由民主国家共同体成员的身份认同。此外，值得注意的是，尽管亚洲伙伴国愿意与北约长期保持伙伴关系，但它们之中除格鲁吉亚外没有任何一个国家曾表达过希望加入北约的意愿。

　　展望未来，北约领土面临的传统安全威胁不会发生根本性的变化，因而北约传统的威慑能力和对攻击的反应能力不会就此消失。北约将继续与俄罗斯寻求促进双方共同利益的合作，但不会接受俄罗斯在其邻国疆域内经营势力范围的努力，从而也将进一步发展军事威慑能力。在坚守盟约第五条承诺的同时，北约可能将会把一些非传统安全威胁逐渐纳入第五条的范围，比如网络攻击。② 与此同时，世界各地的威胁将以各种方式危及北约的安全，北约不得不继续加强能力来应对这些各类安全挑战。再者，与北约领土毗邻的北非与西亚是安全问题和挑战的高发区。美欧双方都在这一地区具有重大战略和经济利益，为了避免安全问题的外溢和国际航道或能源供给的中断，北约必须帮助这些地区加强安全，同时提升自己在这些地区的干预能力。北约必须确保提供必要的资源来加强"地中海对话"和"伊斯坦布尔合作倡议"机制下的合作项目，相比之下，由于北非地区有世俗化程度较高的政府和相对成熟的伙伴关系机制，其更可能是北约输入安全的理想通道。在军事能力发展方面，美欧各国在财政普遍困难的状况下提出了"巧防御"的概念，因此可以预期北约未来军事能力的发展将集中于精简高效的快速部署能力和精确空中打击能力，对于其他方面

---

　　① 唐世平、龙世瑞：《美国军事干预：一个社会进化的诠释》，《世界经济与政治》2011年第9期。

　　② W. Bruce Weinrod, "The Future of NATO", *Mediterranean Quarterly*, Vol. 23, No. 2, 2012, p. 10.

的军事能力发展其将更多地寻求多国合作来进行弥补。例如,更多地邀请伙伴国共同参与军事演习和军事科研,既可以保持北约军事能力又可以降低相关的成本。

非洲是北约除亚洲外介入程度最深的域外地区,对北约在非洲地区的介入活动的考察,能够为观察北约全球化的走向提供一定借鉴。虽然北约在1994年就与北非国家建立了"地中海对话",但北约与整个非洲大陆发生关联还是新世纪以来的事。与其他伙伴关系不同,北约与非洲国家的合作主要是通过非洲联盟来进行的。2005年,北约与非盟进行了首次安全合作,应非盟的请求,北约为非盟在苏丹的行动提供了重要的后勤支持,同时为行动的维和人员提供了战略运输服务。此后,北约与非盟的关系逐步扩展。从2007年开始,北约为非盟的索马里行动提供支持,执行了相关的战略空运和海运任务,为行动的维和隔离任务提供了专家咨询。应联合国秘书长的要求,北约还进行了支援非盟索马里行动的联合国车辆的护卫任务。随着非盟提出不断的请求,北约在索马里的行动规模也相应扩大了好几倍。

在海洋安全领域,北约积极加入非洲海域的反海盗行动,自2008年以来,北约先后组织了"联盟提供者行动"(Operation Allied Provider)、"联盟保护者行动"(Operation Allied Protector)和"大洋盾牌行动"(Operation Ocean Shield),来打击亚丁湾海域的海盗活动。同时,在地中海海域的"积极奋进行动"中,北约也与一些沿岸北非国家进行了合作。在教育培训方面,北约学校从2009年开始为非盟官员提供培训,北约驻那不勒斯联军司令部为非盟职员提供了认证培训,北约还参与和支持了非洲预备部队的研讨会。2006年6月,北约反应部队在非洲佛得角进行了首次域外军事演习——"坚毅美洲虎行动"(Operation Stesdfast Jaguar)。[1] 此外,北约以执行联合国安理会1973号决议之名,对非洲国家利比亚发起了"联合保护者行动"(Operation United Protector)的军事行动,该行动名义上是为了对利比亚实施武器禁运和执行联合国禁飞区命令,但事实上长时间的空袭起到了摧毁卡扎菲政权的主要作用,这或许是北约目前在非洲最为重要的一次介入行动。

---

[1] Ioanna Nikoletta Zyga, "NATO and Africa: Future Prospects of a Nascent Partnership", *Atlantic Voice*, Vol. 3, No. 8, 2013, p. 10.

总体而言，北约和非洲国家的合作还非常有限，相比北约与其他地区的伙伴关系，北约和非盟的合作还处于起步阶段。虽然北约介入非洲的活动有很大的提升空间，但一系列因素阻碍了北约进一步扩大在非洲的存在。首先，北约在非洲存在着形象问题。非洲地区长期的被殖民和被干涉的历史，使得非洲国家普遍存在对西方不信任的氛围，北约作为西方国家的军事联盟当然也不能例外。尤其是北约空袭利比亚之后，北约在非洲的形象更糟了。许多非洲国家指责，北约的利比亚行动超越了联合国的授权范围，主要意图是为了追求政权更迭。北约在非洲的负面形象很难使北约与非洲国家的合作进一步发展。其次，非盟本身的固有缺陷。非盟的制度规范能力和执行能力目前还比较弱小。在协调各成员国行动和决策时，非盟还缺少相应的控制力，甚至非盟总部的工作人员还处于缺员状态。北约目前通过非盟加强与整个非洲大陆的方法显然效果不佳。最后也是最为重要的，阿富汗行动带来的"疲劳症"，加之北约各国防务经费的普遍不足，大大降低了联盟介入非洲事务的意愿。并且，非洲除北非以外的大部分地区与北约领土的安全关联度都较小，联盟除保持现有在该地区的反恐与反海盗努力外，没有更大的动力进一步介入非洲事务。

所以，北约在非洲采取富于进取心的战略的可能性微乎其微，其更可能采取一种基于政治考量和物质限制的务实路径，专注于间接协助非洲伙伴建设安全能力，以便让它们自己更好地应对本地区的安全问题，从而使本地区的安全问题不致外溢，进而促进北约的安全利益。

拉美地区是北约目前在世界上唯一一块既尚未涉足又无伙伴关系国的区域，在此讨论北约与拉美地区的关系，或许能够更好地预测未来北约是否能够完成地理意义上的全球化。总体而言，北约—拉美关系之所以落后于北约与其他地区的关系，主要有三方面原因：一是拉美对美国卷入地区事务的普遍不信任；二是不同的安全利益；三是不同的威胁认知。

长久以来美国卷入拉美事务产生了很多负面影响，近年来由于美国相继与哥伦比亚与墨西哥签署建立军事基地的协议，以及2008年决定重组第四舰队巡弋加勒比海，让拉美国家对美国在该地区的军事存在更为反感。拉美国家认为与北约合作会进一步加强美国的军事存在，2010年北约战略概念出台后，巴西政府予以了严厉的批评，认为战略概念给予了北约插手拉美事务的权利，而巴西一向认为只有联合国安理会才有权决定在世界各地是否可以动用武力。巴西政府的立场可以理解为它渴望在地区稳定中扮演主要保证者的角色。拉美国家认为，拉美地区自 19 世纪以来能够保持长久的和平有赖于地区内国家普遍奉行的外交、对话、尊重主权和不干涉原则，对地区安全构成的主要威胁是有组织犯罪、毒品和武器非法交易、边境安全与城市暴力，这与北约动辄对别国进行军事干预和近年来的反恐主题有些格格不入。在这样的背景下，很难指望北约和拉美国家发展出紧密的伙伴关系。

阿根廷是目前最有可能与北约建立伙伴关系的拉美国家，它相继参加了北约在波黑与科索沃的维和行动，同时它也是美国在拉美唯一的非北约盟国。但由于阿根廷与英国对马尔维纳斯（福克兰）群岛的争议，阿根廷和北约内部都存在着进一步发展关系的障碍。多边对多边的合作目前也不可行，拉美地区现在能真正发挥作用的多边安全机制是 2008 年才建立的南美洲国家联盟下属组织防务理事会，但目前该机制内的合作还停留在军事情报交换的阶段，很难与北约建立实质意义上的安全合作关系。

综上所述，在安全全球化的时代，北约必然会实现其功能全球化。北约成为一个全球性的战略行为体并不意味着北约会对域外的危机不加选择地进行干预，也不意味着北约会在全球招募成员国。所谓的北约全球化更可能的是对危机地区进行有选择有限度的干预，在发展伙伴关系时主要集中于非传统安全领域的合作，同时兼顾新的伙伴关系的发展。或许，德国总理默克尔在德国议会所讲的一段话，能够很好地诠释北约全球化的未来："我不愿见到一个全球化的北约。联盟的主要焦点是北大西洋伙伴的集体安全，当然这也意味着如果有需要北约将确保联盟以外土地的安全。不过，这不意味着全球诸国都可以成为联盟成员，而是指来自北大西洋地区的成员国将确保需要时的安全。"①

三 思考中国的对策

北约介入亚洲是北约全球化战略的重要组成部分，作为一个日益崛起的潜在超级大国，中国在全球范围内的活动不可避免地会与北约的全球活

---

① Angela Merkel, "Regierungserklärung von Bundeskanzlerin Dr. Angela Merkel zum NATO-Gipfel vor dem Deutschen Bundestag am 26. März 2009 in Berlin.", Bulletin der Bundesregierung 39—1, 26 March 2009. 转引自 Tobias Bunde and Timo Noetzel, "Unavoidable Tension: The Liberal Path to Global NATO", *Contemporary Security Policy*, Vol. 31, No. 2, August 2010, p. 296.

动将有更多的遭遇。如前文的分析,北约对亚洲事务的介入既与中国有着非传统安全领域的共同利益,也对中国的地缘政治安全形成了潜在的挑战。中国目前主体上奉行的是静观其变的策略,这是对国家利益进行综合权衡的结果,具有战术层面的合理性与正当性。从长远来看,"中国没有必要回避大国定位,而且应把构建世界级强国作为继续推进和平崛起进程的目标。为此,中国不仅需要为应对眼前的各种挑战、延续和平崛起而善于乘势、积极用势,更需要着眼长远,为进一步崛起为世界级强国而善于造势、积极谋势"。① 因此,中国应该逐渐摆脱外交和国防上的"随势"思维,逐渐转变为对北约介入亚洲事务和全球化进行反塑造的"谋势"思维,以更好地享受北约介入亚洲事务及全球化带来的安全红利,规避相关的风险。具体而言,中国在以下三方面可以有所作为。

首先,制定更具雄心的阿富汗战略。以目前的情势来看,阿富汗政府与反叛势力的和解进程不可能在短期内实现,2014年后美国军队有长期驻扎阿富汗的趋势,北约在未来阿富汗行动中只能充当美国的配角。美国在阿富汗驻军的长期化无疑是对中国国家安全的重大威胁,中国必须将驻阿美军纳入到仅维护阿富汗稳定的轨道。因此,中国有必要积极推动阿富汗外国驻军的真正联合国化,由于国际安全援助部队是在联合国授权下开展行动的,中国可以联合俄罗斯将国际安全援助部队扩展为五大安理会常任理事国都参与的联合国多国维和部队,美国原来不参与国际安全援助部队的驻军也必须加入联合国多国维和部队。有国内学者认为,中国可通过上海合作组织来参与阿富汗的安全事务,但事实上,上海合作组织非常了解自身的局限性,在2009年的上海合作组织会议上,其曾呼吁联合国在维持阿富汗稳定和发展方面发挥核心作用。② 上海合作组织给予阿富汗观察员地位可以一定程度上改善对阿援助的政策协调,但鉴于上合组织在处置中亚国家的内乱方面不能发挥有效作用,其很难担负起处置联军撤离后的安全挑战。③ 从美国和北约目前的愿望来看,它们也急切需要中国和俄

---

① 潘忠岐:《从随势到谋势:中国的国际取向与战略选择》,复旦大学出版社2012年版,第317页。

② 中华人民共和国外交部网站:《上海合作组织阿富汗问题特别会议宣言》,http://www.fmprc.gov.cn/mfa_chn/ziliao_611306/1179_611310/t554794.shtml。

③ Elizabeth Wishnick, "There Goes the Neighborhood: Afghanistan's Challenges to China's Regional Security Goals", *Brown Journal of World Affairs*, Vol. 19, No. 1, 2012, p. 96.

罗斯的帮助,以分担稳定阿富汗的重任,阿富汗外国驻军的联合国化一般情况下不会遭到美国或北约的阻挠。同时,中国必须加大对阿富汗的援助力度。截至2012年,中国在援助阿富汗的国家与国际组织排名第19位,十年多来捐助了2.55亿美元,甚至与印度相比也存在不小的差距(印度为15.15亿美元),① 这与中国负责任大国地位和中阿战略合作伙伴关系严重不符,不利于中国在阿富汗发挥所能发挥的影响力。从分析各方的数据来看,中国已经成为或将成为阿富汗的第一大投资国,如果中国继续实施目前这种重投资轻援助的战略,无疑会强化外界对中国的只重视经济利益的印象,不利于中国在阿富汗投资的长远利益,中国这方面在缅甸已经有了十分惨痛的教训,不应该再重蹈覆辙。未来对阿援助应该集中在阿富汗的民生领域,中国在阿富汗基础设施建设、卫生医疗条件改善、文化教育、农业技术等方面应在现在的基础上有更大的作为,同时必须注意对阿富汗的公共外交投入,形成阿富汗从政府到民间的对华友善氛围。鉴于阿富汗政府的腐败情况难以在短期内有效得到治理,援助的大部分项目、物资及资金,必须通过中国驻阿富汗的机构直接进行管理和监督。可喜的是,中国政府在这方面已经迈出了实质性的步伐:2013年中国政府承诺向阿富汗提供2亿人民币的无偿援助,并签署《中华人民共和国政府与阿富汗伊斯兰共和国政府经济技术合作协定》;② 2014年中国政府不仅首次承办了涉阿问题的重大国际会议—阿富汗问题伊斯坦布尔进程第四次外长会,还进一步承诺从2014年到2017年向阿富汗提供20亿人民币的无偿援助,并在未来5年为阿富汗培训3000名各领域专业人员。③ 此外,中国应该促使巴基斯坦发挥对阿富汗的"安全阀"作用。巴基斯坦处于地缘政治的考量,不希望看到一个稳定甚至独立强大的阿富汗的出现,对阿富汗的反叛势力进行了或明或暗的支持与庇护。一个虚弱和有限内乱的阿富汗有利于巴基斯坦发挥其特殊影响力。中国可利用中巴牢固的传统友谊促使巴基斯坦对阿富汗的安全状况进行调控,让美国及西方的在阿军事存在长期专注于阿富汗的稳定任务。如果对于这一手段运用得当,中国和巴基

---

① 参见表5。
② 中央政府门户网站:《中华人民共和国与阿富汗伊斯兰共和国关于深化战略合作伙伴关系的联合声明》,http://www.gov.cn/jrzg/2013 - 09/27/content_ 2496791. htm。
③ 新华网:《中华人民共和国与阿富汗伊斯兰共和国关于深化战略合作伙伴关系的联合声明》,http://news.xinhuanet.com/world/2014 - 10/28/c_ 1113016324. htm。

斯坦未来将是阿富汗安全局势的主导者和最大受益者。最后也是最重要的，中国新一代领导人提出了"丝绸之路经济带"和"中巴经济走廊"的宏伟构想，鉴于阿富汗在西亚、南亚、中亚、东亚之间便于东进西出、南下北上的优越地缘战略位置，中国制定更具雄心的阿富汗战略也是未来向西开放战略的题中应有之义。

其次，进一步发展与北约的合作关系。中国是五大安理会常任理事国中唯一游离于北约组织及其伙伴关系网络之外的国家。北约官方已经几度明确表达了与中国建立伙伴关系的愿望。中国出于现实利益的综合考量和传统外交的思维惯性，尚无与北约建立伙伴关系的打算。但长远来看，与北约加强合作有利于更好地维护中国的全球战略与经济利益。第一，中国与北约在非传统安全领域存在着许多共同利益。与北约加强交流与合作，可以加强中国应对恐怖主义、大规模杀伤性武器扩散、自然灾害、海盗、毒品、有组织犯罪、能源安全、网络攻击等非传统安全领域的能力。在与北约的非传统安全合作过程中，中国的传统安全能力同时有可能得到提升，加强中国军力的远程战略投送和危机反应能力，以更好地保护中国的海外利益。此外，中国与北约加强合作关系，可以为中国与北约间在阿富汗问题上搭建一个正式的沟通渠道，防止双方在阿富汗问题上走向对抗。第二，中国需要借助与北约的合作关系扩大在国际安全领域的话语权。由于中国许多周边国家已经与北约建立了伙伴关系，而其中很多国家与中国存在着领土争议和历史纠葛，如果这些国家在与北约的政治对话中将本国片面的认知和立场传递给西方国家，中国势必在未来的纷争中陷于国际舆论上的孤立境地。第三，与北约发展合作关系，有助于中国展现自信、开放、合作的国际形象。长久以来，西方一直认为中国的国防建设缺乏透明度，对中国的国防事业特别是近年来的快速发展疑虑重重，各种"中国威胁论"的此起彼伏也与中国和整个西方缺乏多边安全对话渠道有一定的关系。中国与北约发展合作关系，可以为双方搭建一个安全上增信释疑的互动平台，避免双方的战略误判，助力中国的和平发展与世界的和平。

最后，积极开展对欧洲各国的防务外交，牵制美国对北约的主导力。众所周知，美国在北约的安全议题中具有重要的主导能力。美国希望推动北约的全球化来服务于其全球安全战略，而欧洲国家更倾向于认为北约的主要功能仍然是欧洲的集体防御，在全球范围的行动使命应该专注于非传统安全领域。显然，欧洲国家的观点更加符合中国的国家利益。考虑到北约决策程序采取全体一致原则,中国应充分利用这一制度性障碍,积极发展与欧洲各国的双边安全关系,利用欧洲成员国否决一切企图利用北约遏制中国的图谋。加之,2009 年开始的欧洲主权债务危机已经损害到欧洲的世界地位,在危机的冲击下,欧盟各成员国在寻求欧洲内部解决方案的同时,不得不加强自身需求外部支持的国际努力,导致出现了日益明显的欧盟对外政策再国家化的倾向。[①] 同在北约框架下的欧盟诸国在防务政策上也必然受到这一再国家化趋势的影响,中国可以利用这一趋势,在双边层面推进同时是北约成员国的欧洲各国关系,发展双边对于北约全球化的共识,推动北约全球化朝着符合中欧各国期望的方向发展。

四 进一步的研究

本书尝试了对北约介入亚洲事务进行系统性的理论与实证研究。从国内国际研究学界来看,将北约介入亚洲事务作为一个整体的研究,以目前作者掌握的情况来看还比较罕见。在国际学界,特别是美国和欧洲的政策研究学界的研究主要关注北约介入亚洲事务的某个方面,或将北约介入亚洲事务放在北约全球化的研究框架下来进行研究,但是研究的系统性和学理性尚处于成长阶段,视角、问题和结论都带有明显的西方中心主义的色彩。

本书研究主旨意在探索对北约介入亚洲事务理论与实证并重的研究,希望以此为中国的北约研究尽一份微薄之力。本书理论研究继承了西方甚为成熟的联盟理论的主要成果,采用了联盟理论发展的最新成果作为基础性分析框架,糅合联盟内部关系理论研究所带来的启示,确立了一个适合本书研究主题的子分析框架。本书实证研究丰富和深化了对北约介入亚洲事务及北约全球化的理解,对北约在全球舞台上的存在、行动和政策进行了初步探讨,特别是用联盟理论视角分析了北约在亚洲的存在,得出了联盟内部和外部行为体存在着双重有限追随行为的结论。本书对于中国理解北约在当今世界中的角色,认识其政策意图与战略行为,在北约介入亚洲过程中制定相应的对策,以及开展可能的合作具有一定的借鉴作用。

然而,本书的研究无论从理论研究的角度还是从实证研究的角度而言

[①] 陈志敏、彭重周:《比较欧盟成员国与中国的关系发展:一项初步的尝试》,《欧洲研究》2013 年第 2 期。

都是一项初步的探索性工作，需要进一步展开相关的理论与实证研究。

其一，本书构建的分析框架还过于粗糙。分析框架的构建过程中对前人成果的研究还不是十分深入和系统，对于北约各国及其他国家收益估算的形成，以及收益估算相互作用后转化为具体战略行动的解释力还比较弱。例如，北约介入亚洲政策形成过程中，国内政治进程等因素对于北约介入亚洲事务的认知和定位是不同的，在收益估算形成和相互作用过程中，美国和欧洲国家到底经历了怎样的成本与收益的比较，北约内部各国是如何通过收益估算相互作用达成一致战略等问题，本书无法进行充分的讨论与分析。在未来的研究当中，必须建立更为精致和全面的分析框架来对北约介入亚洲的进程进行解读和预测。

其二，案例研究不足。本书根据北约介入亚洲事务的主体内容选取了两个案例进行研究，但由于案例研究涉及面非常之广，几乎包含了当今世界上所有的大国和诸多中小国家，因此未能对各国的外交政策和安全政策进行系统归纳和深入比较。在今后进一步更深入的案例研究和深入比较过程中，必须对收益估算的构成和行为转化，以及对它们产生影响的各种变量进行限定并作出基本假设，对假设进行验证，进一步导向研究的学理化。

其三，本书的研究对象存在一定的局限性。北约在全球范围内的介入是一个复杂的现象，在不同区域的活动和政策存在着内在联系和相互作用的动态。本书人为地将北约在全球范围内的活动与政策做了便于研究的切割，仅研究了北约在地理意义上亚洲范围内的活动与政策，没有考虑到北约介入亚洲事务与其他地区战略的动态联系。此外，作为一个兼具价值观共同体和国际制度双重色彩的联盟，北约介入亚洲事务虽然主要是由现实利益驱动的，但价值观和国际制度在其中发挥的作用并不能完全被忽视。本书对价值观因素和国际制度因素的讨论着墨不多，在未来的研究当中，要努力从这两个角度发掘北约介入亚洲事务和北约全球化的动因与作用。

其四，对北约介入亚洲事务中的例外现象研究不足。本书认为，北约在介入亚洲的过程中，联盟内存在着其他成员国对主导国的有限追随，联盟外存在着外界国家对联盟的有限追随。但是，在联盟内部有个别国家采取的战略行为并不是有限追随，英国等国家对美国的追随并不是有限的，在阿富汗战争、伊拉克战争、国际安全援助部队等行动中，英国都是一个几乎毫无保留的追随者，没有在具体的战略行为中对美国实施软制衡。在联盟外部，格鲁吉亚的战略行为也不应被视为有限追随，而是包含传统安全领域与非传统安全领域的全方位追随。本书只考虑了联盟内外部多数行为体的主流战略倾向，没有对这些例外现象展开充分讨论，希望在将来的研究中能够进行深入的探讨。

  这些本书遗留的问题亟待中国学者去大胆挑战西方的主流学术话语权，开展务实且多元化的探索：北约是一个新时代的安全共同体吗？还是新瓶装旧酒的冷战余孽？抑或是能适应时代变迁不断转变功能和外形的政治军事变形金刚？

参 考 文 献

中文部分

[1] 陈志敏：《新多极伙伴世界中的中欧关系》，《复旦国际关系评论》2012年第1期。
[2] 许海云：《伊拉克战争后的北约战略转型及其发展趋势》，《当代世界与社会主义》2003年第4期。
[3] 张宁：《北约与中亚国家的"和平伙伴关系计划"》，《国际信息资料》2009年第3期。
[4] 张健：《北约新战略概念解析》，《现代国际关系》2010年第12期。
[5] 高华：《欧盟独立防务：开端、问题和前景》，《世界经济与政治》2002年第7期。
[6] 初育国：《信息革命与当代国际关系》，《国际政治研究》2003年第1期。
[7] 张茗：《"战略性伙伴"往何处去？——欧盟北约关系剖析》，《欧洲研究》2009年第3期。
[8] 朱立群：《北约、欧盟"双扩"与欧洲安全结构》，《国际问题研究》2002年第6期。
[9] 洪建军：《扩大和转型：北约寻求新战略》，《瞭望新闻周刊》2002年第47期。
[10] 魏光启：《欧美同盟的域外行动剖析》，《欧洲研究》2011年第6期。
[11] 许海云：《北约"亚洲政策"的表现及其影响》，《现代国际关系》2007年第2期。
[12] 于时语：《北约里斯本峰会的三大预示》，《南风窗》2010年第25期。

[13] 郝雨凡：《布什主义的走向与中美关系》，《美国研究》2005年第4期。

[14] 李岩：《从〈跨大西洋联盟的革新〉报告看美欧关系》，《现代国际关系》2008年第3期。

[15] 许洁明、余学波：《北约介入阿富汗战争前景浅析》，《西亚非洲》2011年第1期。

[16] 徐以骅：《宗教在当前美国政治与外交中的影响》，《国际问题研究》2009年第2期。

[17] 方华：《"阿富汗行动"对北约新使命的考验》，《国际资料信息》2008年第3期。

[18] 葛腾飞、苏听：《美国"反叛乱"理论的发展及其困境》，《美国研究》2012年第1期。

[19] 柳思思：《北约：北约的未来，动能何在？》，《当代世界》2012年第6期。

[20] 方华：《从里加峰会看北约未来的发展》，《当代世界》2007年第1期。

[21] 李乐曾：《德国的新安全政策与联邦国防军部署阿富汗》，《德国研究》2010年第4期。

[22] 孙力舟：《阿富汗、土耳其缘何走近上合组织？》，《社会观察》2012年第7期。

[23] 高华：《北约："灵巧转型"与全球伙伴》，《世界知识》2012年第14期。

[24] 杨恕、张会丽：《俄格冲突后的格鲁吉亚局势》，《俄罗斯中亚东欧研究》2010年第1期。

[25] 黄登学：《俄罗斯与北约关系：问题与前景》，《现代国际关系》2010年第9期。

[26] 安维华：《南奥塞梯战事与俄罗斯—北约关系》，《亚非纵横》2008年第5期。

[27] 刘侣萍、崔启明：《北约日益重视外高加索地区的战略地位》，《俄罗斯中亚东欧研究》2008年第1期。

[28] 兰子诺：《北约地中海战略调整走向分析》，《国际观察》2012年第6期。

[29] 杜冰：《美巴关系：切断的不仅是运输线》，《世界知识》2011 年第 24 期。

[30] 吴鹏：《北约"灵巧防卫战略"背景下的蒙古国外交安全政策走向》，《当代世界》2012 年第 6 期。

[31] 朱之江：《论非战争军事行动》，《南京政治学院学报》2003 年第 5 期。

[32] 潘成鑫：《新保守主义与伊战后的中美关系》，《国际政治科学》2006 年第 3 期。

[33] 吴云：《中国有必要重新考虑北约》，《世界知识》2007 年第 9 期。

[34] 邢骅：《北约转型路漫漫》，《国际问题研究》2009 年第 4 期。

[35] 邢骅：《北约"巧防务"概念探析》，《国际信息资料》2012 年第 8 期。

[36] 叶江：《从北约对利比亚军事行动透视美欧跨大西洋联盟新走势》，《国际问题研究》2012 年第 1 期。

[37] 东平：《法国全面重返北约的背后》，《当代世界》2009 年第 4 期。

[38] 唐世平、龙世瑞：《美国军事干预：一个社会进化的诠释》，《世界经济与政治》2011 年第 9 期。

[39] 吴心伯：《论美国亚太安全战略的走向》，《复旦学报》2005 年第 2 期。

[40] 阮宗泽：《北约的战略转型及其挑战》，《国际问题研究》2003 年第 2 期。

[41] 唐世平：《国际政治的社会进化：从米尔斯海默到杰维斯》，《当代亚太》2009 年第 4 期。

[42] 苏若林、唐世平：《相互制约：联盟管理的核心机制》，《当代亚太》2012 年第 3 期。

[43] 赵华胜：《评美国新阿富汗战略》，《复旦学报》2009 年第 6 期。

[44] 于铁军：《国际政治中的同盟理论：进展与争论》，《欧洲》1999 年第 2 期。

[45] 田文林：《对利比亚战争的战略解读》，《现代国际关系》2011 年第 12 期。

[46] 周方银：《信息革命对军事与安全的影响》，《现代国际关系》2001 年第 7 期。

[47] 吴心伯：《试析布什政府对华安全政策的核心概念》，《美国研究》2007年第4期。

[48] 陈志敏、彭重周：《比较欧盟成员国与中国的关系发展：一项初步的尝试》，《欧洲研究》2013年第2期。

[49] 于铁军：《进攻性现实主义、防御性现实主义和新古典现实主义》，《世界经济与政治》2000年第5期。

[50] 霍文：《蒙古国与北约建立准同盟关系》，《人民日报》2012年5月17日。

[51] 陈志敏、古斯塔夫·盖拉茨：《欧洲联盟对外政策一体化——不可能的使命》，时事出版社2003年版。

[52] 高华：《透视新北约》，世界知识出版社2012年版。

[53] [美] 兹比格纽·布热津斯基：《大棋局：美国的首要地位及其地缘战略》，上海人民出版社2007年版。

[54] [美] 杰克·奈特：《制度与社会冲突》，周伟林译，上海人民出版社2009年版。

[55] [美] 彼得·卡赞斯坦：《文化规范与国家安全：战后日本警察与自卫队》，李小华译，新华出版社2002年版。

[56] 汪伟民：《联盟理论与美国的联盟战略》，世界知识出版社2007年版。

[57] 孙德刚：《多元平衡与"准联盟"理论研究》，时事出版社2007年版。

[58] 周丕启：《合法性与大战略——北约体系内美国的霸权护持》，北京大学出版社2005年版。

[59] 梁方、李景龙、王吉远：《话说北约》，中央文献出版社2000年版。

[60] [美] 约翰·加迪斯：《遏制战略：战后美国国家安全政策评析》，时殷弘等译，世界知识出版社2005年版。

[61] 侯小河、刘友春、张晖：《联盟战车——北约军事战略发展与现状》，解放军出版社2002年版。

[62] [美] 理查德·福肯瑞思、罗伯特·纽曼、布拉德利·泰勒：《美国的致命弱点》，许嘉译，上海人民出版社2005年版。

[63] [美] 罗伯特·阿特：《美国大战略》，郭树勇译，北京大学出版社2005年版。

[64] [美] 约翰·米尔斯海默、斯蒂芬·沃尔特:《以色列游说集团与美国的对外政策》,王传兴译,上海人民出版社2009年版。

[65] 邢骅、苏惠民、王毅:《新世纪北约的走向》,时事出版社2004年版。

[66] 叶江:《解读欧美——欧洲一体化进程中的美欧关系》,上海三联书店1999年版。

[67] [美] 约翰·米尔斯海默:《大国政治的悲剧》,王义桅、唐小松译,上海人民出版社2003年版。

[68] [美] 汉斯·摩根索:《国家间政治——权力斗争与和平》,徐昕等译,北京大学出版社2006年版。

[69] 中国现代国际关系研究院美欧研究中心:《北约的命运》,时事出版社2004年版。

[70] 赵俊杰、高华:《北狼动地来?——北约战略调整与欧盟共同防务及其对中国安全环境的影响》,中国社会科学出版社2011年版。

[71] 刘军、李海东:《北约东扩与俄罗斯的战略选择》,华东师范大学出版社2010年版。

[72] 肖元恺:《世界的防线——欧洲安全与国际政治》,新华出版社2001年版。

[73] 潘忠岐:《从随势到谋势——中国的国际取向与战略选择》,复旦大学出版社2012年版。

[74] 李海东:《北约扩大研究1948—1949》,世界知识出版社2010年版。

[75] [美] 斯蒂芬·范埃弗拉:《政治学研究方法指南》,陈琪译,北京大学出版社2006年版。

[76] [美] 曼瑟·奥尔森:《国家的兴衰:经济增长、滞涨和社会僵化》,李增刚译,上海人民出版社2007年版。

[77] 岳松堂等编:《美国未来陆军》,解放军出版社2006年版。

[78] 王绳祖主编:《国际关系史》,世界知识出版社1996年版。

[79] 薛晓源、陈家刚主编:《全球化与新制度主义》,社会科学文献出版社2004年版。

[80] 周琪主编:《国会与美国外交政策》,上海社会科学院出版社2006年版。

[81] 周琪主编:《美国外交决策过程》,中国社会科学出版社2011年版。

[82] 王振西、袁隽主编:《美国法典:军事法卷》,中国社会科学出版社1994年版。

[83] 朱成虎、孟凡礼主编:《当代美国军事(修订版)》,中国社会科学文献出版社2012年版。

[84] 周建明主编:《美国的国防转型及其对中国的影响》,山东人民出版社2006年版。

[85] 樊勇明主编:《西方国际政治经济学理论与流派》,上海人民出版社2003年版。

英文部分

[1] Alberts, David S. *Information Age Transformation: Getting to a 21st Century Military.* Washington, DC: CCRP Publication Series, 2002.

[2] Allain, J. (ed.) *Unlocking the Middle East: The Writings of Richard Falk.* Northampton and Massachusetts: Olive Branch Press, 2003.

[3] Ambrose, S. *Rise to Globalism: American Foreign Policy Since 1938.* New York and London: Penguin, 2003.

[4] Ash, T. *Free World: Why a Crisis of the West Reveals the Opportunity of Our Time.* London and New York: Allen Lane and Penguin, 2004.

[5] Bacevich, A. *American Empire: The Realities and Consequences of US Diplomacy.* Massachusetts and London: Harvard University Press, 2002.

[6] Baker, R. *Islam Without Fear: Egypt and the New Islamists.* Massachusetts and London: Harvard University Press, 2003.

[7] Bamford, J. *A Pretext for War: 9/11, Iraq, and the Abuse of America's Intelligence. Agencies.* New York, London and Syndney: Doubleday, 2005.

[8] Bannerman, E., Everts, S. and Grabbe, H. "December Working Paper", *Europe After September 11.* London: Centre for European Reform, 2001.

[9] Barany, Z. *The Future of NATO Expansion: Four Cases Studies.* Cambridge: Cambridge University Press, 2003.

[10] Barkin, S. "Realist Constructivism", in Little, R. and Smith, M. (eds) *Perspective On World Politics.* London and New York:

Routledge, 2006.

[11] Bauman, Z. *Globalisation: The Human Consequences*. Cambridge: Polity Press, 1998.

[12] Bennis, P. *Before and After: US Foreign Policy and the War on Terrorism*. Gloucestershire: Arris Books, 2003.

[13] Bensahel, N. "Political Reform in the Middle East", in Bensahal, N. and Byman, D. (eds) *The Future Security Environment in the Middle East: Conflicts, Stability, and Political Change*. Santa Monica: Rand Corporation, 2004.

[14] Bensahel, N. and Byman, D. "US Interests in the Middle East", in Bensahal, N. and Byman, D. (eds) *The Future Security Environment in the Middle East: Conflicts, Stability, and Political Change*. Santa Monica: Rand Corporation, 2004.

[15] Berberoglu, B. *Globalisation of Capital and the Nation State: Imperialism, Class Struggle, and the State in the Age of Global Capitalism*. Colorado, New York and Oxford: Rowman and Littlefield, 2003.

[16] Blank, Stephen J. Prague, *NATO and European Security*. U. S. Army War College, Strategic Studies Institute, April 17, 1996.

[17] Booth, Ken, ed. *The Kosovo Tragedy: The Human Rights Dimensions*. Portland, OR: Frank Cass, 2001.

[18] Black, J. *Russia Faces NATO Expansion: Bearing Gifts or Bearing Arms*. Colorado, New York and Oxford: Rowman and Littlefield, 2000.

[19] Blincoe, N., Khalili, H., McLaughlin, M., Sainath, R. and Sandercock, J. (eds) *Peace Under Fire: Israel, Palestine and the International Solidarity Movement*. London and New York: Verso, 2004.

[20] Blum, W. *Rogue State: A Guide to the World's Only Superpower*. London: Zed Books and Spearhead, 2000.

[21] Bluth, C., Kirchner, E. and Sperling, J. (eds) *The Future of European Security*. Hampshire, Singapore and Sydney: Dartmouth, 1995.

[22] Bodansky, Y. *The High Cost of Peace: How Washington's Middle East Policy Left America Vulnerable to Terrorism*. California: Prima Publishing, 2002.

[23] Bohnel, M. and Lehmann, V. *American Empire: No Thank You.* Berlin: Kal Homilius Verlag, 2003.

[24] Boot, M. *The "American Empire" in the Middle East.* Berkeley: Berkeley Public Policy Press, 2004.

[25] Borowski, J. and Thomas-Durell, Y. *NATO After 2000: The Future of the Euro-North Atlantic Alliance.* Connecticut: Praeger, 2000.

[26] Borawski, J. and Young, T. *NATO After 2000: The Future of the Euro-North Atlantic Alliance.* Connecticut and London: Praeger, 2001.

[27] Brades, A. "Iraq", in Copson, R. (ed.) *The Iraq War: Background and Issues.* New York: Novinka Books, 2003.

[28] Brenner, M. *Terms of Engagement: The United States and the European Security Identity.* Connecticut and London: Praeger, 1998.

[29] Brilmayer, L. *American Hegemony: Political Morality in a One Superpower World.* New Haven and London: Yale University Press, 1994.

[30] Bronstone, A. *European Security into the Twenty-first Century: Beyond Traditional Theories of International Relations.* Hampshire, Burlington, Singapore and Sydney: Ashgate, 2000.

[31] Buley, Benjamin. *The New American Way of War: Military Culture and the Political Utility of Force.* New York: Routledge, 2008.

[32] Butler, R. *The Greatest Threat: Iraq, Weapons of Mass Destruction, and the Growing Crisis of Global Security.* New York: Public Affairs, 2000.

[33] Caraley, Demetrios *The Politics of Military Unification: A Study of Conflict and Policy Process.* New York: Columbia University Press, 1966.

[34] Casey, Steven *Selling the Korea War: Propaganda, Politics, and Public Opinion in the United States, 1950—1953.* Oxford: Oxford University Press, 2008.

[35] Calleo, D. *Beyond American Hegemony: The Future of the Western Alliance.* New York: Basic Books, 1987.

[36] Cameron, F (ed.) *The Future of Europe: Integration and Enlargement.* London and New York: Taylor & Francis, 2003.

[37] Careley, D. and Cooley, A. "September 11: An Overview", in Caraley, D. (ed.) *September 11 Terrorist Attacks, and U.S. Foreign Policy.*

New York: The Academy of Political Science, 2002.

[38] Carpenter, T. (ed.) *The Future of NATO*. London: Frank Cass, 1995.

[39] Cehulic, L. (ed.) *NATO and New International Relations*. Zagreb: Atlantic Council of Croatia, Publishing and Research Institute, 2004.

[40] Clark, T. *The Post-Cold War Order: The Spoils of Peace*. Oxford and New York: Oxford University Press, 2001.

[41] Clemens, C. (ed.) *NATO and the Quest for Post-Cold War Security*. London and New York: Macmillan Press and St. Martin's Press, 1997.

[42] Cootes, K. *Full Spectrum Absurdity: Will America Die for Defence*. Nottingham: Spokesman for the Bertrand Russell Peace Foundation, 2001.

[43] Crisen, S. (ed.) *NATO and Europe in the 21st Century: New Roles for a Changing Partnership*. East and West European Studies. Washington, D.C.: Woodrow Wilson International Center for Scholars, 2002.

[44] Curtiss, R. *A Changing Image: American Perceptions of the Arab Israeli Dispute*.

[45] Washington, D.C.: American Educational Trust, 1982.

[46] Daalder, I., Gnesotto, N. and Gordon, P. "America, Europe, and the Crescent of Crisis", in Daalder, I., Gnesotto, N. and Gordon, P. (eds) *Crescent of Crisis: US-European Strategy for the Greater Middle East*. Washington, D.C. and Paris: Brookings Institution Press and European Union Institute for Security Studies, 2006.

[47] Dalalder, I. and Lindsay, J. *America Unbound: The Bush Revolution in Foreign Policy*. Washington, D.C.: Brookings Institution Press, 2003.

[48] David, C. "Will NATO Live to Celebrate its 100th Birthday", in David, C. and Levesque, J. (eds) *The Future of NATO: Enlargement, Russia, and European Security*. London and Ithaca: McGill-Queen's University Press, 1999.

[49] David, L. "Revolutionary Islamism and Gulf Security in the Twenty-first Century", in Long, D. and Koch, C. (eds) *Gulf Security in the Twenty-first Century*. Abu-Dhabi: The Emirates Center for Strategic Studies and Research, 1997.

[50] Devetak, R. "Critical Theory", in Burchill, S. and Linklater, A. *Theories of International Relations*. Hampshire and New York: Palgrave Macmillan, 1996, p. 160.

[51] Dombrowski, Peter and Eugene Gholz *Buying Military Transformation: Technological Innovation and Defense Industry*. New York: Columbia University Press, 2006.

[52] Donnelly, William M. *Transforming an Army at War: Designing the Modular Force*, 1991—2005. Washington, DC: Center of Military History, 2007.

[53] Donnelly, Thomas and Frederick W. Kagan, eds. *Lessons for a Long War: How America Can Win on New Battlefields*. Washington, DC: The AEI Press, 2010.

[54] Dorwart, Jeffery M. *Eberstadt and Forrestal: A National Security Partnership*, 1909—1949. College Station: Texas A & M University Press, 1991.

[55] Drew, S. Nelson*NSC-68: Forging the Strategy of Containment*. Washington, D. C.: National Defense University Press, 1994.

[56] Esposito, J. "Islamic Factor", in Marr, P. (ed.) *Egypt at the Crossroads: Domestic Stability and Regional Role*. Washington, D. C.: National Defence University Press, 1999.

[57] Evans, M. "International Law and Human Rights in a Pre-emptive Era", in Bukley, M. and Singh, R. (eds) *The Bush Doctrine and the War on Terrorism: Global Responses, Global Consequences*. London and New York: Taylor & Francis, 2006.

[58] Faath, S. (ed.) *Anti-Americanism in the Islamic World*. London: Hurst & Company, 2006.

[59] Feldman, N. *What We Owe Iraq: War and the Ethics of Nation Building*. Princeton and Oxford: Princeton University Press, 2004.

[60] Feldman, S. (ed.) *After the War in Iraq: Defining the New Strategic Balance*. Brighton and Portland: Sussex Academic Press, 2003.

[61] Feller, J. "Introduction", in Feller, J. (ed.) *Power Trip: U. S. Unilateralism and Global Strategy After September* 11. New York and Lon-

don: Seven Stairs Press, 2003.

[62] Flamhaft, Z. *Israel on the Road to Peace: Accepting the Unacceptable*. Oxford and Colorado: Westview Press, 1996.

[63] Forster, P. and Cimbala, S. *The US, NATO and Military Burden Sharing*. London and Portland: Frank Cass, 2005.

[64] Foster, J. "The New Age of Imperialism", in Foster, J. and Mcchesney, R. (eds) *Pox Americana: Exposing the American Empire*. London: Pluto Press, 2004.

[65] Fouskas, V. and Cokay, B. *The New American Imperialism: Bush's War on Terror and Blood for Oil*. Connecticut and London: Praeger Security International, 2005.

[66] Fukuyama, F. "After the Neocons: America at the Crossroads", *Lecture (book launch)*. London: IISS, 2006.

[67] Gaddis, J. *Surprise, Security, and the American Experience*. London: Harvard University Press, 2004.

[68] Gardner, H. "NATO: Enlargement and Geo-strategic History. Alliances and the Question of War and Peace", in Hodge, C. (ed.) *NATO For a New Century: Atlanticism and European Security*. Connecticut and London: Praeger, 2002.

[69] Garnett, J. "Unfinished Business", in Cornish, P. (ed.) *The Conflict in Iraq*, 2003. London: Palgrave Macmillian, 2004.

[70] Gebhard, P. *The United States and European Security: Will the TransNorth Atlantic Alliance Become Moribund Through Continued Defence of Europe or Became the Linchpin of Defence Anywhere in the World?* London: International Institute for Strategic Studies, 1994.

[71] Gerecht, R. "Birth of Democracy", in Rosen, G. (ed.) *The Right War? The Conservative Debate on Iraq*. Cambridge: Cambridge University Press, 2005.

[72] Gerner, D. and Schwedler, J. "Trends and Prospects", in Gerner, D. and Schwedler, J. (eds) *Understanding the Contemporary Middle East*. Colorado and London: Lynne Rienner Publishers, 2004.

[73] Gheciu, A. *NATO in the New Europe: The Politics of International Social-*

isation After the Cold War. California: Stanford University Press, 2005.

[74] Glad, B. "Conclusion", in Glad, B. and Dalan, C. (eds) *Striking First: The Preventive War Doctrine and the Reshaping of U. S. Foreign Policy*. New York and Hampshire: Palgrave Macmillan, 2004.

[75] Goddis, J. *Surprise, Security and the American Experience*. Massachusetts and London: Harvard University Press, 2004.

[76] Goldman, Emily O. and Leslie C. Eliason, eds. *The Diffusion of Military Technology and Ideas*. Stanford, Calif.: Stanford University Press, 2003.

[77] Gordesman, A. *The War After the War: Strategic Lessons of Iraq and Afghanistan*. Washington, D. C.: CSIS, 2004.

[78] Gordon, P. and Shapiro, J. *Allies at War: America and Europe and the Crisis Over Iraq*. New York and London: McGraw-Hill, 2004.

[79] Gray, C. *The Sheriff: America's Defence of the New World Order*. Lexington: University of Kentucky Press, 2004.

[80] Grovogui, S. "Post Colonialism", in Dunne, T. and Kurki, M. *International Relations Theories: Discipline and Diversity*. Oxford and New York: Oxford University Press. 2002.

[81] Guilliam, N. and Kamel, M. "Modernising Legitimacy: Saudi Strategies", in Aras, B. (ed.) *War in the Garden of Babylon: The Middle East After the Iraqi War*. Istanbul: Tasam Publications, 2004.

[82] Guyatt, N. *Another American Century: The United States and the World Since 9/11*. London and New York: Zed Books, 2003.

[83] Hallis, R. "Europe in the Middle East", in Fawcett, L. (ed.) *International Relations of the Middle East*. Oxford and New York: Oxford University Press, 2005.

[84] Halper, S. and Clarke, J. *America Alone: The Neo-conservatives and the Global Order*. Cambridge: Cambridge University Press, 2004.

[85] Halperin, Morton H. *National Security Policy-Making: Analyses, Cases, and Proposals*. Lexington, Mass.: Lexington Books, 1975.

[86] Halperin, Morton H. et al. *Bureaucratic Politics and Foreign Policy*. Washington, D. C.: Brookings Institution Press, 2006.

[87] Hartung, W. "The Hidden Costs of War: How the Bush Doctrine is Undermining Democracy in Iraq and Democracy in America", in Abrams, I. and Gungwu, W. (eds) *The Iraq War and its Consequences: Thoughts of Nobel Peace Laureates and Eminent Scholars*. New Jersey, London and Singapore: World Scientific Publishing, 2003.

[88] Haseler, S. *Rethinking NATO: A European Declaration of Independence*. European Essay No. 26. London: The Federal Trust for Education and Research, 2003.

[89] Havel, V. *NATO, Europe, and the Security of Democracy*. Prague: Theo Publishing, 2002.

[90] Herpen, M. "Six Dimensions of the Growing Transatlantic Divide: Are the US and Europe Definitely Driving Themselves Apart", in Gardner, H. (ed.) *NATO and the European Union: New World, New Threats*. Hampshire and Burlington: Ashgate, 2004.

[91] Hutchings, R. "World Politics in the Twenty-first Century", in Hutchings, R. (ed.) *At the End of the American Century: America's Role in the Post-Cold War World*. Washington, D. C., London and Baltimore: The Woodrow Wilson Center Press and Johns Hopkins University Press, 1998.

[92] Hyde-Price, A. *European Security Beyond the Cold War: Four Scenarios for the Year* 2010. London, New Delhi and Newbury Park: SAGA Publications, 1991.

[93] Hyland, W. "Is NATO Still Relevant?", in Clemens, C. (ed.) *NATO and the Quest for Cold War Security*. London and New York: Macmillan Press and St. Martin's Press, 1997.

[94] Iriye. A. "The Iraq War and the Dialogue Among Civilisations", in Abrams, I. and Gungwu, W. (eds) *The Iraq War and its Consequences: Thoughts of Nobel Peace Laureates and Eminent Scholars*. New Jersey, London and Singapore: World Scientific Publishing, 2003.

[95] Israeli, R. *The Iraq War: Hidden Agendas and Babylonian Intrigue. The Regional Impacts on Shi'ites, Kurds, Sunnis and Arabs*. Brighton and Portland: Sussex Academic Press, 2004.

[96] Jackson, R. and Sorensen, G. *Introduction to International Relations: Theories and Approaches*. Oxford and New York: Oxford University Press, 2003.

[97] Jentlson, B. *American Foreign Policy: The Dynamics of Choice in the 21st Century*. London and New York: W. W. Norton & Company, 2004.

[98] Jervis, R. "The Prospects for American Hegemony", in Glad, B. and Dalan, C. (eds) *Striking First: The Preventive War Doctrine and the Reshaping of U. S. Foreign Policy*. New York and Hampshire: Palgrave Macmillan, 2004.

[99] Johnson, C. *Blowback: The Costs and Consequences of American Empire*. London: Little and Brown, 2000.

[100] Johnson, D. "The Root Causes of Sudan's Civil Wars", Bloomington: The International African Institute and Indiana University Press, 2003.

[101] Judis, J. *The Folly of Empire*. New York, London, Toronto and Sydney: Lisa Drew Books, 2004.

[102] Kaim, M. "Complementarity, not Competition: The Role of the European Union in the Middle East Peace Process", in Hubel, H. and Kaim, M. (eds) *Conflicts in the Greater Middle East and the Transatlantic Relationship*. Baden: Nomos Verlagsgesellschaft, 2004.

[103] Kaplan, A. *The Anarchy of Empire in the Making of U. S. Culture*. Massachusetts and London: Harvard University Press, 2002.

[104] Kaplan, L. *NATO Divided: NATO United the Evolution of an Alliance*. Connecticut and London: Praeger, 2004.

[105] Keay, J. *Sowing the Wind: The Seeds of Conflict in the Middle East*. London: John Murray, 2003.

[106] Kegan, R. "The Power Divide", *Prospect*, August 2002.

[107] Kegley, C. *World Politics: Trends and Transformation*. Belmont: St Martins Press, 2009.

[108] Kelly, K. "Iraq War: Human Consequences", in Bhatia, B., Dreze, J. and Kelly, K. (eds) *War and Peace in the Gulf: Testimonies of the Gulf Peace*. Nottingham: Spokesman for the Bertrand Russell Peace Foundation, 2001.

[109] Kenberry, G. "Institutions, Strategic Restraint and the Persistence of American Post-War Order", in Little, R. and Smith, M. (eds) *Perspective On World Politics*. London and New York: Routledge, 2006.

[110] Kendall, R. "Responding to Transnational Crime", in Williams, P., Vlassis, D. and Cass, F. (eds) *Combating Transnational Crime: Concepts, Activities and Responses*. London and Portland: Frank Cass, 2001.

[111] Keylor, W. *The Twentieth Century World: An International History*. Oxford and New York: Oxford University Press, 2001.

[112] Klare, M. *Resource Wars: The New Landscape of Global Conflict*. New York: Metropolitan Books, 2001.

[113] Krepinevich, Andrew F. Jr. *The Army and Vietnam*. Baltimore, M. D.: The Johns Hopkins University Press, 1986.

[114] Kohen, M. "The Use of Force by the United States After the End of the Cold War, and its Impacts on International Law", in Byers, M. and Nolte, G. (eds) *United States Hegemony and the Foundation of International Law*. Cambridge: Cambridge University Press, 2003.

[115] Kolodziej, E. *Security and International Relations*. Cambridge: Cambridge University Press, 2005.

[116] Kupchan, C. *The End of the American Era: US Foreign Policy and the Geopolitics of the Twenty-first Century*. New York: Vintage Books, 2003.

[117] Lake, D. *Entangling Relations: American Foreign Policy in its Century*. Princeton, NewJersey: Princeton University Press, 1999.

[118] Landau, S. *The Pre-emptive Empire: A Guide to Bush's Kingdom*. London and Sterling: Pluto Press, 2003.

[119] Lansford, T. *All for One: Terrorism, NATO and the United States*. Hampshire: Ashgate, 2002.

[120] Larrabee, S. "ESDP and NATO", in Cehulic, L. (ed.) *NATO and New International Relations*. Zagreb: Atlantic Council of Croatia Publishing and Research Institute, 2004.

[121] Layne, C. "US Hegemony and the Perpetuation of NATO", in Car-

penter, T. (ed.) *NATO Enters the 21st Century*. London and Portland: Frank Cass, 2001.

[122] Lens, S. and Zinn, H. *The Forging of the American Empire*. London and Chicago: Pluto Press and Haymarket Books, 2003.

[123] Lesch, D (ed.) *The Middle East and the United States: A Historical and Political Reassessment*. Colorado: Westview Press, 2003.

[124] Lesser, I. "Energy and Middle Eastern Security: New Dimensions and Strategic Implications", in Bensahal, N. and Byman, D. (eds) *The Future Security Environment in the Middle East: Conflicts, Stability, and Political Change*. Santa Monica: Rand Corporation, 2004.

[125] Lewis, Adrian R. *The American Culture of War: The History of U.S. Military Force from World War II to Operation Iraqi Freedom*. New York: Routledge, 2007.

[126] Lewis, J. *The Crisis of Islam: Holy War and Unholy Terror*. London: Phoenix, 2003.

[127] Lieber, R. *The American Era: Power and Strategy for the 21st Century*. Cambridge and New York: Cambridge University Press, 2005.

[128] Lieven, A. "The Pangs of Disappointed Love? A Divided West and its Multiple Peripheries", in Lieven, A. and Trenin, D. (eds) *Ambivalent Neighbours: The EU, NATO and the Price of Membership*. Washington, D.C.: Carnegie Endowment for International Peace, 2003.

[129] Lieven, A. and Trenin, D. (eds) *Ambivalent Neighbours: The EU, NATO and the Price ofMembership*. Washington, D.C.: Carnegie Endowment for International Peace, 2003.

[130] Linklater, A. "Marxism", in Burchill, S. and Linklater, A. *Theories of International Relations*. Hampshire and New York: Palgrave Macmillan, 1996.

[131] Lundestad, G. *Empire by Integration: The United States and Europe Integration 1945—1997*. Oxford and New York: Oxford University Press, 1998.

[132] Magstodt, T. *An Empire if You Can Keep it: Power and Principle in American Foreign Policy*. Washington, D.C.: CQ Press, 2004.

[133] Mailer, N. *Why Are We at War?* New York: Random House, 2003.

[134] Marr, P. "Strategies for an Era of Uncertainty: The US Policy Agenda", in Marr, P. and Lewis. W. (eds) *Riding the Tiger: The Middle East Challenge After the Cold War.*

[135] Colorado, San Francisco and Oxford: Westview Press, 1993.

[136] Mastny, V. *Learning from the Enemy: NATO as a Model for the Warsaw Pact.* Zurich: Zuricher Beitrage, 2001.

[137] McCalla, B. "NATO's Persistence After the Cold War", *International Organisation.* Vol. 50, Issue 3, Summer 1996.

[138] McCrisken, T. *American Exceptionalism and the Legacy of Vietnam: US Foreign Policy Since* 1974. New York and Hampshire: Palgrave Macmillan, 2003.

[139] McNamara, Robert S. *In Retrospect: The Tragedy and Lessons of Vietnam.* New York: Vintage Books, 1996.

[140] Medcaef, J. *NATO: A Beginner's Guide.* Oxford: One World, 2005.

[141] Missiroli, A. and Quille, G. "European Security in Flux", in Cameron, F. (ed.) *The Futureof Europe: Integration and Enlargement.* London and New York: Taylor & Francis, 2004.

[142] Moens, A. "Developing a NATO-EU Security Regime", in Hodge, C. (ed.) *NATO for a New Century: Atlanticism and European Security.* Connecticut and London: Praeger, 2002.

[143] Morgenthau, H. *Truth and Power: Essays of a Decade*, 1960—70. New York: Pall Mall Press, 1970.

[144] Moskos, C., Williams, J. and Segal, D. (eds) *The Postmodern Military.* New York: Oxford University Press, 2000.

[145] Musu, C. and Wallace, W. "The Middle East: Focus of Discord", in Peterson, J. and Pollack, M. (eds) *Europe, America, Bush: Transatlantic Relations in the Twenty-first Century.* London and New York: Routledge, 2003.

[146] Nasser, M. and Ibrahim, N. *The Palestinian Intifada: Cry Freedom.* Ramallah: Basilasam Design, 2002.

[147] Negri, A. and Hardt, M. *Empire.* Massachusetts: Harvard University

Press, 2000.

[148] Ness, P. "Conclusion", in Gurtov, M. and Ness, P. (eds) *Confronting the Bush Doctrine: Critical Views from the Asia-Pacific*. London and New York: Taylor & Francis, 2005.

[149] Ninkovich, F. *The United States and Imperialism*. Oxford and Massachusetts: Blackwell Publishers, 2001.

[150] Nye, J. *Soft Power: The Means to Success in World Politics*. New York: Public Affairs, 2004.

[151] Odom, W. and Dujarric, R. *America's Inadvertent Empire*. New Haven and London: Yale University Press, 2004.

[152] Okar, L. *Structuring Conflict in the Arab World: Incumbents, Opponents and Institutions*. Cambridge: Cambridge University Press, 2005.

[153] Organski, Abramo F. K. *World Politics*. New York: Alfred A. Knopf, 1968.

[154] Peterson, J. and Pollack, M. "The End of Transatlantic Partnership", in Peterson, J. and Pollack, M. (eds) *Europe, America, Bush: Transatlantic Relations in the Twenty-first Century*. London and New York: Routledge, 2003.

[155] Petras, J. and Vettmeyer, H. *Globalisation Unmasked: Imperialism in the 21st Century*. London, New York and Nova Scotia: Fernwood Publishing and Zed Books, 2001.

[156] Philips, D. *Losing Iraq: Inside the Postwar Reconstruction Fiasco*. Oxford: Westview Press, 2005.

[157] Pilger, J. *The New Rulers of the World*. London and New York: Verso, 2002.

[158] Pintax, L. *Seeds of Hate: How America's Flawed Middle East Policy Ignited the Jihad*. London and Virginia: Pluto Press, 2003.

[159] Plesch, D. "The Neo-cons Neo Conservative Thinking Since the Onset of the Iraq War", in Danchev, A. and MacMillan, J. (eds) *The Iraq War and Democratic Politics*. London and New York: Taylor & Francis, 2005.

[160] Powell, R. "The Presidency Responds: The Implications of 9/11 for

the Bush Administration's Policy Agenda", in Crotty, W. (ed.) *The Politics of Terror: The U. S. Response to 9/11*. Boston: Northeastern University Press, 2004.

[161] Prestowitz, C. *Rogue Nation: American Unilateralism and the Failure of Good Intentions*. New York: Basic Books, 2003.

[162] Quandt, W. *Peace Process: American Diplomacy and the Arab-Israeli Conflicts Since 1967*. Washington, D. C. , California and London: Brookings Institution Press and University of California Press, 2005.

[163] Quinlan, M. *European Defence Cooperation: Asset or Threat to NATO?* Washington, D. C. : Woodrow Wilson Center Press, 2001.

[164] Qureshi, E. and Sells, M. "Constructing the Muslim Enemy", in Qureshi, E. and Sells, M. (eds) *The New Crusades: Constructing the Muslim Enemy*. New York: Columbia University Press, 2003.

[165] Rabasa, A. "Overview", in Rabasa, A. (ed.) *The Muslim World After 9/11*. Santa Monica: Rand Corporation, 2004.

[166] Rai, M. *War Plan Iraq: Ten Reasons Against War on Iraq*. London and New York: Verso, 2002.

[167] Rani, C. *Pox Americana: The War that Lost Iraq its Freedom*. New Delhi: UBSPD, 2003.

[168] Reus-Smit, C. "Constructivism", in Burchill, S. and Linklater, A. *Theories of International Relations*. Hampshire and New York: Palgrave Macmillan, 1996.

[169] Rhodes, E. (ed.) *The New American Empire: A 21st Century Teach-in on U. S. Foreign Policy*. New York and London: The New Press, 2005.

[170] Robert, J. and Pauly, R. *Strategic Preemption: US Foreign Policy and the Second Iraq War*. Hampshire and Burlington: Ashgate, 2005.

[171] Robinson, G. "The Greater Middle East Co-prosperity Sphere: The Arab-Israeli Problem and Gulf Security", in Long, D. and Koch, C. (eds) *Gulf Security in the Twenty-first Century*. Abu-Dhabi: The Emirates Center for Strategic Studies and Research, 1997.

[172] Rosenau, J. "The United States in a Turbulent World", in Hutchings,

R. (ed.) *At the End of the American Century: America's Role in the Post-Cold War World.* Washington, D. C., London and Baltimore: The Woodrow Wilson Center Press and Johns Hopkins University Press, 1998.

[173] Ross, D. *The Missing Peace: The Inside Story of the Fight for the Middle East Policy.* New York: Farrar, Straus and Giroux, 2004.

[174] Rourke, J. *Taking Sides: Clashing Views on Controversial Issues on American Foreign Policy.* Connecticut: Dushkin and McGraw-Hill, 2000.

[175] Rubenberg, C. *The Palestinians in Search of a Just Peace.* Colorado and London: Lynne Rienner Publishers, 2003.

[176] Rubin, B. *The Tragedy of the Middle East.* Cambridge: Cambridge University Press, 2002.

[177] Rubin, B. and Rubin, J. (eds) *Anti-Americanism and the Middle East.* Oxford and New York: Oxford University Press, 2002.

[178] Rugh, W. *American Encounters with Arabs: The Soft Power of U. S. Public Diplomacy in the Middle East.* Connecticut and London: Praeger Security International, 2006.

[179] Ruppest, M. *Crossing the Rubicon: The Decline of the American Empire at the End of the Age of Oil.* Gabriola Island, Canada: New Society Publishers, 2004.

[180] Russell, R. *Weapons Proliferation and War in the Greater Middle East: Strategic Context.* New York: Taylor & Francis, 2005.

[181] Ruthven, M. *A Fury for God.* London and New York: Granta Books, 2002.

[182] Ryn, C. *America the Virtuous: The Crisis of Democracy and the Quest for Empire.* New Brunswich and London: Transaction Publishers, 2003.

[183] Salem, P. *Bitter Legacy: Ideology and Politics in the Arab World.* New York: Syracuse University Press, 1994.

[184] Sands, P. *Lawless World: America and the Making and Breaking of Global Rules.* London and New York: Penguin, 2005.

[185] Satloff, R. *The Battle of Ideas in the War on Terror: Essays on US Public Diplomacy inthe Middle East.* Washington, D. C.: Washington Institute

for Near East Policy, 2004.
[186] Schimmel, F. *The EU, NATO and the Integration of Europe: Rules and Rhetoric*. Cambridge: Cambridge University Press, 2003.
[187] Schnobel, A. "Democratisation and Peace-building", in Saikal, A. and Schnabel, A. (eds) *Democratisation in the Middle East: Experience, Struggle, Challenges*. Tokyo, New York and Paris: United Nations University Press, 2003.
[188] Segell, G. *Axis of Evil and Rogue States: The Bush Administration 2000 – 2004*. London: Glen Segell, 2005.
[189] Selim, M. "Military Aspects of the Middle East Peace Process: Some South Asian Parallels and Lessons", in Ahmar, M. (ed.) *The Arab-Israeli Peace Process: Lessons for India and Pakistan*. Oxford and New York: Oxford University Press, 2001.
[190] Sapolsky, Harvey et al., eds. *US Military Innovation since the Cold War: Creation Without Destruction*. New York: Routledge, 2009.
[191] Serena, Chad C. *A Revoltion in Military Adaptation: The US Army in the Iraq War*. Washington, DC: Georgetown University Press, 2011.
[192] Schilling, Warner R., Paul Y. Hammond and Glenn H. Snyder*Strategy, Politics, and Defense Budgets*. New York: Columbia University Press, 1962.
[193] Shannon, V. *Balancing Act: US Foreign Policy and the Arab-Israeli Conflicts*. Oxford: Ashgate, 2003.
[194] Shapiro, A., Williams, E. and Dawoud, K. *Neocon Middle East Policy: The "Clean Break" Plan Damage Assessment*. Washington, D. C.: The Institute for Research, Middle East Policy, 2005.
[195] Shawcross, W. *Allies: The US, Britain, and Europe, and the War on Iraq*. New York: Public Affairs, 2004.
[196] Simic, P. (ed.) *EU, NATO and Southeastern Europe*. Belgrade: The Institute of International Politics and Economics, 2002.
[197] Simon, J. and Kery, S. "The New NATO", in Tiersky, R. (ed.) *Europe Today: National Politics, European Integration, and European Security*. Colorado, New York and Oxford: Rowman and Littlefield,

1999.

[198] Simons, G. *Targeting Iraq Sanctions and Bombing in US Policy*. London: Saqi Books, 2002.

[199] Singh, R. "The Bush Doctrine", in Bukley, M. and Singh, R. (ed.) *The Bush Doctrine and the War on Terrorism: Global Responses, Global Consequences*. London and New York: Taylor & Francis, 2006.

[200] Sloan, S. *NATO, the European Union, and the Atlantic Community: The Transatlantic Bargain Reconsidered*. Colorado, New York and Oxford: Rowman and Littlefield, 2003.

[201] Sloan, S. and Ham, P. "October Working Paper", *What Future for NATO?* London: Centre for European Reform, 2002.

[202] Smith, M. *NATO in the First Decade After the Cold War*. Barendrecht, Boston and London: Kluwer Academic Publishers, 2000.

[203] Sokolsky, R. and McMillan, J. "Policy Implications and Recommendations", in Sokolsky, R. (ed.) *The United States and the Persian Gulf: Reshaping Security Strategy for the Containment Era*. Washington, D.C.: National Defence University Press, 2003.

[204] Sokolsky, R. and Rumer, E. "Role of Outside Powers", in Sokolsky, R. (ed.) *The United States and the Persian Gulf: Reshaping Security Strategy for the Containment Era*. Washington, D.C.: National Defence University Press, 2003.

[205] Solomon, G. *The NATO Enlargement Debate, 1990—1997*. Connecticut: Praeger, 1998.

[206] Stevens, D. and College, L. *Challenges to Peace in the Middle East*. New York and Boston: Longman, 2003.

[207] Tang, Shiping *A General Theory of Institutional Change*. New York: Routledge, 2011.

[208] Taylor, C. Research paper. *NATO: The Istanbul Summit*. London: International Affairs and Defence Section, House of Commons, 2004.

[209] Thaler, D. "The Middle East: The Cradle of the Muslim World", in Rabasa, A. (ed.) *The Muslim World After 9/11*. Santa Monica: Rand Corporation, 2004.

[210] Thies, W. *Friendly Rivals: Bargaining and Burden Sharing in NATO*. London and New York: M. E. Sharpe, 2003.

[211] Tibi, B. *The Challenge of Fundamentalism: Political Islam and the New World Disorder*. California and London: University of California Press, 1998.

[212] Tilley, V. *The One-state Solution: A Breakthrough for Peace in the Israeli-Palestine Deadlock*. Manchester: Manchester University Press, 2005.

[213] Todd, E. *After the Empire: The Breakdown of the American Order*. New York: Columbia University Press, 2002.

[214] Tonelson, A. "NATO Burden Sharing: Promises, Promises", in Carpenter, T. (ed.) *NATO Enters the 21st Century*. London and Portland: Frank Cass, 2001.

[215] Tripp, C. "States, Elites, and the Management of Change", in Hakimian, H. and Moshaver, Z. (eds) *The State and Global Change: The Political Economy Transition in the Middle East and North Africa*. Surrey: Curzon, 2001.

[216] True, J. "Feminism", in Burchill, S. and Linklater, A. (eds) *Theories of International Relations*. Hampshire and New York: Palgrave Macmillan, 1996.

[217] Ullman, H. *Unfinished Business: Afghanistan, the Middle East, and Beyond. Defusing the Dangers that Threaten America's Security*. New York: Citadel Press, 2002.

[218] Urry, J. *Global Complexity*. Cambridge: Polity, 2003.

[219] Victor, B. *The Last Crusade: Religion and the Politics of Misdirection*. London: Constable, 2005.

[220] Vogler, J. "The European Dimension", in Danchev, A. and MacMillan, J. (eds) *The Iraq War and Democratic Politics*. London and New York: Taylor & Francis, 2005.

[221] Voigt, K. "Dealing with Terrorism: The EU and NATO", in Gardner, H. (ed.) *NATO and The European Union: New World, New Threats*. Hampshire and Burlington: Ashgate, 2004.

[222] Wall, A. (ed.) *Legal and Ethical Lessons of NATO's Kosovo Cam-*

paign. New Port and Rhode Island: International Law Studies U. S. Naval War College, 2002, Vol. 78.

[223] Wilson, G. "Bush II and the World", in Campbell, C. and Rockman, B. (eds) *The George W. Bush Presidency: Appraisal and Prospects*. Washington, D. C.: CQ Press, 2004.

[224] Wiltkinson, P. "Implications of the Attacks of 9/11 for the Future of Terrorism", in Buckley, M. and Fawn, R. (eds) *Global Responses to Terrorism: 9/11, Afghanistan and Beyond*. London and New York: Routledge, 2003.

[225] Wohlforth, W. "The Stability of a Unipolar World", in Little, R. and Smith, M. (eds) *Perspectives on World Politics*. London and New York: Routledge, 2006, p. 103.

[226] Yoshitani, Gail E. S. *National Power and Military Force: The Origins of the Weinberger Doctrine*, 1980—1984. Ph. D. Dissertation, Duke University, 2008.

[227] Zakaria, Fareed *From Wealth to Power: The Unusual Origins of America's World Role*. Princeton, N. J.: Princeton University Press, 1998.

Internet references

(http://www.nato.int, accessed from April 2010 to 2014.)

· All the speeches and press statements of secretary generals from 1990 to 2014.

· All the final declarations of the successive summits from 1990 to 2014.

· All the statements of ministerial meetings from 1988 to 2014.

· All basic documents such as the Washington, Treaty and Associated Declarations, Resolutions and Protocols; Status of the Organisation and Representation of Third States Agreements on Status of Forces and Military Headquarters; Partnership for Peace (PFP) and Euro-Atlantic Partnership Council (EAPC) Founding Documents; NATO Relations with Third States; etc.

· The 1991 Strategic Concept.

· The 1999 Strategic Concept.

- The 2010 Strategic Concept.
- NATO handbook.
- NATO press releases from 1999 to 2014.

后　　记

"吾生也有涯，而知也无涯。以有涯随无涯，殆已！"本书的写作过程就是这样一个以有限生命追寻无限知识的过程。从敲击键盘写下书稿的第一句话开始，屈指算来已有近四年的时间，其间经历了各类杂事的干扰而不得不多次中断，直至 2013 年初方有大块的时间供自己支配，才至 2014 年末之前能够顺利完稿。书稿的写作不仅考验一个人的脑力和体力，更考验写作者的心力。在本书的写作过程中，曾经一次次经历了困惑、彷徨、沮丧和失落，也一次次体验着希望、激动、欣喜和坦然，有时感觉心力交瘁，有时又感到胜利在望，痛苦和喜悦会在转瞬间切换。幸运的是，我终于"熬"过来了，能够以一种轻松的心态在此表达自己的感悟。一部书的写作史无异于一部个人心灵的成长史，对于很多人来说，翻过这座高山后，往后的山路将没有那么崎岖和坎坷。我之所以能够越过这座高山，得益于许多人的帮助和支持。

我首先要感谢我博士阶段的导师复旦大学国际关系与公共事务学院陈志敏教授。此书的初稿来源于本人的博士论文。对于多数人来说，在此感谢导师似乎是"例行公事"，而对我而言，感谢陈老师更多了一份感恩之情。进入陈门以后，恩师在学业上对我提出了非常严格的要求，在科研上为我提供了充足的锻炼机会，在生活上潜移默化地将他的人生哲学分享给我和各位同门兄弟姐妹。在本书初稿的写作过程中，陈老师的建议和督促贯穿了定题、开题、写作、修改的整个过程，同时他也为我提供了海量的文献资源，使最初的大纲在他的培育下从胚芽长成了现在的果实。得益于恩师的教诲，我可以自信地宣称自己已经初步具备了宏大的战略视野和深邃的理论思维，能够成为一名合格的国际问题研究者。同时，我一直坚信向导师学习的不仅仅是学问，更重要的是做人的道理。陈老师谦逊、谨慎、低调的为人处世风格堪为教师行为世范的经典注解，我未来的人生之路将长久地受益于恩师在此方面的无声指教。

我要感谢在复旦求学期间的各位老师，感谢你们开阔了我的学术视野，感谢你们带给我思想上的启迪，感谢你们传授我为学做人的道理。石源华老师在写作和科研上多有指导，让人体会到了一位学术长者对后辈的提携之心；徐以骅老师每次温暖人心的交谈，不仅使人如沐春风，更让我领略了其大家风范；潘忠岐老师的再三赠书与鼓励，让我如逢知遇；唐世平老师恢宏的学术思想，启发我大胆探索；樊勇明老师和沈丁立老师的谆谆教导，促使我的思考更趋严谨而不失灵活。

本书的完成也离不开我的硕士导师云南大学肖宪教授帮我打下的学术基础，正是肖老师在硕士阶段的悉心指导和大胆锻炼，培养了我独立研究实证问题的能力，让我在实证部分的写作过程中少走了很多弯路。在此也要特别感谢我的师兄云南大学国际关系研究院副研究员刘军，自从与刘师兄相识以来，他一直关心我的学习和生活，为我的研究和成长提供了无数宝贵的意见和建议，在我苦闷彷徨时给我带来慰藉，在我欢喜愉悦时与我同享喜悦。书稿的写作过程中，师兄为我搜集了大量文献资料，在写作方法上与我分享了诸多研究心得，在精神上一直为我加油打气。可以说，师兄是我学术成长和提高的见证人。

最后，我要将感谢献给对我最为重要的家人。如果没有父亲和母亲长久以来的巨大付出和牺牲，天资愚钝的我本没有可能站在学历教育的金字塔顶端。他们怀着望儿读书成才的朴素愿望，让我踩着他们的肩膀一步一步地朝塔顶攀登。回望他们的身影，他们的身体已经变得孱弱而瘦小，心中不免有几分内疚和自责。我的学业剥夺了许多他们本该拥有的欢乐，甚至让他们反过来操心我的身体健康。希望本书的完成能够给他们带来些许安慰，在未来的日子中我会尽力回报双亲的如天恩情。感谢妻子在我写作期间所给予的细心照料，不仅让我摆脱了家务的烦扰，而且保证了我的身心健康；在我倾力投入写作的过程中她一个人忍受着无聊的闲暇时光，静静地陪伴我走过这段难忘的人生历程。

当然，限于本人的学识和水平，文中一定存在着诸多缺陷和不足，恳请各位读者批评指正，在下不胜感激！

朱耿华
2014 年末发于浙江杭州